第二辑

思想与时代

全球语境下的哲学

孙周兴 王 俊 主编
马迎辉 楼 巍 执行主编

商务印书馆（上海）有限公司 出品

序 言

本辑《思想与时代》的主题为"全球语境下的哲学",收录了浙江大学董平先生的专文《全球语境下的"中国哲学"》;此在精神分析和精神病理学家雅斯贝尔斯和鲍斯的两篇文字的译文;在现象学专栏,同济大学、华东师范大学和浙江大学的三位年轻的哲学学者张振华、蒋周伟、金皓清分别贡献了他们对海德格尔的无聊问题、罗姆巴赫与芬克的思想关联以及胡塞尔、舒茨的生活世界问题的思考;在分析哲学专栏,山西大学的陈常燊教授和浙江大学的王玮研究员分别对反事实的本质问题与新实用主义的心身观念做了考察,此外本栏目也收录了浙江大学李恒威教授与阮泽楠合译的阿尼尔·K.赛斯和蒂姆·贝恩合作的论文《意识理论》;专辑最后收录的两篇书评分别评述了孙周兴先生和梅剑华教授的新著。

董平先生从"中国哲学"百年来的"合法性"问题一直回顾到最新的"汉语哲学"的建构,展示了文化主体性焦虑的种种表现,进而对"哲学"一词的观念来源、新儒家基于视域转移实现了论域兼摄与融贯之思想实质等历史问题做了深入的反思和剖析。在此基础上,作者原创性地提出了"中国哲学"区别于西方哲学的三大特征,用作者的话总结:"化成"的世界观代表"中国哲学"关于宇宙缘何为统一之整全并且人可以干预其存在实况的总体观念;"性体—心体"之"二重实性"代表"中国哲学"关于人的存在性的本质领悟;"集体性—个体性"问题则代表了"中国哲学"基于前两项而如何实现人的本原性实在的基本观念及其现实途径。

雅斯贝尔斯和鲍斯的工作属于现象学与精神病例学的交叉和实践研究。《单个的临界状态》节选自雅斯贝尔斯的《世界观的心理学》,雅氏在其中论述了斗争、偶然、死亡和罪责这几种特殊的临界状态。他认为，这些临界状态中的每一个都包含着二律背反。斗争是实存者的基本样态，生存、竞赛，甚至爱中都有斗争。对于死亡也有消极的和积极的两种应对方式。前者如佛教的厌弃死亡，渴望涅槃，后者如歌德的肯定死亡。偶然是此在体验到的与必然之间的关系。对于偶然，此在的应对大多是形而上学的，即将其归于命运。《从此在分析重估精神分析学的基础概念》节选自鲍斯的《精神分析与此在分析》。鲍斯认为，一方面弗洛伊德在其精神分析学理论与实践中，实际上获得并深化了关于人的直接的、原初的理解；另一方面，弗洛伊德直接接受相关传统哲学观念来构建他的精神分析理论，因此同时造成了对其人的原初理解的遮蔽甚至误解。故而，鲍斯主张从海德格尔此在存在论的视角，细致分析弗洛伊德精神分析学的核心概念，如"无意识""心理地形学""心理动力学"，摆脱其中隐含的自然主义态度；最终，着落于弗洛伊德的分析实践，依据此在存在论分析来阐明精神分析学中诸基本概念和病症症候的存在论意涵，为精神分析学与现象学的交叉融合提供了卓越的范例。

　　张振华细致入微地探讨了海德格尔对无聊现象的分析。他的研究表明，海德格尔围绕着"扣留"与"让变得空洞"这两个基本环节，深入剖析无聊现象，以由浅入深的方式将其区分为三种形式，揭示出无聊与时间性的紧密关联。在海德格尔看来，"深度无聊"有可能使时间的真正形态即"时机瞬间"展露出来，这同时也是此在本真生存的基础可能性。这样一种深度无聊与《存在与时间》中的畏有亲缘关系，但也存在差异。同时，无聊现象暗示了与现代性的内在联系。不过，海德格尔的分析也存在有所遮蔽无聊的其他意义的弱点。罗姆巴赫、芬克、舒茨的哲学在国内较少讨论。蒋周伟专论了罗姆巴赫与芬克的思想关联，特别指出了罗姆巴赫对后者的三个方面的超越：结构的游戏贯通了世界游戏与人的游戏以及人自身游戏中现实与非现实之间的断裂；从程度较轻的存在论差异走向彻底的存在论同一；更加周密地关注游戏的秩序和安置外在目的的存在位置。结构游戏着万物，也游戏着游戏自身。金皓清比较了胡塞尔、舒茨在生活世界理论上的联系和差异：对前者来说，生活世界的本质是围绕"我们"展开，由"我们"的意向行为所构成的普遍的时空视域；舒茨则以人的意识张力为尺度，将先验的生活世界再度经验化，特别阐发了精明成熟的成年人在自然态度下经验到的日常生活世界。

陈常燊对反事实依赖的刘易斯和斯托尔内克的模态解释以及作为其竞争方案的反实在论提出了挑战，他引据尼采的概念谱系学、维特根斯坦的语言游戏等传统思想，以及法因的"新本质主义"以及威廉姆森对刘易斯模态概念的批评等当代资源，提出了一种新本质主义的历史概念——语词用法方案，将反事实依赖视为一种本质联系，而非模态关系。王玮的论文涉及心身观念在实用主义运动中的如下嬗变：杜威将心灵理解为有机人体活动体现的意义系统；普特南尽管继承了杜威的心灵观念，但他的语义外在论使他认为个人只处于狭义的心理状态，偏离了杜威指向的功能主义；塞拉斯不仅揭示了个人心理片段的功能特征，而且认定心灵位于显见意象中，从而在个人心灵与科学对象上达成了系统性的同一。阿尼尔·K.赛斯与蒂姆·贝恩在论文中表明：意识科学的发展经历了从探索意识的神经相关物到构建系统性意识理论的转变。在他们看来，当前主流的高阶理论、全局工作空间理论、整合信息理论及复馈与预测加工程论对意识统一性、神经基础（如前额皮层与后侧皮层作用）及认知通达等问题的解释存在分歧。未来研究需提升理论精确性，拓展对意识多样性（如情感、非人类系统）的覆盖，并解决意识测量的可靠性问题，以推动科学解释的深化。

人类世与未来哲学的可能性是孙周兴先生近年关注的重大哲学论题，郭成博士围绕作者如何基于马克思、尼采和海德格尔的思想资源，从世界性、个体性、技术性和艺术性四个维度规定人类世概念做了深入的剖析，最后也针对现代人的本质规定和未来哲学的价值维度与作者展开了对话。马兰的评论围绕梅剑华新著中提出的"哲学应该怎么做"和"哲学应该做什么"展开，特别强调了实验哲学的跨学科性质，揭示了实验哲学如何建立在直觉向理由的转化之上。

本辑聚焦哲学的全球语境，收录的论文和译文既包含了中西经典问题与经典理论的实践运用研究，也包含了关注当下热点问题的研究与对未来哲学的探索。我们希望能够在理论与现实之间，在历史、当下与未来之间真正展现哲学所具有的在聚焦当下中接续过去以及创造未来的能力。

目录

专 稿

全球语境下的"中国哲学"   董 平   3

现象学研究

无聊的意义
——海德格尔对无聊现象的分析与阐发   张振华   25

从断裂的"游戏"到圆融的"结构"
——略论罗姆巴赫对芬克的超越   蒋周伟   48

论胡塞尔与舒茨视角下生活世界的结构   金皓清   64

哲学心理病理学 · 译稿

单个的临界状态   卡尔·雅斯贝尔斯   83
     赵精兵   译

从此在分析重估精神分析学的基础概念

              梅达特·鲍斯 109

               单 斌 译

分析哲学研究

对反事实依赖的一种新本质主义辩护   陈常燊 161

新实用主义语境中的心身观念

 ——塞拉斯与普特南   王 玮 179

意识理论   阿尼尔·K.赛斯 蒂姆·贝恩 193

           李恒威 阮泽楠 译

书 评

人类世的哲思定向

 ——《人类世的哲学》书评   郭 成 235

对话不只是一种方法

 ——读梅剑华《直觉与理由：实验语言哲学的批判性研究》有感

                马 兰 242

专稿

全球语境下的"中国哲学"

董 平[*]

"中国哲学"似乎一直处于某种尴尬的境况。当人们把"哲学"了解为现代学术体系中的一个学科或知识体系的时候,"中国哲学"便一直受到质疑,人们甚至怀疑中国是否存在"哲学"这种东西。但当人们把"哲学"领悟为一种民族文化的本根意识,以及与之相关的生活方式、文化观念、精神诉求、价值理念的时候,则中国显然不是没有"哲学",甚至还有很丰富的"哲学"。在语词的使用上,由于汉语本身的构词特点,"中国哲学"所表达的意思,既可以是 Chinese philosophy,也可以是 philosophy in China,还可以是 philosophy in Chinese language。事实上,正是这些大小不同的问题的相互纠缠,导致人们对"中国哲学"的质疑变得极为复杂。为避免语词使用上的某种尴尬,本文对"中国哲学"一律加上引号,希望其具体语义基于语境是可以被还原的。

一、文化主体性焦虑:从"合法性"到"汉语哲学"

1914年,北京大学设立"中国哲学门"(1919年改为哲学系),标志着作为学科的"中国哲学"正式成立。1919年胡适著《中国哲学史大纲(上卷)》,1924年

---

[*] 董平:浙江大学哲学学院教授。

谢无量著《中国哲学史》，1934年钟泰著《中国哲学史》，尤其是同年冯友兰著二卷本《中国哲学史》，则可以被视为作为一个学科门类或知识体系的"中国哲学"在中国的基本确立。这一系列的"中国哲学"著作，实为此后"中国哲学史"的撰写以及"中国哲学"之研究建立了基本架构、叙事模型、言说方式以及基本的研究范式。也许是由于诸贤皆意识到中国古来是不曾存在过"哲学"一词的，所以诸贤也皆诉诸"中国哲学"概念之界定。谢无量先生说："今世学术之大别，曰哲学，曰科学。哲学之外，旧籍所无，盖西土之成名，东邦之译语，而近日承学之士所沿用者也。虽然，道一而已矣。……扬子云曰'通天地人之谓儒，通天地而不通人之谓伎'。儒即哲学也，伎即科学也。……谓之曰儒学，谓之曰道学，谓之曰理学，佛氏则谓之义学，西方则谓之哲学，其实一也。"[1] "道一而已"，名虽不同而不妨实质之同，这一观点大抵为诸先贤所共同持循。其构建"中国哲学"的方法，也大抵为比照"哲学"（philosophy）的基本问题、理论构造，而对中国典籍中的类似问题及其表述进行不同程度的拣择、裁剪、叙述、阐释。正如冯友兰先生所说："哲学本一西洋名词，今欲讲中国哲学史，其主要工作之一，即就中国历史上各种学问中，将其可以西洋所谓哲学名之者，选出而叙述之。"[2] 这一"选出而叙述之"的合理性，则在于中国"本有"相当于西洋之所谓"哲学"的学术内容："西洋所谓哲学，与中国魏晋人所谓玄学，宋明人所谓道学，及清人所谓义理之学，其所研究之对象，颇可谓约略相当。"[3] 唐君毅先生也说："哲学与哲学概论之名，乃中国昔所未有。然中国所谓道术、玄学、理学、道学、义理之学即哲学。"[4] 冯友兰、唐君毅的观点，其实皆以谢无量为本。正是由于中国本有可以称之为"哲学"的学术内容，所以冯先生说："所谓中国哲学者，即中国之某种学问或某种学问之某部分可以西洋所谓哲学名之者也。所谓中国哲学家者，即中国某种学者，可以西洋所谓哲学家名之者也。"[5] 在他看来，中国所缺乏的仅仅是"哲

---

[1] 谢无量：《中国哲学史》，中华书局，1924年，绪言第1页。
[2] 冯友兰：《中国哲学史（上卷）》，商务印书馆，2011年，第3页。
[3] 同上书，第7页。
[4] 唐君毅：《哲学概论》，中国社会科学出版社，2005年，第1页。
[5] 冯友兰：《中国哲学史（上卷）》，第8页。

学"这一名称，而并不缺乏实际存在的"哲学"之内容，如胡适之所谓关于"人生切要的问题"之论述，中国更是从来都不缺乏的。因此，照着西洋"哲学"之名称，而将中国固有之学问予以"选出而叙述之"，借以构建"中国哲学"，是全然合理而无可非议的。

"中国哲学"之建构的可能性与可靠性，还与关于"哲学"作为概念的理解有关。胡适之先生的观点是："哲学的定义从来没有一定的。我如今也暂下一个定义：'凡研究人生切要的问题，从根本上着想，要寻一个根本的解决，这种学问叫作哲学。'"[1] 照着这一理解，"中国哲学"之发达便几乎是不言而喻的，因为正如王国维先生所说的那样："我国无纯粹之哲学，其最完备者，唯道德哲学与政治哲学耳。至于周、秦、两宋间之形而上学，不过欲固道德哲学之根柢，其对形而上学非有固有之兴味也。"[2] "道德哲学"即是"研究人生切要的问题"的表率，因此在王国维先生看来，"中国哲学"是存在的，只不过是以"道德哲学"与"政治哲学"为主要形式而已。这一思路大抵启迪了后人从不同维度去建构"中国哲学"的努力。张岱年先生说："我们可以将哲学看作一个类称，而非专指西洋哲学。可以说，有一类学问，其一特例是西洋哲学，这一类学问之总名是哲学。如此，凡与西洋哲学有相似点而可归为此类者，都可叫作哲学。以此意义看哲学，则中国旧日关于宇宙人生的那些思想理论，便非不可名为哲学。中国哲学与西洋哲学在根本态度上未必同，然而在问题及对象上及其在诸学术中的位置上，则与西洋哲学颇为相当。"[3] 哲学为"一类学问"的观念渐为人们所接受，于是"中国哲学"本身的可靠性便得以确立。诚如牟宗三先生所说的那样：

中国学术思想既鲜与西方相合，自不能以西方哲学为标准来定取舍。若以逻辑与知识论的观点看中国哲学，那么中国哲学根本没有这些，至少可以说贫乏极了。若以此断定中国没有哲学，那是自己太狭陋。中国有没有哲学，

---

[1] 胡适：《中国哲学史大纲》，商务印书馆，2011年，第1页。
[2] 王国维：《论哲学家与美术家之天职》，《王国维全集》第1卷，浙江教育出版社，2010年，第132页。
[3] 张岱年：《中国哲学大纲》，中国社会科学出版社，1994年，第2页。

> 这问题甚易澄清。什么是哲学？凡是对人性的活动所及，以理智及观念加以反省说明的，便是哲学。……任何一个文化体系，都有它的哲学，否则，它便不成其为文化体系。因此，如果承认中国的文化体系，自然也就承认了中国的哲学，问题是在东西哲学具有不同的方向和形态，说中国没有"希腊传统"的哲学，没有某种内容形态的哲学，是可以的。说中国没有哲学，便是荒唐的了。[1]

按牟先生的观点，"哲学"是任何"文化体系"都必然具备的，只要"文化体系"存在，某种意义上哲学就存在，因为一个"文化体系"必然会对人性的活动做出理智的反省，而"对人性的活动所及，以理智及观念加以反省说明的，便是哲学"。因此，全然没有必要讨论"中国有没有哲学"的问题，充其量只应当讨论中国存在何种形态之哲学的问题。

概括而言，"中国哲学"作为一门学问或一个学科，经过20世纪早期诸先贤的努力，遂得以建立起来并在中国学术界占一独特席位，同时也形成了"中国哲学"的问题意识及其言说方式。但事情的另一方面是，几乎在存在着用西洋的philosophy来建构"中国哲学"的主张的同时，也存在着对这一建构方式的质疑及其解构意识。最早对把中国学术中的某些"思想"撷取出来而作为"中国哲学"加以叙述之方法提出异议的人，也许是金岳霖先生。金先生认为，"哲学有实质也有形式，有问题也有方法"，而"思想"是并不等同于"哲学"的，"如果一种思想的实质与形式均与普遍哲学的实质与形式相同，那种思想当然是哲学。如果一种思想的实质与形式都异于普遍哲学，那种思想是否是一种哲学颇是一问题。有哲学的实质而无哲学的形式，或有哲学的形式而无哲学的实质的思想，都给哲学史家一种困难"。[2] 换言之，类似于冯友兰先生那样把中国学术中的某些"思想"撷取出来，而将其编缀为"中国哲学"，这是不是真的可行，其实是存有争议

---

1 牟宗三：《中国哲学的特质》，上海古籍出版社，1997年，第3—4页。
2 金岳霖：《冯友兰〈中国哲学史〉审查报告》，载金岳霖：《金岳霖全集》第2卷，人民出版社，2013年，第408页。

的充分余地的。钱穆先生认为："哲学一名词，自西方传译而来，中国无之。故余尝谓中国无哲学，但不得谓中国人无思想。"[1] 或许正因此故，钱先生虽著作等身，却拒斥使用"中国哲学"一词，而多用"学术""思想"等概念。傅斯年先生则公开排斥使用"中国哲学"概念，认为"汉土思想中原无严意的斐洛苏非（按：即philosophy）一科，'中国哲学'这一名词本是日本人的贱制品……我们为求认识世事之真，能不排斥这个日本贱货吗？"[2]

仅从上文的约略回顾中便已显然可见，"中国哲学"从它建构之初就隐含着遭受质疑与拒斥的危机。到 21 世纪初，这一危机终于显化出来，而转为关于"中国哲学合法性"问题的大讨论。2001 年 9 月 11 日，德里达在法国驻上海总领事馆与王元化先生就中西文化异同问题进行了两个多小时的对话[3]，成为这一大讨论缘起的一个重要因素。德里达认为，"中国没有哲学，只有思想"[4]。他阐释说："哲学本质上不是一般的思想，哲学与一种有限的历史相联，与一种语言、一种古希腊的发明相联：它首先是一种古希腊的发明，其次经历了拉丁语和德语'翻译'的转化等等，它是一种欧洲形态的东西。"[5] 郑家栋 2001 年发表《"中国哲学"的"合法性"问题》[6]，则实际上开启了这场旷日持久的世纪大讨论。直至今天，学术界也仍然关注这一话题。

在这里，我不是要回顾这场关于"中国哲学"之"合法性"的讨论，或重提这一话题，而是想要指出，20 世纪上半叶由中国学者所建构起来的"中国哲学"，其实是基于全球化语境来回望中国学术，试图通过"哲学的"理论重建而使之跻身于世界学术之林的一次尝试；并且从 100 年来"中国哲学"研究及其发展之实

---

[1] 钱穆：《现代中国学术论衡》，生活・读书・新知三联书店，2005 年，第 20 页。
[2] 傅斯年：《战国子家叙论》，载傅斯年：《傅斯年全集》第 2 卷，湖南教育出版社，2003 年，第 253 页。
[3] 吴中杰：《王元化德里达对谈始末》，载《世纪》2022 年第 2 期。
[4] 王元化：《关于中西哲学与文化的对话》，载《文史哲》2002 年第 2 期。
[5] 德里达：《书写与差异》，张宁译，生活・读书・新知三联书店，2001 年，第 9—10 页。
[6] 参见《中国哲学年鉴》2001 年卷。大讨论虽因郑家栋使用了"合法性"一词而掀起轩然大波，但自金岳霖诸先生之后，问题其实一直存在。例如，早在 1993 年，马振铎先生就对"自胡适以来，中国哲学史研究一般借用西方哲学的逻辑框架来重新整理包括孔子在内的中国古代哲学家的思想资料"的现象提出严厉批评。参见马振铎：《仁・人道——孔子的哲学思想》，中国社会科学出版社，1993 年，前言第 9 页。

迹来看，这一尝试不算是失败的。早在 2006 年，我曾就思想的历史创新以及"中国哲学"的"合法性"问题给出过自己的理解与阐释。[1]我试图表明，实现思想创新的基本途径大抵有二：一是原创性的思想表达，二是整合性的思想融合。第一点涉及作为"历史形态"的原创性思想是否能够在诞生该思想的民族自身的历史中实现其绵延与更新，第二点则涉及不同形态的思想体系是否能够实现其边界融合。否定第一点，实质上即否定了思想历史自身存续的历时性；否定第二点，也即否定了人类思想的公共性以及基于公共性而可能实现的观念共享性。正因此故，我本人对"中国哲学"之建构总体上是持肯定态度的，认为现代以来"中国哲学"之建设，在以西方观念为"标准"来剪裁中国史料的表象之下，一方面展示了中国固有的学术思想所具备的、在特定时代与思想条件之下实现其自我更生的内源性能力，另一方面则是不同学术视域因其边界融合而实现其意义更新的结果。我同时表达如下意见。

1. "哲学"并不是对 philosophy 一词的翻译，而是基于中文语义的概念重构

由于中国古代不曾有过"哲学"之名，因此现代所建构的"中国哲学"的"合法性"便不断受到人们的质疑。人们认为，"哲学"是一位名叫西周的日本人对 philosophy 的翻译，1895 年由黄遵宪回传中国。我们且不问如利玛窦、伏尔泰、莱布尼茨等西方学者早就在谈论中国的"哲学"或"哲学家"了[2]，单就名称而言，当年那位日本的西周先生为什么要用"哲学"这两个汉字去对应 philosophy？虽然人们认为"哲学"是对 philosophy 一词的翻译，但严格说来并不是如此，因为"哲学"既不是对 philosophy 的意译（若意译应为"爱智学"之类），更不是音译，而是一种显著的、基于汉语语义转换的概念重构，其中也许已经包含了那位西周

---

[1] 2006 年 10 月，我因受杜维明先生邀请，正在哈佛燕京学社访学，其间曾在哈佛燕京学社的"儒学论坛"上发表过以"思想的历史创新与中国哲学的'合法性''主体性'问题"为主题的演讲，后把演讲的主要内容重新整理为《思想的"整合性创新"与"中国哲学"问题》，发表于《钦州学院学报》2008 年第 4 期。

[2] 可参见清华大学思想文化研究所编：《世界名人论中国文化》，湖北人民出版社，1991 年。该书后更名为《中国印象：世界名人论中国文化》，于 2004 年由广西师范大学出版社出版，又于 2011 年由中国人民大学出版社重版。

先生关于中国古代学术或思想文化特质的某种独到理解了。在中国典籍中，"哲人"是出现非常早的一个成词。如《诗经·大雅·抑》说："其维哲人，告之话言，顺德之行。"唯"哲人"为能"顺德之行"，故亦唯"哲人"为能"告之话言"，"告之话言"以使人能"顺德之行"，即为"哲人"的根本功能与作用。"哲"的近义词是"睿"，"睿"在于"思"，反思自己而"克明峻德"，反思世界而洞达物情，"观其会通"以得宇宙之全体大用，是为"睿"。"睿"必以"思"为本，而又为作"圣"之资，故其义又与"圣"相联系。所以《洪范》便说，"思曰睿"，"睿作圣"。比如，舜是"圣人"，他也是"濬哲文明"的典范。孔子逝世前曾作歌曰："太山坏乎，梁柱摧乎，哲人萎乎！"[1] 后世遂称孔子为"圣人"，又称之为"哲人"。如《隋书·经籍志序》说："自哲人萎而微言绝，七十子散而大义乖，战国纵横，真伪莫辨，诸子之言，纷然淆乱。"[2] 正因"圣人"即是"哲人"，后世也以"圣""哲"连言，圣人之学，也即为"圣哲之学"。如黄庭坚就曾说过："学书要须胸中有道义，又广之以圣哲之学，书乃可贵。"[3] 在宋代，理学是"圣人之学"，是必以达成"明哲"为目的的。所以，朱子说："无一理不明，即是明哲。若只见得一偏，便有蔽，便不能见得理尽，便不可谓之明哲。"[4] "哲"在中国语文中如上所述的宽泛意涵，我大胆地猜想，很可能就是那位日本的西周先生将 philosophy 一词转义为"哲学"的根据。我这样说，并不是要简单地表明中国自古以来就已经有了"哲学"，而只是要表明，关于"哲学"本身的理解并非只有某一种特定的标准或进路，说不定在其汉语名称（尽管傅斯年先生称之为日本人的"贱制品"）的给定者那里，就已经包含着"明哲之学""哲人之学""圣哲之学"之类的意思了。更何况 philosophy 一词，即便在西方语境中，也并非只可以指某种体系化了的思想学说或"学科"，而是同时也可以指某种特定的"生活原则"或"生活观念"的。

在"哲学"被用以指称"明哲之学""哲人之学""圣哲之学"之类的意义上，

---

1 《史记·孔子世家》，中华书局，1959 年，第 1944 页。
2 《隋书》，中华书局，1973 年，第 905 页。
3 黄庭坚：《书缯卷后》，载黄庭坚：《黄庭坚全集》第 2 册，四川大学出版社，2003 年，第 674 页。
4 朱熹：《朱子语类》卷 81，中华书局，1986 年，第 2137 页。

认为中国固存有"哲学"，的确是无可非议的，尽管事实上古籍中并没有出现过"哲学"一词。但事情的另一方面是，正由于谢无量、胡适之、冯友兰等先生以西方哲学为基本理论视域而反观中国固有思想学术所实现的"中国哲学"建构，事实上就已经把中国的"哲人之学"与思想学术"拖进了"全球语境，从而改变了哲学与文化的世界地图。它同时表明，中国固有思想原本具备"与时偕行"的充分能力，不仅足以在历史过程中实现其核心价值理念的自身绵延，并且具有涵摄他种思想、实现边界融合而开拓出意义境界创新的内源性动力。

2. 现代"新儒家"学派代表了全球语境下"中国哲学"重濬灵源而获得开拓性发展的新成就

如前所述，20世纪以来的"中国哲学"建构，在以西方哲学理论模型及其基本问题意识来"剪贴"中国思想学术的表象之下，其实蕴含着中国固有学术的视域转移。西方哲学视域的切入，事实上就必然带来中国思想学术固有论域及其诠释结果的新变动，而包括概念内涵、问题意识、诠释思路在内的视域融合，客观上实现了中国古代学术与思想文化向现代语境的推进，从而在全球文化格局中为中国文化的现代发展造成契机。我个人认为，谢无量、胡适之、冯友兰等先生利用"新文化运动"之契机，把中国思想融入西方哲学（反之亦然），正是为中国文化的现代赓续开辟了一条新途径。循沿这一方向，以唐君毅、徐复观、牟宗三等先生为代表的"新儒家"，尤其是牟宗三参照、消融康德哲学而对儒家学说所进行的重新诠释及其理论重构，在某种意义上代表了基于中西语境融会而达成的具有理论开拓性的新成就，尽管我个人对他的某些解释路向与观点并不赞同。由此可见，虽然由谢无量、胡适之、冯友兰等先生所启导的"融中入西"的解释路向后来颇为人所诟病，但事实却是，以保守、复兴中国传统儒学为己任的"现代新儒家"及其代表人物为重新焕发中国传统文化价值所坚持的基本理论立场及其诠释路径，本质上仍然是"融中入西"的，总体上并未逃脱将中国思想纳入某种西学框架来加以解释的思维取向。我们可以肯定地说，没有康德哲学作为借鉴性诠释框架，大抵不会有牟宗三先生的"新儒学"。我指出这一点，显然并不是否定

"现代新儒家"在理论上所实现的重大创新及其成就，反而是要表明：在现代语境下，基于视域转移而实现对不同思想论域的兼摄与融贯，正是实现思想之整合性创新的基本途径，也是实现文明交流互鉴，即以他者立场反观自己而实现自我在绵延中完善的基本途径。

3. 视域融合所具有的"方向性"是文化主体性焦虑的触发点

不同思想之论域边界的存在，正是不同思想可能实现视域融合的前提。厘清并保持清晰的边界意识，方有可能真正实现不同视域边界的融合，并因此而引导、开辟出新的意义世界。由于视域融合整体上是一种思想交流，并且事实上是存在某种意义上的"方向性"的，即是他者融入于己，还是己融入于他者，其结果定然是颇不相同的。这里涉及立场的主体性问题。从中国文化自身绵延的历史经验来看，以儒学为根荄的中国文化体系在向他者开放的同时，非但从未丧失其主体性，并且正是在互鉴的视域交融之中实现了主体性的进一步凸显。佛教中国化的全部思想历程，显然是一个无与伦比的范例。如果没有佛教的不同思想体系自1世纪之后近千年的融入与发展所达到的普及程度及其体系化的思想诠释所达到的高度，以至于引起中国文化自身的主体性焦虑，那么宋代理学作为儒学新形态的出现基本上就是不可能的。理学作为思想的新形态，在以儒学为根基而广泛汲取、吸纳、消融佛学义理的同时，极大地丰富了儒学本身的概念系统，完善了理论与工夫体系的多维重构，从而充分彰显了中国文化之道的本根价值。作为原始儒学与佛学所实现的视域融合的新境界，理学既是对以孔孟为代表的原始儒学的体系化重建，又是对佛学义理体系的深层解构。而也正因此故，理学的建构消解了因佛学之过度发展而带来的文化主体性焦虑，在价值结构上重新归正了儒学的地位，高扬了中国文化自身的主体性品格。

这一历史经验已经表明，本国文化与不同思想体系实现视域融合的原初目的，盖在为处于某种独特语境之下的本国文化重新挺立其主体性而设。正是这种"与时偕行"的随时撰述，把中国文化置于与"有意义之他者"的互动格局中予以整体统观，才可能真实彰显中国文化的根本之道，经由意义与价值重置而实现其主体性的历史绵延。视域融合只应当带来本国文化之主体性的重新彰显，而不应带来主体性的沉沦甚或解构。立足于这一点来对现代"中国哲学"建构进行重新观审，则可以发现，被置于中西方语境对峙之中所产生的中国文化的主体性焦虑是一个或隐或显而又贯穿始终的根本问题，更是引发关于"中国哲学合法性"讨论的底层原因。

4."中国哲学合法性"讨论以及"汉语哲学"建构皆为文化主体性焦虑的现代体现

"新文化运动"的总基调是以西方文化来统摄、转化甚或"替代"中国的"旧文化"。与历史上的情形不甚相同的是，外来文化这一次在很大程度上是中国的有识之士主动延请进来的，因此它似乎一开始就并非以"他者"或"客者"的身份，而是以"主体"的姿态进入中国的思想文化语境的。中国的"旧文化"需要代之以西方的"新文化"，也即以"德先生""赛先生"为代表的西方文化为主导——除了学衡派的一批人物以外，这当时基本上算是全社会的共识。正因此故，依仿西方哲学的理论框架与知识体系而填入中国的思想材料以建构"中国哲学"，他们并未在舆论上遭受"合法性"质疑，反而被视为一种观念上以及学术文化本身的进步。但事情的另一方面是，若站在中国传统文化的自身立场上并就其演历之实情而做统体观审，以"新文化"为号召的西方文化的大规模强势引入，实质上造成了中国文化发展历程的人为中断，而在这一过程中建构起来的"中国哲学"，虽然体现了中国文化本身对于"他者"的强大涵容性，甚至也可以被理解为中西文化相互接契而形成的一种新视域形态，但同时也是某种意义上的中国文化发展过程因人为干预而中断的产物。这一在特定时代与文化语境之中产生的"中国哲学"，其本身中是潜在地含藏着中国文化之主体性焦虑的。

亲历"新文化运动"而最早体会到文化主体性焦虑的人，当以马一浮先生为代表。抗战全面爆发之后，马一浮先生随浙江大学西迁，在江西泰和开讲"国学讲座"，留下了著名的《泰和会语》。正当中国夷陵之时，自身处于乱离之际，马一浮先生在讲学中阐述了他最重要也最为人所质疑的根本观点之一：国学即六艺之学，六艺之学则总摄一切学术。"何以言六艺该摄一切学术？约为二门：一、六艺统诸子；二、六艺统四部。"[1] "六艺"即儒家经学，它既统摄诸子之学，又统摄四部之学，也即总摄中国一切学术，因此是中国学术之"主体"。所谓国学，唯六艺之学足以当之。马先生又论"六艺统摄于一心"，则一切学术皆归于心源方显现其终究的意义与价值，也唯知本而直达心源，方可能有人格之独立健全。马先生又论："西来学术也统于六艺……六艺不唯统摄中土一切学术，亦可统摄现在西来一切学术。"[2] 人们往往对马先生的这一观点心生疑惑，以为"六艺统摄中西一切学术"要么是一种文化上的自我张狂，要么就是对世界学术的无知。窃以为，事实并不如此。马一浮先生的学术胸襟是宏大的，在他那个时代，六艺之学的研究事实上已经不绝如缕，而西方学术之引入正为时代潮流。因此，他倡导以六艺之学统摄中土一切学术，其实即是强调必以儒学为中国文化之主干，而以之为文化主体性的集中体现；以六艺之学统摄西来一切学术，其真实用意，则也显然在于强调必须把外来的西方学术置于以儒学为代表的中国文化体系的统摄之下，不可以外来文化侵害中国文化自身的主体性。唯其如此，则以六艺为根荄的中国文化不仅能在现代语境下保持其自身体系的完整性，并且能在西来学术的吸纳、融合、统摄、消解之中"与时偕行"而实现其现代绵延，从而实现中国文明精神的古今通贯。窃以为，马一浮先生的"六艺论"是他体悟到现代全球语境下中国文化之主体性焦虑而提出来的，其最低限度是要求中国文化在全球语境下不失其主体性，而仍能以主体姿态挺立于世界文化之林。

如果马一浮先生当年基于他"开放的文化保守主义"立场[3]，通过其"六艺论"而隐约地表达了处于世界新语境格局当中的中国文化主体性焦虑，那么21世纪初出现的"中国哲学合法性"讨论其实便是这种文化主体性焦虑经过长期郁积的

---

[1] 马一浮：《论六艺该摄一切学术》，载吴光主编：《马一浮全集》第1卷，浙江古籍出版社，2013年，第10页。

[2] 同上书，第18页。

[3] 所谓"开放的文化保守主义"是我临时捏造的一个词，意指马先生的文化态度是开放的，精神是博大而包容的，其目的是试图以开放的方式、通变的精神、因革的手段来实现本国文化的根本保护与持守。

显性体现。2006年，刘笑敢先生提出"反向格义"问题[1]，则是这种主体性焦虑的公开化表达。如果"格义"是跨文化、跨语境思想交流必不可免的一种基本途径或方式，其作用在于消解外来文化源于异域的异己性，那么就应当如当年佛教传入中国时的情形一样，以中国固有的学术概念、观念、理念来消解外来概念或义学原理，既容许佛教义理作为"有意义之他者"的融入，而又确保中国文化自身主体性的赓续与绵延。但"反向格义"所带来的实际效果却是相反的：外来学术的"他性"取代了"己性"，中国文化的主体地位被解构，其历时悠远的绵延也在某种意义上被中断。"反向格义"的揭示及其反思，或许在某种程度上显化了一种"集体无意识"，因此它也引起了人们的广泛回应。

学术界当前最为值得关注的现象，窃以为是仍处于发育过程之中的"汉语哲学"建构。"让哲学说汉语"大抵是由"中国哲学合法性"问题大讨论所引出的一个话题，"汉语哲学"的提出，在某种意义上则是"让哲学说汉语"付诸理论实践的尝试。它似乎也有意无意地公开回应了德里达的观点，从而表明哲学并不仅仅与某种特定语言相联系而成为"欧洲形态的东西"。2016年5月，北京大学韩水法教授借"黉门对话"召集了大陆首次"汉语哲学"论坛；同年6月，复旦大学孙向晨教授召开了"两岸三地'汉语哲学'论坛"。"汉语哲学"正式以其别样风貌登上中国思想舞台。

就卑陋所见，对"汉语哲学"的概念内涵、研究主题、理论义域等方面的阐释做出重要贡献的是韩水法教授。[2]基于其娴熟而深厚的西方哲学修养，他认为"哲学"的差异主要体现为语言的差异，但语言的差异并不等于意识与智能的差异，否则就会导致不同的语言具有不同的科学与真理这样的荒诞结论。因此，

---

[1] 刘笑敢：《"反向格义"与中国哲学研究的困境》，载《南京大学学报（哲学人文科学·社会科学版）》2006年第2期。

[2] 2016年以来，韩水法教授就"汉语哲学"发表了一系列论文，主要有：《汉语哲学的使命——特征、境况与前景》，载《语言战略研究》2016年第1期；《汉语哲学：方法论的意义》，载《学术月刊》2018年第7期；《汉语哲学的任务》，载《光明日报（文史哲周刊）》2022年12月5日；《汉语—思想秩序与上古神灵系统》，载《学术月刊》2023年第4期；等等。

"汉语哲学"需要穿越汉语独特的语言特征、表达方式、问题意识、思考模式，进入哲学的一般结构，通过对"语际困境"的揭示以及"语际障碍"的突破，而使"汉语哲学"达成"跨语际"的关于哲学之普遍一般的意义、知识与价值的体系性建构。尽管"汉语哲学"仍然免不了会产生其所指是 Chinese philosophy，还是 philosophy of (or about) Chinese language，抑或是 philosophy written in Chinese language 之类的疑问，但它试图突破"哲学"（philosophy）的"他性"特征，超越"格义"（不论正反）之局限，而把汉语言转变为一种通用哲学语言，借此构建基于汉语的哲学世界，这一意图似乎是清晰的。正因此故，我对韩水法教授所"捏造"的 Hanese philosophy 一词，表示首肯。

上述表明，20世纪上半叶以来"中国哲学"的诞生，就其一般情形而言，原是中西不同语境融合与会通的结果，也是中国传统文化试图在全球性的哲学语境下实现其自我表达的一种尝试。由于特定时代下的语境存在差异，这种表达的最初样态的确是以西为主、融中入西的，中国文化的"主体性"的确是被消解于西方哲学的解释模型之中的。但我仍想指出，这一放弃"主体性"的诠释学实践，事实上又在特定语境下使中国的传统思想文化得以绵延，并因此而在更加宽泛的意义上使中国文化为世界所了解。"中国哲学"因而以一种别样的姿态进入"世界哲学"，而成为"世界性"的研究对象。但事实的另一方面是，这一特定境况下的"中国哲学"建构方式，正为文化主体性焦虑之所以生发的根源。不论是有关"中国哲学合法性"的讨论，还是当前仍为热门话题的"汉语哲学"建构，窃以为，都是这一文化主体性焦虑之不同面向的现实体现。

二、基于"他者"互鉴的"中国哲学"

回到"中国哲学"本身。如果把"中国哲学"与基于希腊—罗马传统的西方哲学所涉基本问题做些鉴别性工作，那么我本人确信，至少在以下诸方面，"中国哲学"是足以显现其区别性特征及其不同意义的。

1. 以"化成"为特征的关于世界存在及其统一性的本原性理解与领悟

我曾把哲学上所谓"世界观"大别为四种：构成说，预成说，化成说，现成说。[1] 古希腊或以某种单一物质（如赫拉克利特的"火"）、或以多种元素（如恩培多克勒以水、土、火、气为"四根"）、或以某种抽象而不可批分的最小微粒（如德谟克利特的"原子"）为世界构成之"始基"的观念，即所谓"构成说"。但这一关于世界的观念在古代的东西方都是普遍存在的，如古印度的"四大"（与恩培多克勒的观点全然一致）以及中国的"五行"。构成说解释了世界作为一元或多元的结构性存在，同时也就揭示了世界的被解构性：凡由始基所构成的，终将回归于始基。如果说西方哲学由始基而引导出了"本原"或"本体"，试图以本体的实现而超越变化以达成永恒，那么中国古代则特别关注到，既然多重元素共相和合的结构性本身即为事物之所谓"存在"，故存在即是其成素之结构状态处于现时态的共相绵延。有趣的是，佛教所特别关注到的，却是一切由"四大"和合而构成的存在物，其本身便永远处于 being-becoming 的共时状态。构成性同时即是被解构性。存在物本身的被解构性在宇宙（即空-时，space-time）的共相绵延中是必然要显化出来的。就某一具体的存在物而言，其存在的过程即等同于其被解构的过程。正因此故，佛教即把"存在—非存在"的过程性同一领悟为"空"，是为一切存在物永远处于 being-becoming 之过程的真实状态，故"空"即为存在之"实相"。佛教的这一观念，显然是可以与中国基于"五行"之"和实生物"的观念构成互补关系的。佛教进入中国并未受到太多的理论阻碍，恐怕与此类观念之先行有关。

预成说是指，世界是一个预先完成了的结构，其典型表述是《圣经》的创世说（印度关于 Hiranya-garbha 的描述可与之比较）。就中国文化而言，尽管"上帝"可以存在，但预成说却是最难相入的一种世界理念。现成说之大意则是，世界是某种更为本原的"实在者"（不论是柏拉图的"理念"还是叔本华的"意志"，抑或是禅宗的"自性"）在特定场域中显现而成就的（是否需要把现代现象学也考虑在内？）。但就中国文化的原生性质而言，实以化成说最具有典范性。

---

[1] 我曾在诸多不同场合的演讲中涉及这一主题。由山东社会科学院主编的《国际儒学论丛》2018 年第 2 期（总第 6 期）收录我的《四种世界观及其价值建构》一文，即是本人的演讲记录稿。

化成说强调世界基于本原秩序的演化与生成。存在的无限性展开为生成的无限性，反之亦然。我本人坚持认为，化成说的诞生是以农耕这一最基本的生产方式为基础的。天道之实在的领悟，原与"播莳百谷"必以"天时"之先行了解具有本原性关联。圣人以"治历明时"，故基于"历象日月星辰"之观以明天地四时之运，进而确定人事活动适时介入的时节，方有可能达成农耕的生产目的，而这同时也就构成了以天、地、人"三才"之共相互动为基本场域而实现一切万物之"化成"的世界观。天地四时之运的本原秩序（天道）界定了人事活动的秩序（人道），唯天-人秩序的协和与统一方是一切万物生成毁亡的终究根源，因为人是必然地要通过其体力与天地之力的主动交换来实现"赞天地之化育"的。换言之，人道是直接介入天道并且通过与天道的互动来共相实现世界存在之总相及其当前实况的。人的存在有代际区分（同时亦是代际绵延），世界便因此而有其存在的绵延。因此之故，世界存在的当前状态，乃是天-地-人-神共在共享且具有相互间多维联系而凝成的一个共同体的共相结构，其绵延之实况或"天人之际"的历时性变动，则被称为"历史"。在中国文化本身中，唯此天-地-人-神作为共同体的共相结构才被称为"人道世界"。正因此故，存在与价值是具有本原性的同一性的。卑陋以为，中国传统文化中这一"化成"的世界观，相较于他种文明（尤其是世界神创的预成说），是具有显著的区别性特征的。

2. "先天—后天"：个体存在的二重实性及其现实性上的同一性

基于天道"化成"的世界观，"中国哲学"关于人的存在问题所给出的诠释，同样是富有独特性的。基于"道"以其本原秩序化成了全部世界这一基本观念，人-物作为"自然"的全体便具有存在性上的同一性，这是"中国哲学"当中尽管表达形式不尽相同却始终存在的"人与天下万物为一体"观念在理论上的（或实在性上的）根源。事情的另一方面是，尽管人-物之性皆根源于天道，但若论偏全，必谓物性为偏而人性为全，若论纯杂，必谓物性为杂而人性为纯，若论厚薄，必谓物性为薄而人性为厚，故唯人之性为能涵摄天下一切万物之性，也唯人为能理解、领悟、利用世间一切万物以发达人生，所以谓"人者天地之心也"。

就道而言，它使一切人-物皆得以生，是万物之存在性或生命本质的赋予者，是所谓"生生者"。就人-物而论，则有得于道所赋予之性方得其生，故"生性不二"，此其一。其二，专就人而论，有得于道所赋予之性，即谓之德（德者，得也），故"性德不二"。正因此故，凡人之性或生命的本原性实在，其实是先在于人作为个体的在世生存的，所以称之为"先天"。这一"先天"的本质原在，"中国哲学"中称之为"性"或"性体"，它标志为人作为真实存在者的究竟实相。

事情的另一方面是，这一"先天"的究竟实相必须实现"后天"的绵延，其作为"性体"的真实性才可能得到如实体现而成就其作为"性体"之实在。一切个体的存在都是"后天"的或经验的，这就意味着，"性体"向"后天"的绵延在现实性上就必须要有一个承担者：它把"性体"作为"先天"的原在转变为"后天"的实在，同时把普遍性转变为个体性。必须指明，这一"先天"的、得之于天道的、作为人的本原实相而存在的"性体"是人的"后天"或经验的生存境域的实际承担者，"中国哲学"将其确认为"心"；"心"是感官（身体）活动的实际主导者，因此相对于感官的经验性而言，它也被称为"心体"。"心体"把人作为"后天"的感性存在与其"先天"的本原实在（"性体"）联系为一体。就"心体"本身而言，它原本是"性体"在"后天"的绵延形式，因此就必须说"心性不二"。正因此故，在"中国哲学"中，必须把"先天—后天""形上—形下""先验（超验）—经验"之全部界域加以统体融摄，才构成人的存在之全域。因此，若统论人的存在，"中国哲学"是以"二重实性"来展开其存在之域的：先天之性体的原在，以及后天之心体的现在。[1]"二重实性"的现实承担者或体现者是"心体"。个体必须对自己之

---

[1] 我这里所讲的关于存在的"二重实性"或"二重存在性"，切不可因字面之相似而与牟宗三先生的"两层存有"相混淆。某之说与牟先生无关。牟先生通过对康德"物自身"概念的改造与创造性诠释，认为它是一个"有价值意味的概念"，于是确认人不只是具有"感触的直觉"（sensible intuition），同时也具有"智的直觉"（intellectual intuition）；由前者开出"有执的存有"，由后者则开出"无执的存有"，是为"两层存有"。牟氏说："我们不要把无限心只移置于上帝那里，即在我们人类身上即可展露出。如果这一步已作到，我们即须进一步把我们的感性与知性加以封限，把它们一封封住，不只是把它们视为事实之定然，而且须予以价值上的决定。这个决定即是说明它们只是'识心之执'。……有限心即是执着心，亦就是识心，故云'识心之执'。……执着性由于与不执着的主体（即无限心）相对反而被规定。同一心也，如何由不执着转而成为执着，这需要说明。不执着者，我们名之曰无执的无限心。"（牟宗三：《现象与物自身》，（转下页）

"心体"作为"性体"的绵延加以体己的内在照察,并对其同一性的真实性做出内在的肯认与承诺,才有可能作为"主体"而实现其全域性存在。《尚书》所谓"皇建其极",孔子所谓"志于学",孟子所谓"先立其大",《中庸》所谓"合外内之道",《大学》所谓"明明德",王阳明所谓"立志",其实皆同一机杼。《周易》所谓"先天而天弗违,后天而奉天时",岂非吾所谓全域性存在之意乎?

3. "集体—个体":存在现况与意志自由以及"对越在天"的"止于至善"

在人们的"刻板印象"中,中国传统文化是一个"集体性"压抑了"个体性"的文化,因此类似于西方传统中的个体性以及与之相关的"意志自由"是不存在的。[1] 我这里显然不可能就这些问题展开有针对性的批评性反思或反思性批评,而只想简要表明个人的如下意见。

(1)仁智一体:"个体性"通过"集体性"以及"他者"的成就来实现。中国文化的确是重视"集体性"的,家庭即是"集体性"的最初样态。家庭的真正重要性

(接上页)载牟宗三:《牟宗三先生全集》第21册,台湾联经出版公司,2003年,第17—18页)"有执的识心"与"无执的无限心"分别开出了"两层存有",其底里的根据,窃以为其实是《大乘起信论》中的"一心开二门"。虽然我知晓这会引起争论,但我仍想说:牟先生实在是用天台宗的性具实相论以及《起信论》中的"真如门""生灭门"去改造了康德的"两种直觉"以及"物自身"概念本身,从而进一步建构了其"两层存有"论。

[1] 对于站在西方立场来观望中国的人们而言,此类观点几乎成为"常识"。黑格尔的观点具有典型性。他认为,在中国,"道德的规定表现为各种'法则',但是主观的意志受这些'法则'的管束,仿佛是受一种外界的力量的管束,一切内在的东西,如像'意见'、'良心'、正式'自由'等主观的东西,都没有得到承认"(黑格尔:《历史哲学》,王造时译,上海书店出版社,2001年,第113页)。这等于说,中国人是缺乏主体性的,因此既不可能诞生主体的自由意识,更不可能享有事实上的自由,而只是被决定、被规定的。"中国人把自己看作是属于他们家庭的,而同时又是国家的儿女。在家庭之内,他们不是人格,因为他们在里面生活的那个团结的单位,乃是血统关系和天然义务。在国家之内,他们一样缺少独立的人格。"(同上书,第122页)这里的意思倒是清楚不过的,中国人缺少"独立的人格";换句话说,他们是属于"集体"(小则家庭,大则国家)的。因此,基于主体性的个体性在中国人那里同样是不存在的。在"论述了"中国人的道德、宗教、法制等之后,黑格尔对中国人的"民族性"做了总结:"它的显著的特色就是,凡是属于'精神'的一切——在实际上和理论上,绝对没有束缚的伦常、道德、情绪、内在的'宗教'、'科学'和真正的'艺术'——一概都离他们很远。"(同上书,第137页)一句话,中国人缺乏"精神",因此也不可能享有真正意义上的包括自由、自主、自律、自在在内的精神生活。黑格尔的观点虽然"过时",但影响仍在。魏特夫(Karl A. Wittfogel)出版于1957年的《东方专制主义》(徐式谷等译,中国社会科学出版社,1989年)把中国称为典型的"治水社会",由此而产生牢不可破的也是最为残暴的"东方专制主义"。窃以为,这正是以类似于黑格尔的观点为"前理解"而填入其"新材料"的"杰作"。

在于，它相对于个体而言是具有"先天性"的，个体对它不仅不具有可选择的权利，并且它"先天地"规定了他与其中所有成员之间事实上的相互关系。正是这一不可选择的生活共同体，成为每一个体不可避免的最初生活场域。它既是"集体性"得以彰显的第一现场，也是"个体性"得以涵化的第一现场。人们需要通过对自己与他者之事实关系的确认（如父子），用恰当的行为方式将这种事实关系表达出来。在儒家那里，这一如实表达或体现的方式及其结果，则被认为是伦理的或道德的。因此在家庭中，事实关系的确认是通过伦理实践的方式及其结果来体现的。在这一意义上，家庭也正是个体在生活中领悟并实现事实与价值之同一性的最初现场。换句话说，"个体性"不是绝对性，它是在共同体（如家庭）的公共生活中相对于他者才得以建立起来，并且实际上也是通过他者的恰当措置才得以实现的。一个真正实现了自我主体性建立的人，便能在生活中通过成就他人来成就自己，通过成就事物来实现自己。如《中庸》所言："成己，仁也；成物，知也。性之德也，合外内之道也，故时措之宜也。""时措之宜"即是处于当下的"对象性交往关系情境"之中[1]，主体所能采取的大中至正的行为方式，是为正义。"必仁且智"（董仲舒语）是"合外内之道"的现实方式，因此"诚"不仅为成己成物的保证，也为现实性上之正义的保证。

这样看来，在中国传统文化中，所谓"集体性"即是某种意义上的公共性，它的存在不是为消泯"个体性"，反而是为"个体性"得以涵养封殖及其真实体现提供了公开的基本场域。个体在与共同体其他成员的互动交往之中，最初建立起相对于他者的个体意识，但他还必须主动地、自觉地实现由个体向主体的转变。他需要内向地将其自己以"心体"为根据的真实存在作为"主本"而清楚明白地建立起来，使自己成为一个"有主本的"存在，如此他才由"个体"转成为"主体"。相对于其他哲学而言，"中国哲学"中这一情况或许是独特的。在中国文化中，人

---

[1] "对象性交往关系情境"是我用来表达个体经验生存状况的一个概念。生存的经验性表明，人们总是处于各种各样与他者（天、地、人、神以及自我等各种对象）的交往关系之中，并且交往的有效实现必有其特定情境。因此，个体行为的正义（大中至正）既是在特定情境中得以表达的，同时也是存在着情境差异的。故"正义"不能脱离特定的"对象性交往关系情境"，是为"时措之宜"，即所谓"时中"。

并不"天然地"成为"主体",而只有自我真实地建立了主体性的人,才转成为有"主本"的"主体",所谓"建中立极",即此之谓也。对于这样的一个"主体"而言,他对其"二重实性"所对应的存在的"二阶境域"是清楚明白地自觉到的。因此,一方面,他是能自主地将其存在实性体现于经验中的全部"对象性交往关系情境"的,他在这一点上是享有充分自由的。[1]另一方面,对于这样一个真正的"主体"而言,他在经验境域中的全部身体(感官)活动都统摄于"心体"的实在;而这同时也就意味着,他以经验的生存方式实现了其先天的本原性实在("性体"),从而实现了他作为主体的存在之全域。这样的一个人是无忧、无惧的。正如孔子所说:"内省不疚,夫何忧何惧!"一个无疚而无忧无惧的人,一个实现了生命存在之全域的人,全然可以其"独体"(刘宗周语)之显扬而"对越在天"(《周颂·清庙》),"上下与天地同流"(孟子语),从而实现与天、地、人、神之全体的共在,是为生命之究竟实相,是为圣人与天下万物为一体之终极境界。

(2)"下学而上达":主体精神的自我演历与"止于至善"。尽管不同学派对完善人格的理解不尽相同,但中国文化的主流形态无不以达成人格之健全独立完善为鹄的,而以之为终极止境。但不知从何时开始,学界似乎普遍地"认定",儒学的根本思想是"内圣外王"。我曾在不同场合以不同形式对这一观点做过批评性商榷。窃以为,儒学的根本目的或宗旨是"下学而上达",绝非是"内圣外王"。儒学原始文献中没有出现"内圣外王"之说,而"下学而上达"则是孔子自己所说。因为有"上达",所以便有自我精神与天道同一的实在境域,所以谓"知我者其天乎!"既经"上达",这种自我精神与天道同一之境即成为主体存在之实境,所以便能如孟子所说的那样,"上下与天地同流"。这一意义上的"天人合一"之境,是主体在经验生存过程中充分实现其内在的精神演历,也即以"心身一元"—"心性一元"—"性道(天)一元"为其精神历程所达成的"止于至善"的最

---

[1] 我这里说的"自由",主要是指主体能够自主、自觉地表达其自身的实在性,从而与行为方式之选择等相关的自由(freedom)——如孔子所说,"我欲仁斯仁至矣",存在性的自觉表达或体现是包含意志自由在内的。尽管如此,现代作为政治制度的公民权利、人权保障意义上的自由(liberty),则中国古代的制度建设是欠缺的。但正因自主决定自我行为方式的意志自由及其结果承担之自主性的存在,"我们从古以来,就有埋头苦干的人,有拼命硬干的人,有为民请命的人,有舍身求法的人……"

终境界。这一境界确乎是具有某种意义上的"超越性"的,因为就其形下之"迹"而言,他侔于人;就其形上之"真"而言,他同于天。[1]因此,他也能如《中庸》所说的那样,取得与"天"一般的位格,以仁覆育天下而不使有一物失其所。

我坚持认为,"下学而上达"才真正体现了儒学的真精神。我甚至认为,《论语》20篇的整体结构,其实即是按照"下学而上达"的内在理路来结构的。自《学而》第一至《尧曰》第二十",即是"学"以成为"圣人"的全部行程,中间所经过的种种艰涩、种种困顿、种种喜怒哀乐,只不过是经验世界历练其精神生命的种种曲折,我们因此而从中看到一个自"十有五而志于学"到"七十而从心所欲不逾矩"的独立精神之自我展开的全部历史。这一精神历程的止境,即所谓"至善"。在现实性上,它是个体经由内向性之"思"(内省、反思,孟子曰"思则得之")而达成对于"心体"(即为其先天"性体"之后天绵延,因而即为其本原性实在)的观照与洞达,从而自觉地把自己转变为"主体",并在现实生活的所有"对象性交往关系情境"中以其"主体"身份而实现对其心-身-意之全部活动的主导,由此而还原"心身一元"的本原真实,进而实现"心体"与"性体"的纯粹同一,展开"天命之性"的全部内容,实现"降衷秉彝"之人格的全部实性,是谓"止于至善"。这一"至善"的止境,无疑是个体先天本具的独立健全之人格得以完整呈现的生活—精神之路的全程。臻于"至善"的止境,他就总能"允执其中",将天道的大中至正转化为人间的永恒正义,故谓"大道之行也天下为公"。

上述三点,"化成"的世界观代表"中国哲学"关于宇宙缘何为统一之整全并且人可以干预其存在实况的总体观念;"性体—心体"之"二重实性"代表"中国哲学"关于人的存在性的本质领悟;"集体—个体"问题则代表了"中国哲学"基于前两项而如何实现人的本原性实在的基本观念及其现实途径。虽然我的叙述与举例是站在儒学立场的,但我同时也敢说,上述三个面向在其他学说(比如道家以及中国佛学)中也是可以在义理上互通互摄而相互涵融的。我同时相信,相较于西方哲学语境,"中国哲学"的宇宙观、人生观、工夫论等,便确乎有其别样的结构性特色。

---

[1] 庄子讲,"畸于人而侔于天"。我这里稍稍篡改其意,以为儒家之"圣人"的形容。

现象学研究

无聊的意义[*]

——海德格尔对无聊现象的分析与阐发

张振华[**]

在团驻地短暂停留之后,我们彻底放弃了当初出征时的幻想。本来想去历险,现在得到的却是肮脏、劳作和无眠的夜晚,要想攻克这些难关也需要一些英雄气概,不过不是我们欣赏的那种。更要命的是无聊,这对士兵来说比接近死亡更令人难以忍受。

——恩斯特·荣格尔:《钢铁风暴》[1]

一

海德格尔是对情绪现象投入极大精力的哲学家。从早期对亚里士多德那里

---

[*] 本文的写作受到国家社科基金一般项目"海德格尔《哲学论稿》及其相关文本研究"(项目号:22BZX115)的支持。
[**] 张振华:同济大学人文学院副教授。
[1] 恩斯特·荣格尔:《钢铁风暴》,胡春春译,人民文学出版社,2020年,第8页。

的"恐惧"(phobos)的分析[1],到《存在与时间》中的"处身性"(Befindlichkeit)概念(一译"现身情态")[2],再到中后期对"情调"(Stimmung)及其相关词族的越来越炉火纯青的运用[3],情绪解释伴随海德格尔思想的始终。情绪对于海德格尔的意义不仅体现在其讨论的时间跨度和文本篇幅上,更重要的是,海德格尔或许是唯一一位将情绪提高至存在论地位的哲学家。在海德格尔那里,情绪乃根本之事。

海德格尔讨论过多种情绪。其中,最广为人知的当然是"畏"(Angst)(一译"惶恐"),而讨论最详细、所占篇幅最大的一种则是无聊。在1929—1930年冬季学期讲课"形而上学的基本概念:世界—有限性—孤独性"中,海德格尔对无聊进行了巨细无遗的分析。[4] 从文本整体上看,整个讲稿分为导言(含3章)、第一部分(含5章)和第二部分(含6章),德文本总计532页。其中,第二部分涉及的是对"世界"概念的规定。第一部分则是对情绪的规定(包含对无聊的讨论),总计160页。集中针对无聊的讨论篇幅有132页,占整个讲稿的四分之一,从长度上看显得十分惊人。[5]

学界多少都曾涉及海德格尔对无聊的解释,但这些讨论往往是在更大的框架中进行的,相应的缺点是对文本细节的理解和展开并不到位,尤其在涉及关键处

---

1 Martin Heidegger, *Grundbegriffe der aristotelischen Philosophie(GA18)*, Vittorio Klostermann, 2002, S. 248ff. 中译参见海德格尔:《亚里士多德哲学的基本概念》,黄瑞成译,华夏出版社,2014年,第280页以下。

2 Martin Heidegger, *Sein und Zeit(GA2)*, Vittorio Klostermann, 1977, S. 178ff. 中译参见《存在与时间(修订译本)》,陈嘉映、王庆节译,熊伟校,陈嘉映修订,生活·读书·新知三联书店,2006年,第156页以下。

3 典型如 Martin Heidegger, *Hölderlins Hymnen "Germanien" und "Der Rhein"(GA39)*, Vittorio Klostermann, 1999, S. 78ff. 中译参见海德格尔:《荷尔德林的颂歌〈日耳曼尼亚〉与〈莱茵河〉》,张振华译,商务印书馆,2018年,第91页以下。

4 Martin Heidegger, *Die Grundbegriffe der Metaphysik. Welt-Endlichkeit-Einsamkeit(GA29/30)*, Vittorio Klostermann, 2004. 中译参见海德格尔:《形而上学的基本概念:世界—有限性—孤独性》,赵卫国译,商务印书馆,2017年。下文以 GA29/30 加页码的形式正文出注。

5 在1929年同时期的《形而上学是什么?》一文中,作为通向畏的过渡性环节,海德格尔用了一个非常简短的段落提到了无聊这种情绪(海德格尔:《路标》,孙周兴译,商务印书馆,2001年,第127页)。这一提及显然指向《形而上学的基本概念:世界—有限性—孤独性》。

时常常语焉不详。[1] 这里有海德格尔文本本身冗长和晦涩的原因。海德格尔的论述理解起来确有一定难度。这一方面是因为，海德格尔的行文不那么顺畅，概念的使用有模糊、反复的特征；另一方面是因为，海德格尔构造的概念本身比较生硬难解。可以看出，海德格尔的思想在这一时期处在不断摸索、尝试的状态。[2] 因此，我们此处的讨论首先试图展开海德格尔论述的文本细节，完整呈现海德格尔的论述，使得整个讨论图景更为清晰。其次，我们还试图对其中的关键环节进行阐明，呈现海德格尔无聊论述的意图和背景。最后，由于思路的亲缘性，我们将比较无聊情绪与《存在与时间》中的畏的异同。

二

通常而言，我们感到无聊的时候，总是想做点什么来打发无聊。无聊是令我们回避的东西，也许说不上避之唯恐不及，但它也绝非积极、讨喜的情绪。海德格尔却正相反，他分析无聊这种情绪的目的是要唤醒无聊。在他看来，打发无聊是让无聊沉睡过去。他要做的是让已然在那里醒着的无聊保持醒着的状态（wachsein lassen）（GA29/30:118），甚至令其摆荡至最大幅度（Ausschwingenlassen）（GA29/30:122）。跟我们通常的理解相反，海德格尔并不把无聊视为单纯负面的东西，而是将其认作积极之物并加以肯定。为什么无聊在海德格尔看来具有积极

---

[1] 相关研究可参见尚杰：《海德格尔厌倦什么》，载《中国图书评论》2008年第1期；王珏：《技术时代的时间图像——海德格尔论无聊情绪》，载《现代哲学》2018年第4期；王光耀：《何种无聊？何种畏？通向何种无？——对海德格尔情绪现象学的一项考察》，载《世界哲学》2022年第4期；王晋一：《从"畏"到"无聊"——从情调的角度理解海德格尔对生存论视角的修正与补充》，载《安徽大学学报（哲学社会科学版）》2021年第4期；Cristian Ciocan, "Heidegger and the Problem of Boredom", *Journal of the British Society for Phenomenology* 2010, Vol. 41, No. 1; Leslie Paul Thiele, "Postmodernity and the Routinization of Novelty: Heidegger on Boredom and Technology", *Polity* 1997, Vol. 29, No. 4; 等等。

[2] 在1929年9月12日给布洛赫曼（Elisabeth Blochmann）的信中，海德格尔把这一课程称为"一个完全崭新的开端"（Martin Heidegger, Elisabeth Blochmann, *Briefwechsel 1918–1969*, Deutsches Literatur-Archiv, 1989, S. 33）。更具体的讨论可参见张振华：《斗争与和谐》，商务印书馆，2016年，第37页。

的方面？或者说，为什么无聊是需要我们去肯定和揭示，而非掩盖与排斥的现象？无聊究竟有什么意义？

在具体的分析过程中，海德格尔采取了步步深入的方式，他按照"深度"（Tiefe）的不同，区分出了三种无聊：第一种被称为"因某物而无聊"（Gelangweiltwerden，字面直译是"被无聊"）；第二种被称为"自我无聊"（Sichlangweilen）；第三种是"无聊向某人莫名袭来"（es ist einem langweilig）。

在深入这三种无聊之前，海德格尔首先一般性地确定了无聊中包含的两个环节。这两个环节是海德格尔分析三种无聊形式的基本着眼点。海德格尔举例说，如果一本书是无聊的，它指的不是这本书对我们而言完全无所谓，而是我们在阅读的过程中虽然投身其中，却没有被吸引进去（hingegeben, aber nicht hingenommen），我们被扣留住了（hingehalten）。[1] 书本没有充实我们，而是让我们变得空洞（leer gelassen）。因此，无聊是扣留着人又让人变得空洞的东西（das Hinhaltende und doch Leerlassende）（GA29/30:130）。"让变得空洞"和"扣留"是无聊的两个基本环节（后文又称之为"让变得空洞状态"[Leergelassenheit]和"被扣留状态"[Hingehaltenheit]）。

三

在确立了基本环节之后，海德格尔进一步考察了前两种无聊的形式。

关于第一种无聊形式，海德格尔设想了一个场景。我们在一座破烂的小火车站里等车，下一班火车要四个小时之后才到达。整个地方索然无味。包里有一本书，但我们无心阅读；或者去思考一个问题，也无法达成。我们看了看时刻表，研究了这个车站到不同地方——包括我们不认识的那些地方——的距离。我们看

---

[1] 该词的日常意思是"使等待，拖延"。英译本将这个词翻译为"held in limbo"（Martin Heidegger, *The Fundamental Concepts of Metaphysics: World, Finitude, Solitude*, trans. William McNeill and Nicholas Walker, Indiana University Press, 1995, p. 86）。中译本将其译为"被拖住"（海德格尔：《形而上学的基本概念：世界—有限性—孤独性》，第 130 页）。为了行文的通达，我们尝试将其翻译为"扣留"。

了看表，才过去了一刻钟。那么，就去街上走走吧。我们来回走动，想找点事情做。但无济于事。我们开始数街上的树，然后又看了看表，离刚才看表只过去五分钟。我们走烦了，坐在一块石头上，在沙地上画起了画（GA29/30:140）。

在这个关于第一种无聊的例子中，海德格尔提到很多打发时间的活动。海德格尔问，这里的"打发时间"（Zeitvertreib）是什么意思？打发时间一方面是推动（antreiben）时间的活动，另一方面则是为了驱遣（wegtreiben）无聊。因此，打发时间是"在推动时间的过程中对无聊的驱遣"（GA29/30:140）。可以看到，在"打发时间"的说法中，涉及了"时间"（GA29/30:145）。海德格尔就此指出，"因某物而无聊"是被逡巡不前的时间进程以及时间之一般所切中，这种切中是令人停顿瘫痪的（GA29/30:148）。简言之，在"因某物而无聊"中，我们被逡巡不前的时间所扣留（GA29/30:150）。

另一方面，火车站没有提供给我们原本所期待的东西；可以说，我们是因某种事物而变得空洞（Leergelassenwerdens von den Dingen）（GA29/30:157）。

这是海德格尔在第一种无聊现象中得到的初步结论。

第二种无聊相比于第一种是更深的无聊。

海德格尔同样举了一个例子。我们受邀在晚上去某处参加聚会。虽然聚会并不是非去不可，但白天紧张工作了一天，晚上正好有空那就去了。那里有聚会常见的食物、常见的闲聊，一切都很雅致。人们愉快地坐在一起，欣赏音乐。人们聊天，内容风趣幽默。很快就到了散场时间。女士们在告别时还一再确认说今晚十分美好。整个晚上没有任何事情是令人感到无聊的。谈话、人物、场所都显得非常不错。人们心满意足地回家，到家之后又瞥了一眼晚上中断的工作，预估了一下明天的工作量，然后却心想：这个晚上我实际上是无聊的（GA29/30:165）。我们想到了自己经常想打哈欠又将其压下去的状态，以及想用手指敲击桌面的时刻。打哈欠和敲桌子仿佛意味着，我们是在尝试打发时间。我们玩弄表带或者一个纽扣，拿出烟抽起来。抽烟是在社交场合打发时间的最理想的方式，因为它不那么引人注目（GA29/30:168f.）。

海德格尔在此描述了一个典型的城市中产阶级的生活场景。这个例子非常特别，它和海德格尔自觉归属其中的黑森林地区的气氛大相径庭。如果不事先知晓，我们大概不会觉得这是出自海德格尔的描述。[1]

海德格尔指出，和第一种无聊相比，打发时间的方式发生了某种变化。我们在抽烟的同时仍然参与聊天，整个晚上保持着兴奋情绪。抽烟本身并没有特别显出是一种打发时间的方式。而且无聊也没有被赶走，在抽烟的时候无聊依旧存在。此外，抽烟不是一个孤立的行为，整个所作所为、整个晚上、整个聚会其实都是在打发时间（GA29/30:170）。

因此，可以说我们是在聚会之际（wobei，英译 be bored with[2]）感到无聊。而整个"在场"同时就是一种打发时间。在这种情况下，无聊和打发时间是纠缠在一起的。打发时间的活动扩展到了整个情景，获得了第一种无聊形式所不具有的幅度（GA29/30:170）。

在描述了两种无聊的场景之后，海德格尔总结了一些初步的差异。

首先，在第一种无聊中，令人感到无聊的东西是这个或者那个东西；而在第二种无聊中，没有任何让人感到无聊的东西，我们不是因为这个或者那个东西而感到无聊（GA29/30:172）。也就是说，在第一种形式中，存在一种特定的让人感到无聊的东西；在第二种形式中，并不存在这种特定的令人无聊之物，有的是某种并不特定的使人无聊者（ein unbestimmtes Langweilendes）（GA29/30:173）。

其次，着眼于"扣留"的环节。在前者中，逡巡不前的时间折磨着（bedrängen）我们；在后者中，时间并没有逡巡不前，也没有折磨我们。换言之，我们没有被逡巡不前的时间所扣留（GA29/30:174）。

最后，着眼于使变得空洞的环节。在后者中，我们在整个晚上都是充实的。如果说令人变得空洞者就是使人无聊者，那么此间的使人无聊者（das Langweilende）是什么呢？它是"我不知道那是什么"（Ich weiß nicht was）的那种东西，是整个处

---

[1] 笔者在课上提到这个例子时，有学生说这听上去更像是萨特举出来的例子。

[2] Martin Heidegger, *The Fundamental Concepts of Metaphysics: World, Finitude, Solitude*, p. 113. 注意海德格尔对"bei"这个具有德国特色的介词的使用。它似乎特别指向人消散在场景、处境中的状态。《存在与时间》中译本将"bei"这个词翻译为"寓于"或"依寓于"（海德格尔：《存在与时间（修订译本）》，第64页）。

境中的不确定之物。在第二种形式的无聊中，空洞虽然和充实一样巨大，但这种空洞随后又得到充实而不再存在。因此，就像不存在扣留那样，空洞状态在此也是缺失的（GA29/30:174f.）。

四

以上论述似乎表明，从"让变得空洞"和"扣留"这两个基本环节出发，无助于理解第二种形式的无聊。然而，这只是表面的结论，海德格尔进一步从深度的方面对第二种无聊的基本环节进行了阐明。

在第二种无聊中，我们随波逐流地参与着聚会上发生的事情，任自己被这些事情带走。我们处于漠然无谓的任意状态（Lässigkeit，英译 casualness[1]）。而这种漠然任意恰恰是更加深化的空洞。这种漠然任意更深地攫住人。参与聚会的那种充实是一种假象，真正存在的是一种不满足（Unbefriedigung）——尽管这一点只是朦胧而不确定地表现出来。整个打发时间的方式并没有驱遣无聊，而是恰恰见证着无聊并令其在此（GA29/30:177）。在漠然任意中，实际上有一种对我们自身的脱落（Entgleiten）（GA29/30:177, 180）。

因此，这里的漠然任意有两重含义：1. 对在那里发生的事情的自我投入、自我交付（Sichüberlassen）；2. 对本真的自身的遗落（Sichzurücklassen）。善于进行概念构造的海德格尔把这两种"lassen"集合在了"Lässigkeit"这一个词中。在这种有所遗落的自我投入的漠然任意中，一种空洞自发形成。这是一种更深的让人变得空洞的形式。这种空洞意味着我们本真的自身的遗落（GA29/30:180）。[2]

---

[1] Martin Heidegger, *The Fundamental Concepts of Metaphysics: World, Finitude, Solitude*, p. 117.
[2] 这种"漠然任意"与《存在与时间》中此在"消融"（aufgehen，中译本译为"消散"）于周围世界之中的状态与结构有些相似，因为此消融于世界之中同样意味着对世界的投入和对本真自我的遗忘。但是，《存在与时间》的基准点是"操心"，突出的是对周围世界的物的操劳，它并不能说是一种空洞；而漠然任意更加侧重闲散的状态，它像是一种漂浮，漂浮在自我与外物之间。海德格尔所举的关于第二种无聊的例子也具有更多的自我意识。

第二种形式的扣留也与第一种不同。时间并没有作为逡巡不前之物扣留我们，我们并没有看表，期待聚会的结束（GA29/30：181）。是我们自己主动空出了时间去参加聚会。我们使这一段被空出来的时间伫立（Stehen）。作为伫立着的时间，时间给我们的此在带来一种静止（Stille）。时间并没有消逝，时间伫立着。这种时间之伫立（Stehen der Zeit）乃是更原初的扣留，这种扣留是折磨人的。在此，时间并不是持留得过长，也不是逡巡不前，而是它就在那里逗留着、持续着（GA29/30：184）。我们完全处在（ganz dabei）发生在面前的事情上，对于在场者，我们处于完全当前的状态（ganz Gegenwart）（GA29/30：186）。这种完全当前意味着，我们从曾在（Gewesenheit）和将来（Zukunft）那里被切割出来。将来和曾在融入了纯然的当前。曾在和将来发生了模态变化（Modifikation），它们像链条一样连入了纯然的当前（GA29/30：187f.）。这是一种现在的延续。而现在不再显示为先前或者往后，使先前或者往后得以可能的视域被关闭了。时间之流动的可能性被剥夺，它只能保持为持留和伫立。现在的时间点不再相互接续，而是只剩下一个现在点，即一个延展着的现在（ein gedehntes Jetzt）（GA29/30：188f.）。

这个延展着的现在渗透入我们的此在之中。这一伫立着的时间就是我们自身，但这个"自身"是作为从自己的来源（Herkunft）和将来（Zukunft）中遗留下来的自身。时间没有将我们释放，我们被系缚其上。我们不被时间所释放的状态（Nichtentlassensein）就是在伫立着的时间中被扣留的状态（GA29/30：189）。

从"深度"的角度进行比较，海德格尔认为，两种无聊具有七个差异：

1. 着眼于让变得空洞的环节：第一种无聊（以下简称 I）仅仅是充实的缺乏因而具有一种现成的空洞；第二种无聊（以下简称 II）是空洞的首先自行形成（Sich-allererst-bilden）。这就意味着，I 中的空洞是静态现成、维系于特定对象的，II 中的空洞是动态生成、整体性的。

2. 着眼于扣留的环节：在 I 中，我们由于（以某种方式所需要的）时间的逡巡不前而被阻碍住（das Aufgehaltensein）；在 II 中，我们不被（作为遗落了的自身的伫立着的）时间所释放，并且被这种时间所设置（das Nicht-entlassen-und Gestellt-sein）（GA29/30：196）。

3. 关于无聊的场景相关性：在 I 中，我们系缚于、被卡在一种特定的受外在情况制约的处境中；在 II 中，我们并不系缚于特定的在场景中发生的事情（GA29/30：196f.）。

4. 关于打发时间的活动：在 I 中，在令人感到无聊的东西中存在着引人注目的打发时间的活动，我们寻找对任意之事的忙碌；在 II 中，在处境的整个行为举止中存在的是自发进行的打发时间的活动，这种活动不引人注目，对自我无聊着的自身而言是隐蔽的。

5. 关于打发时间的活动的进一步描述：在 I 中，打发时间的活动带有一种飘忽不定的焦躁不安和对无聊的略显胡乱的对抗，因而呈现出折腾来折腾去的状态（Umgetriebenwerden）。打发时间的焦躁恰恰让无聊在一定程度上变得更具逼迫性和更加令人焦躁不安。在 II 中，打发时间的活动更多只是对无聊的回避（ein Ausweichen vor der Langeweile），无聊本身更多的是一种自我无聊。

6. 关于无聊的摇荡幅度的差异：在 I 中，我们被禁锢（Eingezwängtsein）在特定的令人感到无聊的东西之间，被卡在上面；在 II 中，无聊飘荡着扩展到整个场景中。

7. 关于无聊的来源：在 I 中，无聊像是从外部到来，起于特定的环境；在 II 中，无聊随着相应的场景，在此在中并源于此在而升起（Aufsteigen）。因此，在 I 中，人坐立不安地进入无聊的偶然性中；在 II 中，人则是被拽入无聊的本己重量（GA29/30：197）。

通过对两种形式的无聊的比较，我们会发现，第一种形式的无聊仿佛来自外部，一种特定的处境把我们置于无聊中。第二种形式的无聊并非来自外部，它升起自此在自身。因此，第二种形式更少地依赖处境。我们更多地面向自身，被引回此在的本己重量（GA29/30：193）。这是两种无聊在方向上的重大区别，即在海德格尔看来，无聊越来越和自我、自身相关，越来越切近于自身。这也是为什么海德格尔把第二种无聊称为"自我无聊"。

可以发现，海德格尔对两种无聊的区分在德语表达本身中有其根源。在德语中，无聊的动词形式"langweilen"有两种用法。一种是普通及物动词的用法，其意思是某物使我感到无聊。比如，Der Vortrag hat ihn gelangweilt［这个报告令他感到无聊］。令人感到无聊的东西是主语，而感到无聊的人是宾语，用中文进行对等直译就是"某物无聊了某人"。另一种用法是作反身动词使用，比如，Ich habe mich bei dem Vortrag gelangweilt［我在听报告时感到无聊］。这个时候，感到无聊的人是主语，介词"bei"适用于某种场合、情境。这个时候的德语表达仿佛暗示，是某人在某种场合自己无聊了起来。海德格尔利用了"langweilen"的两种动词形式，区分了两种无聊。前者更加偏向对象性的客观事物，后者更加偏向主体自身。而在海德格尔的分析方向中，偏向主体自身的无聊是一种更深的无聊，无聊的深度和自身相关。这就为最终的第三种无聊打下了讨论的基础。

五

海德格尔最后进入第三种无聊亦即深度无聊中。

第三种无聊被表达为"无聊向某人莫名袭来"（es ist einem langweilig）[1]。这里的es就像es blitzt［闪电了］、es donnert［打雷了］、es regnet［下雨了］一样，是形式主语，呈现为不确定之物、不可认识之物。作为第三格的"某人"（einem）也不是我、你、我们，而是脱落了任何名字、地位、职业、角色、年龄和命运的人。这种描述容易让人想到这是对人的一种抽象化理解，但海德格尔强调，这里并不意味着自我的抽象化和普遍化，而是我们在此成了"无差别的无人"（einem indifferenten Niemand）（这在之后被称为此在的赤裸状态）（GA29/30：203）。这种无聊与特定的场景没有联系。这种无聊所发生的场景对每个人而言各不相同，比如某人在周日下午走在大城市的街上，突然之间，"无聊向某人莫名袭来"（GA29/30：204）。

通过初步的观察可以发现，在第一种无聊中，我们不断寻找打发时间的

---

[1] 赵卫国译为"某人无聊"和"它对某个人是无聊的"（海德格尔：《形而上学的基本概念：世界—有限性—孤独性》，第202页），孙周兴译为"某人莫名无聊"（海德格尔：《路标》，第127页）。

活动；在第二种无聊中，打发时间的活动和聚会本身交织在一起；而在第三种无聊中，完全找不到任何打发时间的活动。这是因为，任何具体的打发时间的活动对于这种无聊而言都是无力的。打发时间的活动不再被容许（Nichtmehrzugelassensein）。因此，这种无聊具有一种笼罩性、统治性的威力（Übermacht）。Über- 这个前缀的使用表明了这种力量的强大、无所不在、无从逃遁。在这种威力中，深度无聊具有敞开作用（Offenbarmachen）。敞开意味着，在无聊中有些东西在诉说，而我们需要去聆听。相较而言，在第一种无聊中，我们用打发时间的活动来压过无聊，因而无须去听什么；在第二种无聊中，我们是不想去听；在第三种无聊中，我们则是被强迫着去听。海德格尔指出，这种"强迫"（Zwang）恰恰是此在中的一切本真之物所具有的，它并不是一种不自由的强制，反而与最内在的自由有关（GA29/30：204f.）。

那么，深度无聊敞开了什么呢？海德格尔同样从"让变得空洞"和"扣留"这两个环节出发展开分析。

首先是"让变得空洞"这一环节。在"无聊向某人莫名袭来"中，我们超出了每每特定的场景和环绕着我们的相关存在者。整个场景和作为个体的主体全都变得无关紧要。这种事物和我们自身的无关紧要不来自对单个事物进行评价的总和，而是一下子所有一切都变得无关紧要了。也就是说，是存在者整体变得无关紧要了。我们不再作为主体与存在者相对，而是同时处于存在者整体中，处于无关紧要中。此外，存在者整体并未消失，而是如此这般地在无关紧要状态中显示自身。空洞就存在于这种从整体上包围着存在者的无关紧要中（GA29/30：207f.）。

这种无关紧要意味着，存在者整体在无聊中不再提供所为和无为的可能性（keine Möglichkeit des Tuns und keine Möglichkeit des Lassens）。存在者整体有所拒绝（versagt sich）。此在被交付给整体上有所拒绝的存在者，这就是第三种无聊中的"让变得空洞"的环节。而这里的空洞并非充实者之间的空隙，但也不是一片虚无（Nichts）（GA29/30：210）。海德格尔在稍后进一步规定说，这种空洞是在自行拒绝（Sichversagen）、自行消隐（Sichentziehen）的意义上，作为缺乏、匮乏和困迫而出现的（GA29/30：243）。

其次是"扣留"这一环节。这里所说的存在者整体的"拒绝"并不意味着一无所有。在海德格尔看来，拒绝恰恰是一种言说和表露（Sagen）。整体上有所拒绝的存在者透露出了原本应当以某种方式满足此在的东西，即此在的所为和无为的诸种可能性。拒绝以拒绝的方式指示向这些可能性（GA29/30：211f.）。稍后，海德格尔对这里的拒绝-宣告结构进行了更为集中的表达：拒绝的尖锐性（Schärfe）表现在，被拒绝的东西在其强硬度（in aller Härte）即必然性中一同得到了宣告（angesagt wird），并且被预先保留住（vorgehalten wird）（GA29/30：245）。

在这样一种无聊中，此在的名字、地位和诸如此类的东西都变得不再重要，无名的此在将自身（Selbst）首先在其完全的赤裸状态（Nacktheit）中带向他本身。这个自身在此存在着并接受其此-在（Da-sein）。存在者整体所拒绝的不是我之为我，而是我之中的那个"此在"。在此涉及的是"使可能者"（Ermöglichende），亦即使此在的能-在（Sein-Können）、使此在的可能性得以可能的东西。在拒绝中（Versagen）所宣告而出的（Ansagen）是一种呼唤（Anrufen），是处于"我"之中的"此在"之本真的使可能者。这种呼唤指向了承载并引导着此在的所有本质可能性的使可能者。这一使可能者看上去没有任何内容，因而我们说不出它是什么（GA29/30：215f.）。这种向着使可能者的指引是一种向着这种原初的使可能者的独一无二的尖端（Spitze）的强迫（Hinzwingen）。由此，第三种无聊的被扣留状态得到了更为准确的规定：被强迫着朝向如此这般此在的原初的使可能过程（Hingezwungenheit an die ursprüngliche Ermöglichung des Daseins als eines solchen）（GA29/30：216）。

在谈到"让变得空洞"和"扣留"这两个环节的统一性时，海德格尔将概念分别集中在了"深远"（Weite）和"尖锐"（Spitze）上。存在者整体的拒绝因其整体性而具有一种深远宽广的范围。而使此在得以可能者则具有一种"尖锐"，即一种集中性。可以发现，前者更偏向存在者那一面，后者更偏向主体那一面，但二者之间又有关联。在整体上自行拒绝的存在者的深远，与令此在得以可能者的尖锐，二者在一体性中敞开了在深度无聊中在此在中运作着的事物。指示入深远中的"让变得空洞"和尖锐化着的"扣留"是无聊这种情调的原初调校方式（stimmen）（GA29/30：217）。

六

如同第一种无聊的时间性被规定为逡巡不前的时间，第二种无聊的时间性被规定为伫立的时间，在阐明了深度无聊的两个基本环节之后，海德格尔进一步深入到了深度无聊的时间特征中。随着这一步深入，海德格尔图穷匕见，其抽丝剥茧的分析的最终用心得以昭示。

海德格尔首先提到"时间视域"（Zeithorizont）概念。时间是一个整体性的视域（All-Horizont），包含当前、过去和将来。从我们的观察角度来说，这三个面向分别呈现为我们的观望（Hinsicht）、回望（Rücksicht）和眺望（Absicht）的视角（GA29/30:218f.）。时间作为视域，参与存在者整体的敞开。这样的时间视域才是"让变得空洞"和"扣留"之所以可能的东西。

首先，在深度无聊中，时间视域将此在束缚在自己身上（an sich binden），将此在"镇住"（bannen[1]）了（GA29/30:221）。无聊的情调因此具有被镇住的特征（Gebanntsein）。而把人镇住者（das Bannende）就是时间视域。这种时间既不是伫立着的也不是流动着的，而是处在伫立和流动之外的每每整体性的此在自身（je das Dasein selbst im Ganzen）（GA29/30:221）。在这种被时间镇住的状态中，存在者自行拒绝，无法向此在开放。存在者整体的拒绝的空洞就此升起。因此，第一个环节"让变得空洞"只有作为被时间视域所镇住者才是可能的。此在的被镇住状态赋予这样一种空洞以完整的活动空间（GA29/30:222）。

其次，把人镇住者是拒绝者，但同时也道出了、呼唤着真正的被拒绝之物。把人镇住者同时以有所道出的方式进行开放（freigibt），并且令此在的可能性得以可能。把人镇住者支配着真正的使可能者，这种镇住人的时间本身就是使此在本质上得以可能的尖端（GA29/30:223）。这就解释了第二个环节"扣留"的可能性前提。

把人镇住者所开放出来的东西就是此在的自由。此在的自由即此在的自我

---

[1] 英译"entrance"（Martin Heidegger, *The Fundamental Concepts of Metaphysics: World, Finitude, Solitude*, p. 147）。

解放（Sichbefreien）。这种自我解放只有当它面向自己本身而下定决心（zu sich selbst entschließt）——即作为此-在为了自身而自行展开（für sich als das Da-sein sich erschließt）时才会发生（GA29/30：223）。同时，下决心的时刻不是空泛的，而是朝向此时此地、处于某种本质性的洞见和可能性中的行动。此在每每在自己的相应时间（je zu seiner Zeit）——也就是每每的这里和现在（je hier und jetzt）——在与某种敞开的存在者的关联中，才在此。因此，下决心同时是自我的打开（sich aufschließt）和存在者之揭示，它意味着朝向自我本身和朝向存在者的一体性。这种下决心的时刻被海德格尔称为"时机瞬间"（Augenblick）。时机瞬间无非就是"决心之目光"或"决心之视见"（Blick der Entschlossenheit），在这种决心中行动的全部处境都得到打开并保持开放（GA29/30：223f.）。[1]

"Augenblick"在日常德语中是"瞬间、时刻、时机"的意思。在字面上，这个词由"Augen"[眼睛]和"Blick"[目光，见]组成。英译将其处理为"moment of vision"[2]，特别强调了"Blick"的字面意思。我们将其翻译为"时机瞬间"。[3] 巧合的是，中文的"瞬"字也有眨眼的意思。[4] 海德格尔之所以在此提到"目光/视见"（Blick），就是利用了"时机瞬间"（Augenblick）这个词的构词。"眼睛"（Augen）+"目光/视见"（Blick）的构成，可以被理解为目光的一闪。就像中文"转瞬即逝"一词所表明的，目光的一闪表达了瞬间的刹那特征。而海德格尔把"目光/

---

[1] 在1927年的《现象学之基本问题》中，海德格尔同样把决心和时机瞬间联系在一起："保持在决心之中并源于决心的当下，我们称之曰时机瞬间。"中译参见海德格尔：《现象学之基本问题》，丁耘译，上海译文出版社，2008年，第393页；译文略异。

[2] Martin Heidegger, *The Fundamental Concepts of Metaphysics: World, Finitude, Solitude*, p. 149.

[3] 德雷福斯说，这个词源于路德对《圣经》"眨眼之间"的翻译（休伯特·L. 德雷福斯：《在世》，朱松峰译，浙江大学出版社，2018年，第5页）。《存在与时间》中译本将之翻译为"当下即是"（海德格尔：《存在与时间（修订译本）》，第371页）。丁耘在《现象学之基本问题》中将这个词翻译为"当即"，"以突出其与决断的关联"（海德格尔：《现象学之基本问题》，第394页注释1）。赵卫国翻译为"眼下"（《形而上学的基本概念：世界—有限性—孤独性》，第222页）。也可考虑翻译为"时刻"，行文更晓畅、贴切。"时机瞬间"的译法带有一定陌生性，有助于凸显海德格尔概念的特殊性。

[4] 《汉语大词典》总结了"瞬"字的这样几种意义：1. 目动，眨眼；2. 一眨眼工夫，极言时间短暂；3. 看，注视（罗竹风主编：《汉语大词典》第7卷，上海辞书出版社，2008年，第1255页）。

视见"这个词单独切分出来进行强调,一方面意在表明决心的那种瞬间打开的作用,即决心不是反复计算和推理论证的结果;另一方面则意味着,这种打开是对处境的认识,是和具体事物相关的本源性认知(或者说使认知得以可能的一种敞开)。也就是说,决心使得处境一下子得到明澈的察见。在稍后的再次说明中,海德格尔强调,时机瞬间是"此在"朝向"此-在"的决心之目光/视见(der Blick der Entschlossenheit des Daseins zum Da-sein)。海德格尔在这里所使用的两个"此在"具有不同的内涵,没有连字符的"此在"表示的是一般性的存在状态,而由连字符拆开的所谓"此-在"是指每每处于完全得到把握的处境中的生存。这种处境是一次性的(einmalige)、独一无二的(GA29/30:251)。

强迫此在进入真正使可能者的尖端,就是由镇住人的时间而强迫进入时间本身,进入时间的真正本质,即时机瞬间。时机瞬间就此被揭示为此在的本真生存的基础可能性(GA29/30:224)。这同时意味着,时间之镇(Zeitbann)只有通过时间来打破。当时间之镇被打破,存在者整体便不再拒绝,此在被赋予在每每特定的洞见和面向中(in je einer bestimmten Hinsicht)生存的可能性。打破时间之镇的就是时机瞬间。时机瞬间不是可以确定的现在的点,而是同时进入视见的三个方向(当前,将来,过去)中去的此在之目光(GA29/30:226)。

经过以上解释,我们会看到,第三种无聊中的"让变得空洞"和"扣留"完全受到时间之本质的规定(GA29/30:224)。时间之本质是对无聊的两个环节以及无聊本身的最终阐明。第三种无聊意味着被镇在时间视域中的深远场域,并由此被强迫着进入作为真正的使可能者的时机瞬间的尖端(GA29/30:227)。从负面意义上讲,深度无聊的镇住作用令存在者整体被拒绝,时机瞬间随之消隐。从可能性上讲,在这种消隐中被镇住的此在同时被逼迫入作为此在之生存的本真可能性(这种生存只有处于存在者整体的开放域中才是可能的)的时机瞬间中(GA29/30:230)。

因此,无聊这种看似负面的现象,通过海德格尔的阐释,包含对另一种极端相反的可能性的指示。就像阴影指示着阳光,无聊指示着持续发生、不断绽出、源源不绝的瞬时境域。这就是海德格尔心目中无聊的意义。无聊像一张弓,当它被完全拉开（即完全得到理解）的时候，它所潜藏的能量就达到了顶点，而这股能量就是一个随时等待释放的时间性的发生场域。[1]

七

可见，海德格尔在这一阶段念兹在兹的仍然是时间问题。他每每尝试从不同的进路来讨论时间。而"时机瞬间"是这个讲课中讨论时间问题的核心概念。关于这个核心概念，海德格尔指出了两处渊源。[2]

一处是海德格尔自己，即《存在与时间》第 65 节对时机的讨论。这一节是对时间性进行规定的关键一节。在那里，海德格尔对将来、过去和现在进行了解说，并特别突出了将来的优先地位。一方面，决心使得此在面向自己的可能性而生存，这便是将来的本真意义。[3] 另一方面，此在在决心中承担起自己的罪责，承担起被抛，这便是过去的本真意义，即作为"曾在"的过去。[4] 而在决心中也同时显露出每每各个不同的处境（die jeweilige Situation des Da），这就是现在的本真意义。[5] 在这一节中，海德格尔其实只使用过一次"时机瞬间"，并把其中的"blick"通过斜体进行了强调（Augen*blick*）。[6] 其他时候，他更多地使用的是"当

---

[1] 史文德森对这里突然翻转的动力源有所疑问："无聊被认为同时蕴含了反方向运动的可能。这种可能来源于哪里？……即使'此在'丧失了其他一切事物的支持，也被认为具有自动恢复的源泉，这难道不是浪漫主义范式的又一个翻版吗？"（史文德森：《无聊的哲学》，范晶晶译，北京大学出版社，2010 年，第 135 页）然而单从思想结构上看，我们会发现，此处的拒绝-宣告结构有一个亚里士多德 steresis 的背景（这与《存在与时间》中提到的工具不合用等"褫夺"现象的结构是一致的）。如海德格尔在其早期亚里士多德解释中所说，steresis 中的不在场并非全然虚无，而是可以构成对在场的一种指示（参见海德格尔：《亚里士多德哲学的基本概念》，第 37、333 页）。海德格尔那里的"合置"（Gestell）与"本有"（Ereignis）的关系亦可作如是观。此结构还可对比佛教的遮诠。

[2] 在《存在与时间》中，海德格尔则提到了雅斯贝尔斯的《世界观的心理学》（海德格尔：《存在与时间（修订译本）》，第 385 页）。

[3] 同上书，第 370 页。

[4] 同上书，第 371 页。

[5] Martin Heidegger, *Sein und Zeit*, S. 431.

[6] Ibid., S. 434.

前"（Gegenwart）一词。[1] 海德格尔对"Augenblick"更重要的使用其实是在第68节。在那里，海德格尔明确进行了术语的区分："我们把保持在本真的时间中的并因而是本真的当前称为时机瞬间（Augenblick）。"[2] 而非本真的当前则被称为"当前化"（gegenwärtigen）。

另一处渊源是克尔凯郭尔。在此，海德格尔对克尔凯郭尔的"瞬间"概念有着无以复加的赞赏。他认为，克尔凯郭尔第一次在哲学中把握了"瞬间"，随着这一把握，自古代以降的哲学的一个完全崭新的时代的可能性开始了（GA29/30:225）。但海德格尔并没有具体说明克尔凯郭尔那里的"时机瞬间"的内涵是什么。让我们以《恐惧的概念》这一对海德格尔产生重要影响的文本为核心，更具体地考察克尔凯郭尔的"瞬间"概念。而当我们深入其中时会发现，克尔凯郭尔和海德格尔之间其实存在着巨大差异。

第一，在《恐惧的概念》中，克尔凯郭尔将恐惧（Angst）与瞬间联系在一起。恐惧是个体生命中的瞬间。[3]

第二，克尔凯郭尔使用的丹麦语在构词上与德语完全一致。克尔凯郭尔说："看在字面，这是一个美丽的词。没有什么东西能够像目光一瞥那样快……"[4] 京不特在解释克尔凯郭尔所使用的丹麦语时说："丹麦语是 Øieblik，如果按本原构词直译的话就是'目瞥'或者'目光一闪'。德语中是 Augenblick。"[5] 英文将其翻译为 moment。[6] 而英文的 moment 来自拉丁文的 momentum。[7]

---

[1] Martin Heidegger, *Sein und Zeit*, S. 431.

[2] 海德格尔：《存在与时间（修订译本）》，第385页；译文略异。

[3] 克尔凯郭尔：《畏惧与颤栗/恐惧的概念/致死的疾病》（《克尔凯郭尔文集》第6卷），京不特译，中国社会科学出版社，2013年，第275页。

[4] 同上书，第280页。

[5] 同上书，第314页注释44。亦参见邓定：《克尔凯郭尔的"Øieblik"（"瞬间"）观念》，载《浙江学刊》2015年第5期。

[6] Søren Kierkegaard, *The Concept of Anxiety: A Simple Psychologically Orienting Deliberation on the Dogmatic Issue of Hereditary Sin*, trans. Reidar Thomte, Princeton University Press, p. 81.

[7] 克尔凯郭尔：《畏惧与颤栗/恐惧的概念/致死的疾病》，第281页；"momentum"有"运动、推力、力、微小的重量、微小的空间、极短的时间、片刻、时机、影响"等意思（*Oxford Latin Dictionary*, Oxford at the Clarendon Press, 1968, p. 1129）。

第三，克尔凯郭尔的思考瞄着永恒而把瞬间规定为时间和永恒的相互接触。他以瑞典作家埃塞阿斯的诗歌《弗利提欧福史诗》中的英戈波尔看向大海寻找弗利提欧福的例子说，这一时间是处在对于其命运有着关键意义的冲突之中的时间。这一时间正被永恒触摸。[1] 可以看到，克尔凯郭尔所说的"时间"是尘世中流逝不定的时间，而"永恒"则属于基督教的上帝。"瞬间"是在尘世的时间性中打开了永恒的口子，反过来说也就意味着永恒与时间的触碰。"在这里'时间'不断地切割开'永恒'而'永恒'不断地渗透进'时间'。"[2] 因此在克尔凯郭尔看来，瞬间不是时间的原子，而是永恒的原子（an atom of eternity）。瞬间是永恒在时间中的第一个反照（the first reflection of eternity in time）。[3]

第四，克尔凯郭尔的瞬间理解有着深刻而自觉的基督教背景，这特别与希腊哲学形成对照。克尔凯郭尔认为，在柏拉图那里（柏拉图那里的概念是"to exaiphnes"[4]，尤其在《巴门尼德》中），瞬间没有真正被理解，它被抽象得思考了。柏拉图的抽象理解的原因是缺乏"现世性/尘世性"（temporality）这个概念，而缺乏这一概念是因为缺乏"精神"（spirit）概念。[5] 一旦精神被设定了，瞬间马上就在那里了。而精神就是永恒。[6]

第五，克尔凯郭尔认为，只有存在瞬间，现在、过去、将来的时间划分才有意义（这个意义上的瞬间更具有"时刻"的含义）。而且，将来是更重要的，因为将来与永恒相联系。[7] "如果'瞬间'被设定了，那么，'那永恒的'就存在，并且'那将来的'——它作为'那过去的'而重来——也存在。"作为永恒的瞬间在基督

---

[1] 克尔凯郭尔：《畏惧与颤栗/恐惧的概念/致死的疾病》，第 280—281 页。
[2] 同上书，第 282 页。
[3] 同上书，第 281 页。Søren Kierkegaard, *The Concept of Anxiety: A Simple Psychologically Orienting Deliberation on the Dogmatic Issue of Hereditary Sin*, p. 88.
[4] 同上。
[5] 同上。Søren Kierkegaard, *The Concept of Anxiety: A Simple Psychologically Orienting Deliberation on the Dogmatic Issue of Hereditary Sin*, p. 88.
[6] 同上书，第 283 页。
[7] 同上书，第 282 页。

教中意味着"时间之完满"(the fullness of time)。[1] 而在希腊那里，因为没有永恒，所以也没有将来。如果一定要说他们的时间是什么样的，只能说它是"过去"，这就是为什么柏拉图会强调"回忆"。[2]

对比克尔凯郭尔和海德格尔的论述，我们会发现，克尔凯郭尔借由"瞬间"概念突出的是基督教意义上的"永恒"，这种永恒意味着"精神"与尘世时间的对立。海德格尔则搁置了基督教的神学背景（尤其是永恒的彼岸维度），更关注瞬间本身的单纯时间性内涵。在《存在与时间》的一个脚注中，海德格尔对克尔凯郭尔的"时机瞬间"概念甚至有过批评，认为他虽然"最为迫切地"（eindringlichst）看到了生存上的时机瞬间现象，但却是在流俗的时间概念中并借助现在（Jetzt）和永恒（Ewigkeit）来规定时机瞬间的。[3] 在1927年夏季学期的讲课《现象学之基本问题》中，海德格尔接续这一批评，认为克尔凯郭尔是在流俗的意义上理解时间的，把"时机瞬间"等同于一般性的"现在"，并由此出发"臆造了现在与永恒的吊诡关系"。[4]

从思想本身看，"瞬间"概念其实还有一个重要的渊源，即海德格尔在此没有提到的亚里士多德的"kairos"。就在《现象学之基本问题》批评克尔凯郭尔的地方，海德格尔接着肯定了亚里士多德《尼各马可伦理学》中的"kairos"。[5] 在《尼各马可伦理学》1104a9 中，亚里士多德在提到实践和理论的区别时指出，在实践问题上，我们只能达到粗略和不精确的程度，这和理论的精确有本质区别，因为"具体行为谈不上有什么技艺与法则，只能因时（kairos）因地制宜，就如在

---

[1] 克尔凯郭尔：《畏惧与颤栗/恐惧的概念/致死的疾病》，第283页。Søren Kierkegaard, *The Concept of Anxiety: A Simple Psychologically Orienting Deliberation on the Dogmatic Issue of Hereditary Sin*, p. 90. 克尔凯郭尔在此指的是《新约·加拉太书》4:4-5："及至时候满足，神就差遣他的儿子，为女子所生，且生在律法以下，要把律法以下的人赎出来，叫我们得着儿子的名分。"

[2] 同上书，第282页。

[3] 海德格尔：《存在与时间（修订译本）》，第385页。Martin Heidegger, *Sein und Zeit*, S. 447.

[4] 海德格尔：《现象学之基本问题》，第394页。

[5] 同上书，第395页。

医疗与航海上一样"[1]。这种实践中的"kairos"是和具体行动的处境相关的变动不居的做事时机，它依赖良好的判断力，因而指向"明智"（phronesis）。[2] 如前所述，在《形而上学的基本概念：世界—有限性—孤独性》中，海德格尔同样强调了处境。此在下定决心的时机瞬间与相应的这里和现在（je hier und jetzt）相关（GA29/30：224），朝向此在身处其中的处境中的行动（GA29/30：226）。

八

海德格尔对"无聊"的分析在很多地方会让人想到《存在与时间》。虽然《形而上学的基本概念：世界—有限性—孤独性》标志性地从"处身性"概念转向了"情调"概念，但与中后期海德格尔对其他情调的讨论相比，海德格尔对无聊的分析更加接近《存在与时间》中的畏，二者具有亲缘关系。对比海德格尔的无聊解释与《存在与时间》中的畏的情绪，将是有益的。[3]

如前所述，《形而上学的基本概念：世界—有限性—孤独性》强调的多个方面与《存在与时间》一致，它们包括：此在的赤裸状态，此在的自身性，此在作为能在和可能性的存在，作为核心线索的此在的决心以及时间性。无论是无聊还是畏，都使此在个体化，从而显露出本真的自身，而这样的本真自身又导向时间性现象的真正开放。在对象性的问题上，二者也是共通的。《存在与时间》中畏和怕的区别在于，怕总是有特定的对象，而畏没有特定的对象。同样，无聊的三种形式随着其深度的提升也越来越脱离与特定对象的系缚关系。这就是为什么我们认

---

[1] 罗斯（David Ross, *The Nicomachean Ethics*, Oxford University Press, 2009, p. 25）和彼得斯（F. H. Peters, *The Nicomachean Ethics of Aristotle*, Kegan Paul, Trench, Truebner & Co., 1893, p. 20）都将这里的"kairos"翻译为"occasion"。

[2] 对亚里士多德那里的"kairos"含义的分析，可参见邓定：《瞬间与此在——海德格尔前期瞬间思想研究》，清华大学出版社，2022年，第59页以下。

[3] 王光耀对相关研究做了细致的总结（《何种无聊？何种畏？通向何种无？——对海德格尔情绪现象学的一项考察》，第96页以下），笔者在此不再重复，而是提出自己的看法。

为，无聊和畏在海德格尔那里具有亲缘关系。从情绪跳向此在的本真生存，再跳向时间性，二者的关键运思步骤是完全一致的。

但是，二者也存在差别。在对于畏的讨论中，海德格尔将其与怕进行对比，强调畏的发生的罕见。而无聊现象则适用于所有人，海德格尔也并没有强调深度无聊的罕见。无聊的普适性要比畏更高。相应地，在极端性方面，无聊要比畏缓和一些。深度无聊可能在任何时间、任何地点发生，而畏的突出方式是畏死。畏随着世界意蕴的崩解所敞开的是完全的"无"。无聊似乎介于完全消融在世界中和世界全无意蕴的无之间。如前所述，无聊中的空洞并非充实者之间的空隙，但也不是一片虚无（GA29/30:210），它是一种"自行拒绝""自行消隐"（GA29/30:243）。

在《形而上学的基本概念：世界—有限性—孤独性》中，海德格尔虽然还提到过本真性（如 GA29/30:252 提到本真生存），但是本真和非本真的对立明显被弱化了。这组对立被代之以深度和浅表的区分。在有关无聊的论述中，日常活动是浅表的行为，我们是这些活动的奴隶（GA29/30:195）。而深度无聊所揭示的时间性要来得更为深刻。无聊的本质只有在深度无聊中才被真正把握，其他两种无聊是本质性的无聊的浮面形式。三种无聊之间不是一种简单单线的递进发展，它们之间是由浅入深的关系。第一种无聊是没有得到理解的深度无聊的可能性的黯淡反光（GA29/30:234）。第三种无聊是第一、第二种无聊的可能性条件。海德格尔认为，只因为在此在的基础中保有"无聊向某人莫名袭来"这种持续的可能性，人才能够自我无聊或者因某物、某人而无聊。与此同时，第二种无聊具有一种特殊的中间地位，它可能蜕变为因某物而无聊，也可能发展为深度无聊（GA29/30:235）。海德格尔所描述的如此这般的深浅结构要比本真—非本真的结构来得圆融。浅表植根于深度，深浅具有一体性。而本真和非本真则具有非此即彼的分裂性。[1]

---

[1] 有学者也提到了这一点，认为海德格尔对无聊的讨论克服了《存在与时间》中的二元论；参见 Cristian Ciocan, "Heidegger and the Problem of Boredom", p. 75.

在《形而上学的基础概念：世界—有限性—孤独性》中分析时间现象时，海德格尔没有提到时间的"绽出"（Ekstase），他强调的焦点是"时机瞬间"概念。总体上看，《存在与时间》的讨论侧重于"将来"，对"当前"和"时机瞬间"的突出并不明显，"当前"甚至因为其所包含的"现在"指向而成为海德格尔有意无意想要弱化的环节。在1927年的《现象学之基本问题》中，海德格尔一方面延续了《存在与时间》的思路，另一方面又提高了"时机瞬间"的地位。[1] 一直到1929—1930年的《形而上学的基本概念：世界—有限性—孤独性》中，"时机瞬间"才占据了核心的位置。可以说，海德格尔从"将来"的视野中解放了出来，反过来更加强调"时机瞬间"本身的本然发生，相较而言似乎更加突出当下。总体上，《存在与时间》中的时间思想背后的基督教影响此时更加淡化了。[2]

概括言之，从海德格尔对自身性、可能性、决心、时间性等主题的强调中可以看出，就整体思路和阐释意图而言，《形而上学的基本概念：世界—有限性—孤独性》中的"无聊"与《存在与时间》中的"畏"十分相似。相对而言，对"无聊"的分析比对"畏"的分析显得更加具体、细致，也更加靠近我们的生活。

九

无聊现象对时间性的指向，是海德格尔讨论无聊问题的意义。而海德格尔对无聊现象的关注也给我们带来深深的启示。

海德格尔所举的火车站、聚会、大城市街道的例子都属于现代现象。火车站是得到系统性控制的现代大众交通工具出入的场所。火车重复地按时（或误点）到达或离开，互不相干的人们在这里汇集又在这里散去。聚会是内心空洞的现代人的交际方式。人们在聚会上维持表面的热闹，这种热闹却随时可能崩溃

---

[1] 海德格尔：《现象学之基本问题》，第408页。
[2] 史文德森仍然将海德格尔的"时机瞬间"与基督教的"基督再临"联系起来，似乎欠妥（史文德森：《无聊的哲学》，第128页以下）。

而代之以内心的空疏和孤独。大城市的街道则带给人一种隐隐约约的异化感受。这些场景暗示着，无聊似乎与现代性具有内在联系。[1]均质齐一的现代社会、现代技术的逻辑带给人一种一成不变的无聊感。在现代性条件下，一切都是规则化、技术化、控制性的。按部就班的系统框架，没有差异性的重复，让人感到无聊。[2]而在这种表面的、形式上的规则化之下，又埋藏着深深的不安。生命根本处的欲求没有得到满足，惶惶不可终日。人的生命深处潜藏着因能量无处释放而带来的压抑和焦虑。

当然，海德格尔的分析也有其弱点。他对无聊现象的讨论抱有明确的意图，即导向时间性。这种过于明确的阐释意图会带来对现象本身的一定程度的遮蔽。无聊现象所涉及的方面和层次是多重的。比如，无聊与生存意义问题[3]，无聊的政治意义[4]，无聊与社会阶层的关系，海德格尔都未曾触及。韩炳哲甚至认为，"深度无聊"有助于创造力的产生。[5]可见，无聊的意义也是多重的。

---

[1] 按史文德森的说法，英语和德语中的"无聊"一词出现于17世纪后半期左右，法语的"无聊"则产生于13世纪（史文德森：《无聊的哲学》，第15页）。

[2] 有学者具体分析了无聊和技术的关系（王珏：《技术时代的时间图像——海德格尔论无聊情绪》，第73页以下）；也有学者指出了技术和无聊的关系（Leslie Paul Thiele, "Postmodernity and the Routinization of Novelty: Heidegger on Boredom and Technology", pp. 503ff.）。

[3] 史文德森提到，集体意义缺失从而依赖个体意义的实现更容易产生无聊（史文德森：《无聊的哲学》，第23页）。

[4] James F. Ward, *Heidegger's Political Thinking*, University of Massachusetts Press, 1995, p. 64.

[5] 韩炳哲认为，现代社会所要求的"超注意力"（Hyperaufmerksamkeit）并不容忍"无聊"；而借助于本雅明，"深度无聊"被理解为精神放松的终极状态（韩炳哲：《倦怠社会》，王一力译，中信出版集团，2019年，第23页）。这种对"无聊"的理解已经超出我们通常谈论的意义，倒是更接近"闲暇"了。

从断裂的"游戏"到圆融的"结构"

——略论罗姆巴赫对芬克的超越

蒋周伟[*]

当代德国现象学家海因里希·罗姆巴赫（Heinrich Rombach）在海德格尔被剥夺教学资格后，转由缪勒（Max Müller）、芬克（Eugen Fink）和斯泽莱西（Wilhelm Szilasi）共同指导。但罗姆巴赫在失去海德格尔的指导之后，还能不断地从现象学中获得思想的活力，进而成为一名现象学家，芬克的影响不可或缺。哈拉德·苏伯特（Harald Seubert）认为，正是在芬克的指导下，罗姆巴赫在海德格尔那里所开启的"最初的哲学经验转变为一种永远的现象学习惯"[1]。然而，在罗姆巴赫的作品之中，很少有对芬克及其思想的专题性评价出现，所在更多的是一些援引和没有得到澄清的断言。职是之故，学界对罗姆巴赫与芬克之间思想关联的关注远不如对罗姆巴赫与胡塞尔、海德格尔和伽达默尔之间思想关联的关注。

芬克对罗姆巴赫的影响毋庸置疑。罗姆巴赫在1988年版《论问题的起源与本质》的后记中就曾声明，他是沿着胡塞尔、海德格尔和芬克所指明的方向继续前进的。[2]在1994年出版的《社会生活现象学》中，罗姆巴赫也提及，芬克的工作是在现

---

[*] 蒋周伟：华东师范大学哲学系博士生。

[1] Harald Seubert, *Interkulturelle Phänomenologie bei Heinrich Rombach*, Traugott Bautz, 2006, S. 13.

[2] Heinrich Rombach, *Über Ursprung und Wesen der Frage*, Alber Verlag, 1988, S. 109. 在其他著作中，罗姆巴赫基本上只说，他自己是沿胡塞尔和海德格尔的现象学道路前进的。

象学历来已经明确的方向上的深化和强化，而罗姆巴赫也在此方向上接受并拓展了现象学。[1] 是故，即便少有两人思想之间的直接对话，但是我们仍可以断定，芬克的思想或多或少站在了罗姆巴赫运思的开端处，构成了其思想的创造过程的预先给予。同时，罗姆巴赫的这些说法也提供给我们一些探寻芬克与罗姆巴赫之间思想关联的暗示，即何谓芬克指明的方向。这个共同的方向对于本文的目标来说相当模糊，我们不妨试着从芬克和罗姆巴赫的整体特征着手来让这个方向稍显清晰一些。对于芬克来说，现象学的主要目标仍是回到实事本身，其中实事指向着世界境域。罗姆巴赫的结构存在论还能够被称为现象学，主要就因其依旧担负着面向实事本身的基本任务。从宽泛的意义上说，罗姆巴赫现象学中的实事本身是根源处的世界结构。故而，罗姆巴赫依循芬克的指引前进的方向不外乎是源初的世界本身。芬克和罗姆巴赫的现象学的首要任务，即是如世界所是地展示世界。在他们的哲学中，"游戏"和"结构"分别成为面向世界的基本词。而且，芬克的"游戏存在论"早在其1957年的《幸福的绿洲：思向游戏存在论》中就已经被提出了，之后又在一系列文章中得到了不断的丰富和完善。"结构存在论"的第一次正式出场是1965—1966年的《实体·体系·结构》，并且直到1971年的《结构存在论》中，它才得到较完整的说明。所以，芬克和罗姆巴赫之间完全有思想发酵的时间。本文尝试聚焦于芬克和罗姆巴赫在思想如何敞开世界之意义时所围绕的核心概念"游戏"和"结构"，探寻罗姆巴赫在何处和何种程度上沿着芬克的足迹继续前进。

一、从游戏存在论／宇宙论到结构存在论

芬克的游戏存在论的主要任务，是在"形而上学之克服"的前提下回到作为世界的实事本身。芬克以游戏为切入点，把开启西方传统形而上学的矛头指向柏

---

[1] Heinrich Rombach, *Phänomenologie des sozialen Lebens: Grundzüge einer phänomenologischen Soziologie*, Alber Verlag, 1988, S. 12.

拉图。柏拉图将理念世界判为真的来源，即最现实（wirklich）的存在，或者说存在本身。而日常的现实世界则是对理念世界的模仿和理念世界的镜像，所以相对于理念世界，现实世界反倒成为非现实（unwirklich）的存在。至于戏剧、诗歌、游戏等，在柏拉图那里只不过是对现实世界的模仿和理念世界的镜像。结合整个理念论来看，游戏、戏剧等是对模仿的模仿，是镜像的镜像。它们的非现实程度更高，其存在论的地位更逊一等。柏拉图在奠定了真理与现实割裂的形而上学的同时，也奠定了游戏偏向非存在的地位。如是对游戏的存在论定位的效应影响至今，游戏即便在今天被如此关注和熟悉，也只能被普遍视为"严肃"生活的补充和缓和剂。

芬克认为，传统形而上学带来了对世界本身的遗忘，世界在这种形而上学之下成为现成的、对象化的现实组件的容器。芬克所认为的源初世界至少是一种先行的、整体的且无限敞开着的存在，而非由诸多组件共同构成的整体。"在这个世界的时空之中，所有有限物的进程是一种多样化的参与、环环相扣、出现和衰退的总体配给……世界的进程参与着个别存在者；它使个别存在者出现和灭亡、成长和枯萎；它把事物带入和带离它们的个别……所有有限物作为归属于宇宙的在世界之中的普遍存在并不意味着一种静态的关联，而是归属于世界范围内的大化流行的个体化，宇宙的个体化过程。"[1] 芬克将源初的世界视为赫拉特克特所说的宇宙论意义上的世界游戏。

芬克并没有多着笔墨于宇宙论意义上的世界游戏，而是聚焦于人类活动中的游戏行为。芬克虽然仍旧将人类的游戏置于非现实的维度，但他认为，这样一种非现实反而高于所谓的"现实"。游戏在非现实的维度能够通过对世界中诸存在的符码化将世界作为一个整体纳入游戏活动中。同时，在非现实的维度，游戏的世界中充满着可能性，并且其中弥散着精神性和神性，这构成了人源初的自我理解的基础。在芬克看来，这种游戏不能够被简单地把握，"它是一种创造性的、

---

[1] Eugen Fink, *Play as Symbol of The World and Other Writings*, Indiana University Press, 2016, pp. 72-73.

形成性的极乐，它本身具有多义性和众多维度"[1]。而且，游戏者通过游戏性的创造活动参与世界，让现实与非现实弥合在一起，从而让游戏者在意义光辉的笼罩下向世界敞开。所以，游戏严格来说处于现实与非现实之间。总体而言，芬克认为，"游戏本质上属于人类实存的本体论构成；这是一个实存的、基础的现象"[2]。

伽达默尔在1961年的《游戏和世界》一文中对芬克的游戏思想提出了一些批评。他认为，在芬克的游戏之思中，非现实性和现实性的对立得到了一贯的坚持，芬克"狭隘化了游戏现象本身，令人振奋的游戏意义根本上没有得到满足，他的解释逐渐被放逐到内在主观性对游戏的狂喜体验中"[3]。这部分归因于芬克的游戏存在论类似于海德格尔的基础存在论，且它的人类学意味更加浓重。[4] 游戏存在论的主要任务是，在人类的存在层面，反抗一种凌驾——它是遗忘了世界本身的现实相对于能够敞开世界意义的非现实而言的。芬克对置非现实与现实，将游戏更多地安置于非现实的维度或者类似于主观性的层面，一定程度上透露出他针对支配人类日常的形而上学式现实的复仇情绪。然而，这种现实与非现实之间的对置却在人类存在的层面上造成了显而易见的断裂，诸如游戏中的游戏角色和现实角色的明确划分，面具或祭祀活动带来的神圣空间与世俗空间的割裂。芬克将非现实与主观性相匹配，并且在对人的生存活动的解释中严格实行了非现实与现实的分裂。这样，无论芬克如何颠覆形而上学，他又在一种特定的意义上回到了主客对待的模式之中，而分裂之中存在着的等级关系又难免让芬克重新陷入一种形而上学。

在言及世界游戏或者宇宙论意义上的游戏时，芬克却超越了现实与非现实的对立。他如此言道："这个世界从来不是现实之物，也不是存在论强度最高的现

1　Eugen Fink, *Play as Symbol of The World and Other Writings*, p. 22.
2　Ibid., p. 18. 芬克的这种关于游戏的思想也不能被称为现象学。芬克在对游戏的论述中，对现象学几乎未正面提及，反倒明确地说，"这里首要的问题并不是游戏的'现象学'，而是游戏的世界意义"。参见 ibid., p. 71。
3　Hans-Georg Gadamer, *Neuere Philosophie. II: Probleme-Gestalten*, Mohr, 1987, S. 99.
4　作为人类基本现象之一的游戏与其他诸如爱、死亡、斗争等基本现象彼此独立，其多在扮演中以符码化的方式吸收另外的基本现象。所以，游戏存在论只能被限定为一种区域存在论。即使关涉到人的存在，它也不如海德格尔的基础存在论基础。故而，伽达默尔认为，芬克的世界游戏才更与存在论意义对应。

实之物；然而，它最终是一个无所不包的现实性（all-encompassing actuality），即织物（fabric）。"[1] "这种无所不包的现实性囊括所有现实之物，整合并收集起所有的物体与事件，也是对所有物质和过程的森罗。"[2] 与此同时，"每个沉浸入这种世界现实性（Weltwirklichkeit）之中的事物，从彼处到此处（Lehen）都有着它的组成（Bestehen）；'现实存在'（Wirklichsein）在源初意义上是'宇宙学'式的，而非'存在论'式的，它是世界性的，而非限制于某一事物"[3]。"这种现实性独特地位于可能（Können）与必然（Müssen）之间，它已经将可能带到了自身之后，已然实现了以前存在的可能性。但是，它并没有使这种实现的可能成为必然。"[4] 由此可见，芬克只是将现实与非现实的对立置于存在论层面，而认为在宇宙论层面只有唯一的现实性。芬克在区分了存在论的游戏和宇宙论的游戏后停滞了，认为宇宙论式的现实完全有能力贯通存在论的现实与非现实。当然，这种宇宙论与存在论的断裂，与芬克极度降低人在宇宙中的位置不无关系。总而言之，在芬克的游戏之思中，断裂、对待的痕迹显而易见。正如张振华所言，在芬克的游戏思想之中，"有对待关系就不圆融；游戏意味着自由的运动过程，意味着不断地轮转与循环运动；不圆融的对待关系本身是非游戏性的；存在对待关系，这个运动过程就不自由，轮转就会因两方的隔绝不通而受到阻碍"[5]。

在罗姆巴赫的结构存在论中，基本词"结构"基本上可以与"游戏"通用，众环节动态勾连出的结构也可以被理解为众环节于自身中无限纠缠、渗透、重叠的游戏。但是，与游戏存在论相区别的是，结构存在论并非一种存在论，或者如托马斯·施毛斯（Thomas Schmaus）所言，"存在论"更多地被前缀"结构"修正着。[6] 结构存在论"寻找一种更深层的'基础'作为'存在'，一个'基础'，在其中'存

---

1 Eugen Fink, *Play as Symbol of The World and Other Writings*, p. 163.

2 Ibid., p. 188.

3 Eugen Fink, *Alles und Nichts: ein Umweg zur Philosophie*, Martinus Nijhoff, 1959, S. 220.

4 Ibid., S. 226.

5 张振华：《芬克的游戏思想》，载《中国现象学与哲学评论》2017 年第 1 期。

6 Thomas Schmaus, *Philosophie des Flow-Erlebens: Ein Zugang zum Denken Heinrich Rombachs*, Kohlhammer Verlag, 2012, S. 165.

在'只是一个存在论选择"[1]。结构存在论所要寻求的基础就是一种"不可陈述""不可确定的"且"是着"而非"具有"实事本身的现实性。古典的存在论颠倒了现实与非现实来寻求真正的现实性,而结构存在论直接面向真正的现实性。

结构的现实性,是在所有环节的动态变迁的过程中,由每一个具体物各是其所是地给出的整体性的一。它不能持存或者固着于某处,因为"一即一切,一切即一"的动态关联要求它趋向于可能,不断地自我创造、自我构建。根源性的现实性"作为一切环节和音调的生命力、一切正面和背面的生命力……它只是去生活,它是去生活之物的那个'去'"[2]。而所有现成持存性的"对象和存在者(作为'存在')只不过是被以暗淡、敉平和损坏的方式理解的根源性的现实"[3]。这种生生不息的现实性将自身呈现于所有环节在相互关联中的变迁、上升,结构的现实性也就呈现为一种一体性。对象之物得以成立的前提(即主客对待的模式),是鲜活一体且无等级的现实性在一种扁平式的抽离中才有可能建立的有所拆分的等级架构。从广度上来看,罗姆巴赫所言根源性的现实的结构从一开始就关联起可关联的一切。所以在罗姆巴赫那里,小到微观粒子,大到天体运动,从所谓非现实的艺术、宗教到所谓现实的科学、技术,无不在结构存在论的关注之列。

结构的现实性与芬克所言的世界游戏的现实性颇具亲缘,芬克的世界游戏也接近于关联一切的动态结构。相比于芬克的游戏,罗姆巴赫所言在环节间游戏的结构不仅仅解释着宇宙的存在,也关照着人类的生活。宇宙和人类的存在共同以一种结构发生的方式,不断进行着卷入(Eindrehung)和脱离(Ausdrehung)、蜷缩和涌现的游戏,其中只存在关联域、发生强度、游戏空间密度大小的问题。芬克所划分出的游戏存在论和游戏宇宙论,在罗姆巴赫那里被统归为面向根源性现实的结构存在论。

结构存在论不仅打通了游戏存在论和游戏宇宙论的断层,也在人类存在的层

---

[1] 罗姆巴赫:《结构存在论——一门自由的现象学》,王俊译,浙江大学出版社,2015年,第56页。
[2] 同上书,第296—297页。
[3] Heinrich Rombach, *Der Kommende Gott: Hermetik-eine neue Weltsicht*, Rombach Verlag, 1991, S. 47.

面上弥合了游戏存在论中非现实性与现实性的割裂。如果说芬克所言的非现实的游戏单单指一种主观意识的发生，那么对于罗姆巴赫而言，意识只不过是这种根源性结构的多次自身重叠的后果（Konsequence），或者结构整体性地"内在于"某一处并在修正过程的自我相遇中构建出的"自身"。从另外一个方面来看，芬克所言的非现实的游戏世界和现实世界之间的等级对立，可以被归为内在世界与外在世界之间的等级对立。对于结构存在论而言，内在与外在之间只要出现凌驾行为，结构的可能性就被取消了。在结构之中，内在与外在都在不断的修正中相互纠缠、伴随，它们隶属于共同的结构，并且无法在自身之内排除彼此。即便罗姆巴赫也讲到了一种结构中的张力（其表现为，结构的现实性在自身的变迁中分化为一般意义上的现实与非现实之间的张力），但非现实与现实的张力同时以一种充满意义、生命力的方式激活着结构的现实性，且这种张力并非一种有等级的对待关系。

结构对断裂的弥合在具体的层面也有所展现。例如，罗姆巴赫和芬克都用了大量篇幅分析宗教行为，但罗姆巴赫不会同意芬克的观点，即双重角色共存于祭祀游戏中的面具之下。罗姆巴赫认为，在芬克所言的祭祀活动中，在戴面具者与观众之间会形成"一个由不断加强的含义指称所组成的循环过程，这些含义指称同时也已成为对一个文化共同体的自我确证、自我修正和重构过程"[1]，祭祀共同体中的所有人都会忘我地进入含义聚合、上升的神圣世界之内。在这个世界之内，所谓清醒的现实角色没有容身之地，它只能在跃离神圣世界并跃入日常世界之中时才显露。而且，神圣世界和日常世界也没有被完全区别开来。至少从结构存在论的理论视域看来，它们只不过是含义环节间的动态变迁的不同强度。[2] 此外，在罗姆巴赫的思想论述之中，面具所呈现和所处于其中的也并不是非现实

---

[1] 罗姆巴赫：《结构存在论——一门自由的现象学》，第176页。

[2] 如果从罗姆巴赫的密释学来说，世界与世界之间是被完全区别开来的，世界与世界之间只存在跳跃而不存在渐次的过渡。因为密释学更注重排他性，所以，神圣世界和日常世界从其各自来说相互排他。但是，从一个相对于两个世界更有广度和深度的大结构来说，神圣和日常两个世界大抵可以分属于大结构的上升和下降阶段。在罗姆巴赫那里，首要的是保证诸世界自身的一体性，所以不会有两个世界同时在此。

的维度。如他曾言道:"面具保存了对现实的真理……现实就是一场有所装扮的游行。"[1]

从上文的几点论述中,我们可以管窥到罗姆巴赫对芬克的超越。相对于芬克,罗姆巴赫的结构更加贴近纯粹发生性的意义内在给予的游戏本身。罗姆巴赫用这种游戏性的结构,贯通了芬克式游戏的断裂之处。芬克式游戏中的断裂、对待、阻滞,从根本上来说,源于其游戏思想过于生硬;而罗姆巴赫的结构更加活泼、灵活,它以诸如重叠、蜷缩、扭曲、升降等方式多样化地游戏着自身,也以游戏的方式化解着芬克式游戏的断裂处。也可以说,芬克式游戏的现象学特征不够彻底,它只关注什么是游戏,而没有关注如何游戏。总而言之,罗姆巴赫的结构比芬克的游戏更加圆融。

二、从存在论差异到存在论同一

在敞开世界的通途之中,罗姆巴赫之比芬克更圆融通透,还表现于他们二人对于存在与存在者关系的思考之差别中。芬克认为,"源初的游戏是一种关于人类实存的扮演式符码化活动,人类在其中进行自我解释"[2]。在游戏活动之中,符码处于最核心的位置。符码既不是对世界的模仿,也不是显示某种不在场者的标志。游戏的符码化行为通过对世界的象征,让具有深度的世界整体性地内在于有限物之中。同时,"在成为世界-深度(world-profound)的过程,有限物成为符码 整体的无数力量出现在脆弱的有限物之中"[3]。而且,就像任何事物都能够成为孩子游戏的玩物一样,这种可以让世界敞开的事物并没有限制,任何事物都能够成为开启世界的整体性和深度的钥匙。我们可以看到,芬克在这里

---

[1] ロムバッハ:『世界と反世界——ヘルメス智の哲学』,大橋良介、谷村義一訳,リブロポート,1987,第85頁。

[2] Eugen Fink, *Play as Symbol of The World and Other Writings*, p. 27.

[3] Ibid., p. 120.

延续了他的老师海德格尔对存在者与存在之关系的思考。伽达默尔也就此评论道:"芬克特别地沿用了海德格尔关于存在论差异或存在与存在者之间的'绝对差异'的学说;但是,芬克又以一种独特的方式超越了海德格尔,他将存在者认作有限之物,而存在被赋予了'世界深广性和统一性'(weltweit und allheitlich)的特质。"[1]

在芬克那里,不只存在关于人与世界的游戏存在论中的存在与存在者的关系,在世界游戏之中也有宇宙论式的存在论差异,或曰宇宙论差异。在游戏的过程中,世界让有限物不可预测地出现并消失,这种世界现实性"把存在者安放在实事与本质、可能与现实之间的多重差异之中,并且使它们能够变化"[2]。芬克有关世界游戏中的存在与存在者之间关系的认识,更类似于后期海德格尔的观点,即存在是在关于自身遮蔽着的解蔽中被遣送(schicken)而来的,而存在者在此先行遣送而来的存在之中才能是其所是。此即如海德格尔所言:"超出存在者之外,但不是离开存在者,而是在存在者之前,在那里还发生着另一回事情……从存在者方面来思考,此种澄明比存在者更具存在者性……这个光亮中心本身就像我们所不认识的无(Nichts)一样,围绕一切存在者而运行……唯当存在者进入和出离这种澄明的光亮领域之际,存在者才能作为存在者而存在。"[3]

罗姆巴赫哲学的主要目标和思想特色之一便是克服存在论的差异,走向一种彻底的存在论(radikalontologie)。"它不再是存在和存在者之间的差别,而是存在在存在者之中得到决定,并且存在也是通过存在者被获取的。"[4] "存在的历史以彻底的方式发生,它在人之中并且通过人发生,在构成(Werk)中并通过构成,在现实中并通过现实发生。"[5] 存在论的差异能够成为存在论的同一,离不开罗姆巴赫将一种结构生成视为存在本身。在生成性的结构之中,每个环节的确定性都来

---

[1] Hans-Georg Gadamer, *Neuere Philosophie. II: Probleme-Gestalten*, S. 96.
[2] Eugen Fink, *Alles und Nichts: ein Umweg zur Philosophie*, S. 208.
[3] 海德格尔:《林中路》,孙周兴译,商务印书馆,2015年,第42—43页。
[4] 罗姆巴赫:《作为生活结构的世界——结构存在论的问题与解答》,王俊译,上海书店出版社,2009年,第144页。
[5] 同上书,第138页。

自其他环节，结构整体内在于每个环节之中。每个环节都使整体内在于自身之中，每个环节都是对结构整体的诠释。意义构建物的环节占据着存在者的位置，意义本身的整体结构占据着存在的位置，二者本身又在动态的构建过程中共同升现到一种同质性（Identität），即整体与部分的同一中。所以，罗姆巴赫说："当存在者彻底-存在论地（radikal-ontologisch），同时又在彻底-存在者层次上（radikal-ontisch）被理解时，存在者就是一个世界。"[1] 每一个存在者内部都葆有充满鲜活意义的世界。故而，"很有可能于一瞬间，在一个不重要的契机，在一个非常'不起眼'的地方，充满整个世界的光辉闪耀着，突然让我们感到其中全然不同的味道，一切都存在于此"[2]。

罗姆巴赫从存在论同一出发对海德格尔的存在论差异有一番批判。他认为，存在论差异势必造成存在论的优先，以及存在与存在者之间的不平等。正因为存在这种不平等，处于存在论差异的理解区域的人无法理解结构与环节、存在与存在者、现实与非现实的统一，从而将"正在此存在着的存在者整体，作为事后附带的特征和特质额外接受下来"[3]。罗姆巴赫把存在论差异视为一种存在论的沉沦形式（Verfallenform），认为它不仅仅遮掩了更基本的缘起生成，或者说自绝于意义的涌流之外，更与传统形而上学中所有非本真性的存在之实践，诸如科学式的对象化、理论化、还原主义等，是一丘之貉。无论是在前期海德格尔还是在后期海德格尔那里，这种存在论差异都保持着绝对性。只不过，在前期那里，此在保持着优先，呈现出一种此在中心主义，亦即主体主义的倾向；在后期那里，所谓存在本身保持着领先，呈现出以疏朗处（Lichtung）为中心的客体主义的倾向。[4]

从罗姆巴赫的角度来看，罗姆巴赫对海德格尔的存在论差异的批判也适用于芬克。在芬克那里，存在论差异主要表现为整体与部分之间的差异。而所谓存在

---

[1] 罗姆巴赫：《作为生活结构的世界——结构存在论的问题与解答》，第 144 页。
[2] Heinrich Rombach, *Der Kommende Gott: Hermetik-eine neue Weltsicht*, S. 47.
[3] 罗姆巴赫：《作为生活结构的世界——结构存在论的问题与解答》，第 145 页。
[4] Heinrich Rombach, *Phänomenologie des gegenwärtigen Bewußtseins*, Alber Verlag, 1980, S. 109-112, 159-167.

与存在者之间的不平等，在上述现实与非现实的断裂之中彰显无遗。只不过，海德格尔那里的绝对差异在芬克那里不再绝对。芬克的游戏存在论认为，可以在游戏活动之内让存在与存在者之间有所保持地产生共鸣，或者说让存在与存在者之间变得透明。

罗姆巴赫和芬克同样都认为，存在者能够开启作为存在本身的世界深度。但是，芬克认为，只有在人的游戏活动中，才能在非现实的维度让存在者与存在之间达到透明的同一性。而在罗姆巴赫看来，所谓属于诸存在者的世界是诸存在者自身的道路，人只不过是在存在者自身的道路上投身于存在者的世界之中。故而，罗姆巴赫的存在论同一是存在者与存在的自在同一，他彻底取消了芬克思想中用人来抹平存在论差异的累赘。这也就是说，存在论同一是彻底的实事自身的同一，而非人在游戏中所达到的镜像式同一。因而，罗姆巴赫也完全避免了重新落入主体形而上学之窠臼的风险。

把一种彻底的动态性关联视为基本之物，是罗姆巴赫得出存在论同一的主要路径。我们在芬克的游戏宇宙论中也发现，有限者与整体之间呈现出了一定的关联态。在世界自身的游戏之中，"聚集与分散、统一与分裂、和谐与争执在出现的普遍运动中互相贯穿，在其中，有限的一切都保持位置、时刻（Weile）、情况（Aussehen）、轮廓（Umriß）、等级（Rang）及与其他所有事物共同的交织卷集（Verflechtung）"[1]。不难看出，芬克思想中的存在者与存在之间似乎也存在呈现彻底的存在论的可能。但是，芬克刻意地突出了存在者的有限性，造成了世界本身相对于有限者的优先，阻断了存在者与存在的同一。造成如是情况的原因可能是，在芬克的世界之内存在的是彼此交织之物，而非一个彼此交织的纯粹动态过程，这导致了个别的物仅仅关系着整体，而不能在自身内聚合起世界整体。另外，芬克认为，有限的存在者总会归寂、消逝于存在之中，这也从根本上彰显了存在论差异的基础地位。所以，芬克的世界游戏论中即使存在着类似于结构存在论的动态关联性，他也并没有将纯粹的功能关联置于基础位置，这势必造成他的

---

[1] Eugen Fink, *Alles und Nichts: ein Umweg zur Philosophie*, S. 220.

世界游戏论难以从存在论差异飞跃到存在论同一。

从芬克的存在论差异到罗姆巴赫的存在论同一的递进，最明显地体现于罗姆巴赫对芬克的"基本现象"概念的演进中。[1] 罗姆巴赫在《自我描述的尝试》一文中说道："我的'结构现象学'的倾向是，将那承负了人的存在的'基本现象'，视为比'缘在'和'存在'更为基本者；'基本现象'有一种本己的、超越人类缘在的生活，作为'深层现象'成为所有人的和历史的生活基础。"[2] "基本现象"就是结构的现实的、具体的、显露的层面，或者说就是生活结构本身。但是，罗姆巴赫的"基本现象"只是一个统一的称谓，它所指称的具体内容数不胜数，不同的人、不同的时代、不同的文化都有与自己相应的"基本现象"。而芬克只给"基本现象"配给了五个名额，即爱、死亡、权利、游戏和工作。罗姆巴赫将"基本现象"的冠名权和解释权彻底地让渡给诸多存在者自身及其各自的生活，这正是他对芬克在存在论方面的超越的彰显。

总的来看，芬克的存在论差异不如海德格尔的存在论差异那么绝对。芬克的存在论差异在人类的层面可以通过游戏活动达到镜像式的彻底存在论或者存在论同一。至于世界游戏中的存在论差异，则完全有可能变成存在论同一。此外，在存在与存在者的关系方面，芬克围绕整体与部分之关系做了主题性思考，也认识到整体是在部分之间游戏式的动态关联中开显出来的一致性，且整体同时赋予部分与其自身相关的意义。整体性的存在并非如海德格尔所言是预先被给予的，而是可以在部分之中得到开显的。如是关于整体与部分的思考也就超越了海德格尔的存在论差异，而抵达了罗姆巴赫所言整体在部分之中的存在论同一。但是，芬克在游戏存在论中过分地拔高了人的地位，在宇宙论中又过分地贬低了人与诸多存在者的地位。同时，芬克也没有在最严格的发生意义上思考存在与存在者的关系。这些导致芬克式的存在论同一有所扞格。芬克的存在

---

1 弗朗茨（Thomas Franz）认为，罗姆巴赫从芬克那里继承了"基本现象"这一概念。参见 Thomas Franz, "Die Pluralität des Menschen: Die Anthropologien Eugen Finks und Heinrich Rombachs im Vergleich", *Phenomenology* 2007, Vol. 4, No. 1, 2007, pp. 239–268。

2 罗姆巴赫：《自我描述的尝试》，王俊译，载《世界哲学》2009年第2期。

论差异，更像是海德格尔的存在论绝对差异和罗姆巴赫的存在论同一之间的过渡。于此，我们可以采纳施毛斯的看法，即"芬克可以被理解为存在论的现象学和结构的现象学之间的重要连接"[1]。

三、"预先给予"的再定位

在柏拉图主义者看来，理念世界优先于现实世界，现实世界优先于非现实世界；同时，优先者成为那个更具有真理的存在，天然地为落后者提供目的、存在的合法性以及确定性。如是观点的现实效应是，游戏成为优先的现实生活的补充，它为了缓解疲劳、增添乐趣、更好地工作等目的而存在。但是，当这些目的存在于此之时，游戏本身是无法进行的，或者被扭曲为诸如锻炼等带有明显目的性的行为——游戏的兴致盎然不会临现于此。芬克认为，游戏恰恰没有目的，游戏自身即是自身的合法性，它是一种不确定的存在。如芬克所言："游戏是纯粹自足的，它是一种自我闭合且循环往复地被感知的活动，它让一种人们得以逗留在时间之内的可能性出现，它没有撕裂和驱向的特质；取而代之的是，它允许去耽搁（tarry），就像永恒的一道微光。"[2] 芬克所认可的游戏世界就是其中只存在被内在给予的目的并且完全自由的领域，一切都沉浸在嬉戏般的神性永恒之中。

伽达默尔对芬克的没有目的且完全自由的游戏提出了质疑。伽达默尔认为，游戏本身也需要遵守自己的规则和律令，而这些规则和律令的严肃性明显与游戏的诙谐相悖。[3] 至少就人这类有限者来说，游戏的规则是整个游戏的先行筹划，它展开并规定着可游戏的空间，它也是游戏本身的不可超越的前提。超越游戏自身的法则本身也成为游戏自身的形而上学，它跟芬克所反对的外在目的本质上乃

---

[1] Thomas Schmaus, *Philosophie des Flow-Erlebens: Ein Zugang zum Denken Heinrich Rombachs*, S. 158.

[2] Eugen Fink, *Play as Symbol of The World and Other Writings*, p. 21.

[3] Hans-Georg Gadamer, *Neuere Philosophie. II: Probleme-Gestalten*, S. 100.

是同一回事情。这种局限性可被归因于，芬克只是简单地认为，外在目的或者预先被给予之物和游戏要求的内在给予之间是一种绝对矛盾关系，从而没有恰当地安置预先给予，而直接将预先被给予之物从游戏存在之中排除出去。

罗姆巴赫的结构存在论就很好地弥合了规则秩序与结构的自身生成游戏、内在目的与外在目的、内在给予与预先给予之间的断裂。首先，结构区别于寻求持存性本质的实体和规则统摄功能整体的体系，它是纯粹的功能性发生整体。于结构之内，只存在发生中的环节的多样性勾连，不存在任何不在场的本质和先于整体的规则的优先地位，实体和体系只不过是被结构所奠基并被误解的产物。结构之中的诸环节，依靠着外在确定性，在相互指引、关联中，拥有各异的位置价值。同时，一个较小的结构本身也可以作为更大结构之中的环节而具有位值。"结构只有内在于它们之中被给予，只是针对它们自身；结构无非就是某物的'自身被给予性'的形式。"[1] 结构的整体意义或者结构内的诸位值只会在其内部被给予。缘在只要亲密地处身于结构内位置的变迁中，结构整体对于缘在来说就都是明见的。同时，结构对于不属于结构之物展现出完全的排斥（Ausschluss），它抗拒着置身于外、有距离的理解。所以，我们可以看到，罗姆巴赫的结构和芬克的游戏都同样拒绝承认外在于游戏和结构的存在具有优先地位，而都认为游戏和结构为自身提供目的、确定性和意义。

罗姆巴赫并没有就此完全否定秩序、外在目的等存在的必要性，而认为它们只不过被内在给予自身的结构所奠基。首先，结构的秩序肯定不占据支配地位。"结构之内的众多关系并非按照一种普遍的和预先安排的规则被设定，而是仅仅按照这些关系自身的具体事件而被设定；众多关系是通过这些关系的具体化过程调节自身的。"[2] 结构的秩序就是不断具体化着的结构自身，这种关于结构自身的尺度由结构自身给予。如果我们把更注重排他性、更注重界限的结构理解为世界，这种秩序就标示出各个世界自身的特异性及其与其他世界的界限，它可以是

---

[1] 罗姆巴赫：《结构存在论——一门自由的现象学》，第27页。
[2] 同上书，第35页。

石头世界的秩序、艺术世界的秩序。结构同时也在与关于整体尺度的秩序的关联中调整着自身，并且在扩展之中不断证明且修正着秩序本身。职是之故，这种秩序并非是一成不变的。这种规则严格来讲只不过是一种对整体的"纯粹的解释手段"，它就是结构与结构自身的动态构建。秩序只能在莫知其所以然中作为各具体的规定性发生，而不会成为被束之高阁的普遍性的公式、理论、定律。

　　诸生活结构中的秩序也可以在一定程度上是结构的预先给予。不过，"一个遵循着预先被给予性的结构，严格来说，只是更为广大的结构中的一个局部环节——那个更为广大的结构乃是按照完全不同的次序、通过局部结构而被设定的"[1]。结构作为一种最纯粹的功能整体，它的内部只存在着外在的确定性。结构可以在内部环节间的相互外在的确定性中不断诠释自身，也可以作为更大的结构中的某一个环节而存在，它的规定性由更大的结构中的其他局部结构共同给予。故而，从小结构内部来看，这种小结构自身的外在确定性构成了小结构预先被给予的规定，它也可以表现为小结构内部的一种先天秩序。小结构的预先被给予的秩序，如塞尔所言，是一个游戏的构成性规则，它创造、界定和建构了游戏活动。当游戏者越过构成性规则时，他也就不在游戏之中了。这种构成性规则本身也可以是在多次游戏活动中不断修正得出的一致性，或者是包含多次游戏的大游戏中的某个暂时性的游戏结果。比如，NBA 的 24 秒规则正是在进行了大量的比赛后，为了能够使游戏更具有观赏性从而促进 NBA 这一商业游戏的发展，应运而生的规则。单个构成性规则只对其相应的游戏具有不可超越性和基础性地位，但是这种构成性规则相对于更大的游戏来说，不过是其游戏过程创造出来的某一暂时的状况而已。而且，这种大结构对小结构的被预先给予的规定性，根本上还是来源于诸多小结构对预先给予的适应与反馈，从而形成了预先给予与自身成就之间的相互作用。只是从大结构来看，它处于内在的可变更状态；从小结构来看，它处于外在的不可变更状态。在罗姆巴赫看来，如是预先给予和自身成就的修正乃是一种根本的游戏，它从根本上促进了结构的和谐性，即游戏的鲜活生命

---

[1] 罗姆巴赫：《结构存在论——一门自由的现象学》，第 90 页。

力。综上，结构依然是其中只存在内在给予的目的、意义和秩序，而所谓外在目的、预先被给予的秩序，只不过是大小结构之间的层级差异导致的次生现象。

四、结　语

罗姆巴赫对芬克的游戏之思的超越在于，罗姆巴赫将这种游戏之思进行得更彻底。结构本身更具有游戏性，展现出游戏自身更加活泼、灵活的创造性。它不仅仅针对游戏着的内容，也游戏着游戏本身。这种更具有现象学特质的游戏总在自身内部以各种形式弥合着断裂。即便在结构游戏之中存在着断裂之处，它也只是激发游戏本身活力的过渡环节。结构的游戏也是整体与部分同质性的游戏。在游戏中，整体即部分，部分即整体。整体在普遍关联的游戏中只能作为个别而在场，每个个别也只能在关联、聚合起的整体中游戏式地发生着。存在者和存在本身不再需要游戏活动弥合它们之间的差异，因为它们本身就是以游戏的方式存在着，在游戏中本然地同一。此外，芬克虽然关注到了游戏行为具有自身被给予性，但他忘却了对游戏的规则如何自我给予进行思考，从而为游戏规则在游戏之中提供了占据形而上学位置的空间。而罗姆巴赫的结构从一出场开始就反对体系存在论，即优先的规则统摄一切的存在论。虽然结构首先是无规则性，但它能够通过自我构建游戏中的一致性需求表现出秩序的存在。此外，它还能通过由结构的自我分层而产生的层级差异提供一种体系性的、暂时优先的秩序。总而言之，罗姆巴赫以一种彻底的游戏之思，将芬克的游戏思想中的断裂、差异和不可游戏之物通过游戏的方式过渡到更加圆融的结构游戏中。

论胡塞尔与舒茨视角下生活世界的结构

金皓清[*]

作为 20 世纪重要的哲学议题,生活世界理论自产生起便引起了诸多哲学家的关注。许多学者从自己的理论视角出发,提出了关于生活世界的多样构想。该议题最早由现象学家胡塞尔明确提出,他在晚期著作《欧洲科学的危机与超越论的现象学》一书中将回归生活世界视为解决欧洲科学危机和精神危机的重要理论药方以及通向先验现象学的关键理论道路。然因许多相关问题未能被其详尽论述,后世学者对此进行了广泛讨论。其中较为典型地如现象学社会学家舒茨(又译"许茨"),他以社会学的视角介入现象学理论,深刻剖析了生活世界的内在结构,从而完善了涉及生活世界的相关理论。本文选取生活世界的结构为切入点,分别考察胡塞尔与舒茨的理论视角下的生活世界的结构,并尝试分析比较双方论点的差异以及双方对生活世界结构问题所做出的理论贡献。

一、胡塞尔视角下的生活世界

纵观胡塞尔现象学的发展历程,我们能够发现,有关生活世界的探讨在胡塞尔的现象学中并非凭空产生的。早在 1907 年,胡塞尔便在于哥廷根所做的题

---

[*] 金皓清:浙江大学哲学学院博士生。

为"关于现象学和理性批判的主要片段"的演讲中,提出了有关生活世界现象学的重要观点,即前科学的具体世界是所有科学的基础和前提。[1] 从较为宽泛的角度来说,生活世界在 20 世纪 20 年代便零星地出现在胡塞尔的诸多著作与手稿之中。如在 1913 年出版的《纯粹现象学与现象学哲学的观念》第一卷中,胡塞尔讨论了有关生活世界的论题,其将对自然世界的悬置及排除视为现象学方法展开的关键环节。[2] 而明确的"生活世界"概念则最早出现在胡塞尔于 1917 年所撰写的两份手稿之中。胡塞尔在其中一篇手稿中比较了日常生活世界的态度与自然科学的态度,而在另一篇题为"自然世界观:生活世界和人类"的手稿中,他以关键词的形式讨论了前科学的世界。[3] 20 世纪 30 年代,"生活世界"逐渐成为胡塞尔研究中的核心论题。在胡塞尔晚年的著作《欧洲科学的危机与超越论的现象学》一书中,"生活世界"概念被赋予了更丰富饱满的内涵,并在其现象学体系中取得了极为重要的地位。

这一理论之所以在胡塞尔晚年得到发展和完善,并被置于现象学体系的突出位置,主要有两个原因。其一,胡塞尔自身的理论困境。他认识到,早期笛卡尔式的道路存在理论缺陷,故转而从生活世界入手尝试为先验现象学谋取新的发展空间。其二,解决科学危机的诉求。客观主义的思维方式使得欧洲科学不仅缺乏自明的理论根基,同时也失去了其原本的意义。[4] 而回返至比客观世界更为基础的生活世界,是解决欧洲科学危机的必经之路。基于以上两点原因,生活世界议题引起了胡塞尔的关注,并被其置于先验现象学体系中的重要位置。

胡塞尔认为,长久以来,人们尽管无时无刻不生活在生活世界中,但却未能真正意识到生活世界,唯有先验还原才是通向生活世界的有效途径。借助这一现

---

1 Edmund Husserl, *Die Lebenswelt: Auslegungen der vorgegebenen Welt und ihrer Konstitution: Texte aus dem Nachlass (1916-1937)*, Springer, 2008, p. xxix.
2 胡塞尔:《纯粹现象学通论》,李幼蒸译,中国人民大学出版社,2014 年,第 98 页。
3 Edmund Husserl, *Die Lebenswelt: Auslegungen der vorgegebenen Welt und ihrer Konstitution: Texte aus dem Nachlass (1916-1937)*, p. xlv.
4 胡塞尔:《欧洲科学的危机与超越论的现象学》,王炳文译,商务印书馆,2001 年,第 18 页。

象学方法，哲学家方能把握到生活世界并由此探索生活世界的本源境域。先验还原在一定程度上可被解读为彻底化的本质还原。这种还原方式代表着一种思维方式的彻底转变，即从自然的思维态度转变为追根求源式的哲学的思维态度。长久以来，基于自然态度而形成的客观主义使人们总是自然而然地预设了某些东西的存在。人们在这种被设定的存在性之下构筑有关世界的知识大厦。但殊不知，在这种缺乏自明性的基础之上构筑的世界是经不起批判和怀疑的空洞领域。正是这种缺乏思辨精神的自然态度，使得人们与真正本源性的世界失之交臂。故而，胡塞尔认为，哲学家需要借助一种克制的态度将涉及一切现象的存在性假设完全悬置起来。这种克制的态度意味着，哲学家将"放弃在现存的世界基础上提出问题"[1]，此时世界本身并没有消失，而是以作为赋予它以存在意义的主观性之相关物落入我们的视线之中。换言之，这种态度使得哲学家的目光从世界的预先被给予性中解放出来，转而落在了生活世界的本源境域之上。

借助先验还原，我们能够意识到，这一被意向性构成的生活世界具有以下几类特征。第一，生活世界是预先被给予的世界领域。"生活世界对于我们这些清醒的生活于其中的人来说，总是已经在那里了。"[2]这里的预先被给予性不同于发生现象学中对象的被给予，而是侧重强调生活世界在意义上的在先性、自明性与本源性。并且，"这种在先被给予的意义就在于，这个被给予我们的世界中包含着所有那些近代自然科学对存在之物所做的规定"[3]。具体而言，生活世界是有着稳固基础的本源世界，具有永恒持久的内在自明性。这一世界已经不言自明地呈现于人们的感觉体验和直接经验之中，人们在世界中感觉到的一切对象甚至包括人类自身均是世界的组成部分。人们不仅生活在世界中，并且依赖世界展开各种活动。可见，具有内在自明性的生活世界是人类的一切实践活动、一切科学活动得以存在的前提。倘若要保证科学的客观有效性，就必须要追溯到这一预先被给

---

[1] 胡塞尔：《欧洲科学的危机与超越论的现象学》，第84页。
[2] 同上书，第172页。
[3] 倪梁康：《胡塞尔现象学概念通释》，生活·读书·新知三联书店，2007年，第495页。

定的世界。第二，生活世界本质上是一个围绕我们展开、由我们的视野构成的纯经验的主观现象领域。由于该世界与我们的日常经验紧密相连（它源自我们已拥有的经验），又因其始终向未来敞开而具备不断向外延展的匿名边缘，因此这一世界无法被转化为确切实体对象的主观领域。第三，生活世界是一个始终处于运动状态中的相对且直观的世界。胡塞尔曾将该世界视为"原则上可直观到的事物的总体"[1]。这意味着，生活世界是一个面向所有个体的可被直接经验与感受的世界。然而，个体经验的差异性使得生活世界在不同人的视野中有不同的呈现样态。在这一意义上，生活世界是一个相对的世界。

由此可见，先验还原使这一长期在人类视野中缺位的领域暴露于哲学家的视野中。那么，这一与"我们"的意向行为息息相关的主观现象领域究竟是如何被构成的？胡塞尔进一步分析了生活世界的意向性结构。胡塞尔在谈及生活世界时，常常强调生活世界是某种"域"，即"视域"。在这种意义上，"一个世间的给予都是在地平线的情况中的给予，在地平线中包含着更广阔的地平线，最后，作为世间给予的东西的每一个东西，本身都带有世界的地平线，并且只是因此才被意识为世间"[2]。在胡塞尔的著作中，视域最初作为个别对象的视域出现。该概念的原初含义为，"一个感性感知对象的背景，或者说，它意味着那个与感性感知对象一同在感性感知过程中被给予，并且本身从属于这个对象之意义的晕"[3]。具体而言，人们在感知某客体时，会将该物体视为处在某种环境或联系中的对象，此时主体把握到的不仅是对象当下当时的孤立样态，同时也包括围绕该对象展开的广泛的背景视域。视域结构可被进一步解释为中心—边缘域结构，中心指的是意识能够直接触及的突显中心，边缘域则是环绕突显中心不断向外发散的围绕带。[4] 以对一棵树的感知为例，当个体观看某棵树时，目光直接所及之处为树的某个具体侧面，即突显中心。除此之外，个体也能够通过"余光"观察到围绕突

---

1 胡塞尔：《欧洲科学的危机与超越论的现象学》，第130页。
2 同上书，第315页。
3 倪梁康：《胡塞尔现象学概念通释》，第220页。
4 张祥龙：《从现象学到孔夫子》，商务印书馆，2011年，第40—41页。

显中心扩散开的其他部分。可被直接观察到的树的具体侧面，与被"余光"观察到的其他面向构成围绕该对象展开的视域范围。此时，尽管个体仅能直接知觉到树的某个侧面，但该对象的背面或是其他侧面也处在个体的视域之中，并且从属于这棵树的意义。这棵树的所有面向在个体的感知中一同被给予，个体因而能够得知这一对象为树。可见，即便对象的所有侧面无法一同呈现，但个体仍能够具备关于该对象的视域。

基于对对象的视域结构的分析，胡塞尔强调，每个事物都并非单独存在，而是在知觉域即视域中显现出来的。并且，"事物最终指示整个作为知觉世界的世界"[1]。在视域中显现出来的事物实际上已经是世界的某个片段，已经具备世界的部分性格。"世界总是通过'原初的在场'的核心，以及通过它的内部的和外部的地平线的有效性为我呈现出来。"[2] 换言之，属于对象的时间视域与空间视域最终将融汇成在时空层面不断延展的"世界视域"。然而，由于在世界中生活的个体并非处于孤立的状态，而是与其他人有着紧密的联系，因此处于视域之中并非仅有与主体相连的客观对象。个体能够知晓他人的存在，并且能够清楚地知道自己也生活在其他人的视域之中，同时也能够在交织的视域中与他人交流和互动。这意味着，世界不仅是围绕个别个体的境域，更是一个对所有人的可能经验均敞开的普遍世界。"预先给定的世界是一种地平线，它以流动的经久的方式包含着我们的全部目标，我们的全部目的。"[3] 概言之，这个被所有人共有的普遍视域便属于我们的生活世界。

需指出，生活世界与"我们"有着紧密的双向联系。一方面，"我们是这个世界诸对象中的对象"[4]，这意味着我们与其他对象一样均是确实地存在于世界中的客体。但从另一方面而言，我们并非一味接受世界给予的一切，而是依据自我的兴趣取向有选择地、能动地生活在世界之中，每个个体都是正"经验它，思考

---

[1] 胡塞尔：《欧洲科学的危机与超越论的现象学》，第197页。
[2] 同上。
[3] 同上书，第198页。
[4] 同上书，第133页。

它，评价它，有目的地与它发生关系的自我—主观"[1]。我们因有不同的兴趣而具有不同的视域，因此所有个体都能够能动地参与到生活世界的构成中去。这一与我们的视野紧密相连的视域便是人正生活着的世界的本源境域。

综上所述，本节主要谈论了生活世界被提出的理论动机、通向该世界的路径、"生活世界"概念的具体特征以及生活世界的视域结构。总的来说，"生活世界"是胡塞尔晚期极富创造力的洞见。这一思想应时而生，尖锐地抨击了客观主义与实证主义的论断，指出了这些思想给哲学与科学带来的深刻危害，并将人们的目光重新引向了最原初的生活世界。该思想是对现象学的核心理念"回到实事本身"的生动实践。但"生活世界"仍是尚未被完成的理论，笔者将在下一节中探讨舒茨对胡塞尔生活世界结构问题的发展与完善。

二、舒茨视角下的生活世界

舒茨在继承胡塞尔生活世界相关理论的基础上，于《生活世界的结构》等著作中详细讨论了胡塞尔所未能彻底解决的生活世界的结构问题。[2] 具体而言，尽管胡塞尔与舒茨对"生活世界"概念的理解并不完全相同，但舒茨理论中的日常生活世界与胡塞尔视角下的生活世界具有在先性、主体间性等方面的相似的特性和内涵；而前者从个体实际经验的不同、具体意义域的划分等角度出发，更为完善地阐释了生活世界。

与胡塞尔不同，舒茨主张，自我主观经验到的时空关系为个体在世界中实际

---

[1] 胡塞尔：《欧洲科学的危机与超越论的现象学》，第133页。
[2] 这里需要指出的是，舒茨曾使用包括"社会世界""日常生活世界""日常世界"在内的不同表达来描述世界，这些术语的内涵并不完全一致。其中，"日常生活世界"概念与胡塞尔所言的"生活世界"有更多的相通之处。在舒茨看来，生活世界是一个涵盖作为最高实在的日常生活世界和其他有限意义域的较为宽泛的领域。而日常生活世界指的是清醒、成熟、正常的人以朴素的自然态度直接经验到的实在领域。该领域不仅包括可感知的物理世界，同样也包括由物理客体转变而来的直接经验客体所构成的文化意义领域和社会世界。参见舒茨：《社会实在问题》，霍桂桓等译，华夏出版社，2001年，第283页。

存在的根基，他将存在于个体的主观经验中且能够被其直接经验到的特殊的时空坐标定义为"社会基质的坐标"，并从个体实际经验的维度出发梳理日常生活世界的时空结构。在舒茨看来，个体关于世界空间结构的知识取决于个体的此在，即个体实际的身体在世界中所占有的位置。具体而言，"我的实际的此在，就是我在空间确定我的方位的出发点。以我的身体为基点，我根据左和右，前和后，上和下，近和远等组织我的环境的成分"[1]。换言之，个体将世界视为以自我为中心铺展开的空间领域加以经验，因此他所占有的位置是其形成关于世界空间的经验知识的核心要素。在这种情况下，处在自然态度下的个体将最先对"处在他实际力所能及范围内的世界"产生兴趣。这一世界亦为"个体可以直接经验到的领域"，不仅包括个体当下实际感知到的或能够实时操作的物体，同样也涵盖处在自我视听范围或其他感知范围内、无法通过直接接触但可以通过集中注意力而经验到的对象。[2]值得注意的是，该领域没有严格的边界，领域的具体范围随个体的兴趣以及注意态度的改变而发生变化。[3]并且，舒茨将处在个体实际力所能及范围内且能够被个体直接的行动所影响的特殊区域定义为"操纵区域"。处在操纵区域内的物体不同于处在远方的物体，前者是个体既可以看到又可以直接接触的事物，而后者尽管可能处在个体的视听范围内，但却无法被个体直接接触并加以体验。只有涉及操纵区域内的物体的经验才能为个体提供"现实感存在与否的检验依据"[4]。

"处在个体的潜在的力所能及范围之内的世界"可根据涉及的潜在性范围的不同被分为"处在可复原范围内的世界"和"处在可以达到的范围之内的世界"。前者涉及指向过去的潜在性范围，又被称为"曾经处在个体力所能及范围内的世界"。此种潜在性范围建立在承认个体能够理想化地支配自然领域这一基础上，

---

[1] 舒茨：《社会实在问题》，第 301 页。

[2] Alfred Schutz and Thomas Luckmann, *The Structures of the Life-World, Vol. 1*, trans. Richard M. Zaner and J. Tristam Engelhardt Jr., Northwestern University Press, 1973. p. 37.

[3] 舒茨：《社会实在问题》，第 302 页。

[4] Alfred Schutz and Thomas Luckmann, *The Structures of the Life-World, Vol. 1*, pp. 41–42.

即需要承认"我可以再做一次"的理想化。[1] 这种理想化具体表现为，个体能够在相同的条件下重复过去曾完成过的行动，并且能够将同样的活动持续地进行下去。依据这种"我可以再做一次"的理想化，曾经处在个体力所能及范围内的世界将具有可被复原的特性，个体因此能够通过行动将曾在其力所能及范围内的世界重新拉入其力所能及的区域。[2] "处在可复原范围内的世界"与个体已有的经验有关，而从未在个体力所能及的范围内出现过却能够被带入力所能及的范围的区域被称为"处在可以达到的范围之内的世界"。这一指向未来的潜在性范围以承认"诸如此类"的理想化为基础。具体而言，与主体同时代的人享有不同的力所能及的范围，个体可以通过行动，将自己转移到他人的位置上，从而将对他人而言实际力所能及的范围转变为对自己而言力所能及的范围。因此，这些于他人而言力所能及的范围对我而言为"可以达到的范围"。舒茨认为，这一范围与个体主观的期望和社会的技术水平有关。个体可以达到的范围受其所处的时代背景和社会背景限制。在科技水平相对较低的年代，人们可能很难实现自我位置的转移。需指出，两种潜在性范围转化为实际力所能及的范围的可能性并不是相同的。"可复原范围内的世界"作为个体已经验过的世界，其现实化以个体对已有经验的再现与保持为基础，因而具有较大的转变为现实的可能性；而后一种潜在性范围"从预期的角度指涉我未来的心灵状态"。[3] 换言之，该区域现实化的可能性与个体的预期密切相关，而个体对未来的预期又受限于其已有的经验储备。当个体与目标之间的空间距离与社会距离逐渐增加时，个人对预期能够实现的期待值将会不断降低直至完全消失。故而，"可以达到的范围"并不是一个同质的区域，而是涉及到达机会的强弱不同的层级领域。

可见，舒茨将个体的此在当作日常生活世界的空间结构的中心点。离个体最近且能被个体直接接触的操纵区域与处在个体的感知范围内的其他区域共同构成可被个体直接经验的"实际力所能及的范围"。这一范围向外扩展得到的，便是

---

1 舒茨：《社会实在问题》，第303页。
2 Alfred Schutz and Thomas Luckmann, *The Structures of the Life-World, Vol. 1*, pp. 37–38.
3 舒茨：《社会实在问题》，第305页。

具有更复杂的时空结构的"处在个体的潜在的力所能及范围之内的世界"。

舒茨进一步探讨了日常生活世界的时间结构，他以超越于主观体验的世界时间以及个体内在的持续时间为切入点，指出日常生活世界的时间是一种中和了世界时间与个体时间的特殊的标准时间。世界时间是超越于个体经验的、与季节变化相关联的普遍时间。发生在外部世界或无生命的自然界的事情多处在此种时间维度中。人们可以采用适当的手段测量或记录这种空间化的、同质的时间。[1] 而个体内在的持续时间为处于绵延状态中的非同质的主观时间。主观时间与个体内在的意识张力密切相关，可被解读为一系列以特定节奏排列的量子的统一。具体而言，个体内在的持续时间呈现出晕圈的结构，即个体当下的行为均包含着过去的滞留以及未来的前摄。[2] 在日常生活世界中，个体与他人共同运动着的意识流在各种社会互动中交织缠绕，由此形成了一种单一的假定同质的、特殊的时间维度，即标准时间。这种时间维度中和了我与他人共同的时间视角，以及每个个体在自然态度下形成的个人的视角。因此，标准时间不仅是世界时间的某种表达，还是处在自然状态中的所有个体的共同时间。这意味着，此种时间维度不仅具备能够被测量和记录的特性，同时又成为人们协调各类生活计划的依据与尺度。这种在绵延与世界时间的交叉点上产生的标准时间，即为日常生活世界中的普遍的时间结构的具体表达。概言之，舒茨主张，日常生活世界中普遍的时间结构是一种面向我及他人的特殊的社会化时间，自我与他人的交往是这种社会化时间得以形成的媒介。

舒茨对日常生活世界的社会结构的阐释主要集中在《生活世界的结构》以及《社会世界的意义构成》这两本书中。他从我与他人的关系以及他人对我而言的匿名程度出发，将世界分为社会的周遭世界、社会的共同世界、社会的前人世界以及社会的后人世界等四个领域。[3] 舒茨先是从社会生活中的共识出发，处理了个人理解他者的可能性的问题。他主张，社会自然态度下的个体会有以下两点共

---

[1] Alfred Schutz and Thomas Luckmann, *The Structures of the Life-World*, Vol. 1, pp. 45–48.
[2] Ibid., pp. 52–58.
[3] 舒茨：《社会世界的意义构成》，游淙祺译，商务印书馆，2018 年，第 201 页。

识。第一，每个精明成熟的个体均能够自然而然地意识到有智慧的他人的存在，并且能够与他人交流和互动。第二，自我与他人对外部事物的体验是基本相似的。然而，不同的个体有其不同的操纵区域和生平情境，双方之间是如何进行有效沟通并达成共识的？舒茨认为，个体之所以能够与他人互动并达成关于外部事物的相似体验，主要基于以下两种理想化的设定。这两种设定分别为视角互换的理想化及关联系统的一致的理想化。一方面，个体能够通过交换位置，获得关于日常生活世界的共同经验。如果个体能够处在他人所在的位置，那么他将能够以与他人一样的视角体验事物，并获得与他人相似的关于客体的经验；反之亦然。另一方面，由于每一个人均有与他人不同的生平情境，因而不同个体均有其与对象、与世界的特殊的关联系统。但人们常常会忽略关联系统的差异性，实现对某个对象的共同理解。以上两种理想的类型化方式使得个体对他人的理解成为可能。[1] 基于这种可能，舒茨将日常生活世界划分为四个领域。

社会的周遭世界主要涉及个体能够直接经验到的"实际力所能及的世界"。周遭世界的本质特征为空间与时间的直接性，即个体能够拥有处于周遭世界中的他人的直接体验。舒茨将处在我的周遭世界中的他人称为"邻人"。[2] 当他人出现在我的周遭世界中时，我与他人在时间与空间上是共存的。在空间方面，他人具有身体性的存在，且这种存在能够以表征的方式鲜活地显现在我的面前。在时间方面，他人的生命流程与我的生命流程呈现出同步前进的趋势，双方同时处于一同老去的状态。这意味着，参与其中的个体能够以"朝向你的态度"认知到他人的一般性存在，并在当下直接地观察他人的生命流程。[3] 又因为处在社会的周遭世界中的我与他人实际上均位于彼此的实际力所能及的范围内，他人也能够反过来观察到我的生活流程，因此舒茨主张，周遭世界中的不同个体之间的社会关系是"纯粹的我们关系"，即双方可以处在"面对面"的情境状态中，同时以"朝向

---

[1] Alfred Schutz and Thomas Luckmann, *The Structures of the Life-World, Vol. 1*, pp. 59–60.
[2] 舒茨：《社会世界的意义构成》，第 227 页。
[3] 同上书，第 227—228 页。

你的态度"经验对方。[1] 这种我们关系是一种具有内容的我们关系，能够以内容化与具体化的方式呈现出来。比如，我和他者同时注视天空中飞过的一只鸟，我在观察鸟的同时，余光瞥见他人的目光正朝向与我一致的方向。此时，他人的生命流程与我的生命流程处于同步的状态，我能够将他人的意识流程与我的意识流程并列，并且假设此刻他人的意识流程中存在与我相似的关于鸟的体验。因此，我能够得出，"我们"看到了一只在飞翔的鸟。舒茨进一步指出，借助我们关系，个体能够认知到有关他人的意识的主观意义脉络。生活在我们关系中的个体，能够直接地朝向鲜活的纯粹被给予的你。由于此时双方的生命流程处于同步的状态，个体能够同步实现对他人正在进行的活动的构建与诠释。换言之，只有在我们关系中，我才能够真正进入他人的鲜活的主观意义脉络中，并实现对他人的经验的主观意义的理解。[2] 倘若脱离当下的我们关系，以反思的方式回看他人的经验过程，此时他人会转变成经验对象的整体脉络而非鲜活的"你"。能够发现，处在周遭世界中的我与他人面对的是相同的环境，对于同样的对象，我们能够一起体验并且获得彼此相似的诠释。在这一过程中，个体能够同时觉察自我的意识流程和他人的意识流程，并将这两种意识流程体验为"共同的我们的意识流程"。[3] 舒茨强调，只有借助社会的周遭世界中的我们关系，从共同的我们的意识流程出发，主体间性的世界才能够被构造出来。

除了周遭世界，日常社会生活中还存在着其他社会领域。那些曾被个体经验过的领域和可能将被经验的领域共同构成了社会的共同世界。总的来说，社会的共同世界包括个体的"实际的力所能及的世界"和"潜在的力所能及的世界"。这一世界与个体共同存在，"是与个体的生命流程一同前进的"[4]。该世界与周遭世界的区别在于，个体并不能直接体验到共同世界的所有，而仅是与世界共同"活着"。处在共同世界中的他人被舒茨称为"同时代人"。个体与同时代人的关系被

---

[1] 舒茨：《社会世界的意义构成》，第 227—228 页。
[2] 同上书，第 228—230 页。
[3] 同上书，第 236 页。
[4] 同上书，第 200 页。

称为"与你们关系",个体指向同时代人的经验的意识态度则为"朝向你们的态度"。[1] 这里的"与你们关系"中的"你们"实际上表明,共同世界中的同时代人会以匿名化的方式呈现在个体面前。具体而言,与周遭世界中的邻人相比,个体无法直接地经验同时代人。个体尽管知道同时代人的意识流程与自己的意识流程是一同前进的,但他却无法立刻知晓后者的意识流程中当下具有的存在特质。并且,同时代人的匿名化程度对个体而言亦是不同的。当某个他人逐渐退出个体的周遭世界时,个体对他人的经验方式会从直接经验转变为间接经验,他人对个体的匿名化程度也会随之水涨船高。舒茨依据不同他人对个体的匿名化程度的高低,将同时代人分为不同类型。第一类是曾处在我们关系中的同伴,现在他们是处在可恢复的我们关系或不可恢复的我们关系中的同时代人。前者对个体而言是可以到达并且再次相遇的同伴,个体能够通过行动将此类同时代人拉入自己的周遭世界,进而直接地经验他们。而后者则是已经去世的人,个体将无法获得关于他们的新的知识。第二类是未曾出现在我的周遭世界中,但却与我曾经的周遭世界中的邻人有某种关系的他人。个体对这一类同时代人的经验,往往借助已有的经验以及一些固定的概念或类型。此外,同时代人还包括个体可以借助其有关典型社会职能的知识或其他类型化的知识推断出的一般的同时代人。比如,在我使用电脑的时候,我知道一定有一些人参与了电脑的制作,尽管这类人对我而言是匿名的,但我可以知道他们的存在。[2] 总而言之,共同世界是与我共同活着且能够被我间接经验的世界。而另外两种世界则是与我的生命流程并不同步的领域。

社会的前人世界是一个"先于我的过去"的世界,"和个体的体验与生命流程不是也永远不会一同存在"[3]。前人世界是一个不自由的且已经完成的世界,又被称为"历史"。处在前人世界中的他人被称为"前人",前人的生命流程与个体的生命流程无法处于同步状态。因此,个体能够通过他人的告知或广义的古迹记录等获得关于前人世界的知识,却无法直接经验该世界。这意味着,前人世界能

---

1 舒茨:《社会世界的意义构成》,第 251—252 页。
2 同上书,第 253—258 页。
3 同上书,第 200 页。

够影响个体的行为,但个体却无法通过实质行动影响前人世界。[1] 社会的后人世界则是"一个在个体生命终结之后由其他他人所居住的世界"[2]。与其他社会世界相比,后人世界最大的特点是不确定性。个体无法直接经验这一领域,也无法像经验前人世界或共同世界一样借助推测或构想的方式经验后人世界。我们有关周遭世界、共同世界或前人世界的诠释方式均无法被应用于后人世界。这意味着,生活在当下的人对未来的世界是一无所知的。我们能够想象未来会存在一个后人世界,但却无法获得关于这一世界的具体的存在特质。概言之,舒茨认为,日常生活世界的社会领域是由邻人、同时代人、前人和后人的世界共同构成的。这四类人的世界共同构成了涉及过去、现在和未来多种时间维度的主体间的日常生活世界。

综上所述,舒茨具体分析了作为最高实在的日常生活世界的时空结构及社会结构。在空间维度,舒茨以个体所占有的位置为中心,以个体经验世界的方式为尺度,将日常生活世界划分为包括个体的"实际的力所能及的世界"和"潜在的力所能及的世界"的层级领域。在时间维度上,舒茨提出,日常生活世界中的时间是在个体内在的主观时间与外在客观的世界时间的交叉点上产生的特殊的标准时间。在社会方面,他则依据个体与他人的关系以及他人对我的匿名化程度的不同将世界区分为社会的周遭世界、社会的共同世界、社会的前人世界以及社会的后人世界。

三、双方理论的联系与差异

对比双方的理论框架能够发现,在具体的结构分析方面,胡塞尔以先验还原的现象学方法切入生活世界的本源境域,并从时间和空间两种角度分析生活世界

---

1 舒茨:《社会世界的意义构成》,第292—293页。
2 同上书,第200页。

的意向性结构。舒茨则从社会学的角度对生活世界的结构给予了更为清晰的阐释，将生活世界划分为最为实在的日常生活世界和在不同意识张力下形成的其他有限意义域，并着重探讨了日常生活世界的时间、空间及社会结构。

综合全文来看，舒茨与胡塞尔对生活世界问题的分析有相似之处。这种相似主要体现在双方对生活世界内涵的把握上。对比胡塞尔视角下的生活世界以及舒茨视角下的日常生活世界，双方均认为，这一世界是向我们敞开着的主体间性的本源的世界领域。此外，舒茨也借鉴了胡塞尔的现象学思想，比如将个体内在的持续时间解读为滞留—原印象—前摄的统一。

当然，双方对生活世界问题的分析也有其各自的特点和理论贡献。先验现象学视野下的生活世界是对客观主义和实证主义的反驳与批判，该理论不仅为欧洲科学危机的解决提供了可能的方案，同时也是胡塞尔先验现象学的重要组成部分。而舒茨对生活世界结构问题的社会学处理使得胡塞尔笔下先验的生活世界被拉入了人类切实生活其中的世俗领域，从而开辟了一条现象学社会学的理论道路。

比较而言，双方理论的不同点主要体现在两个方面。第一，双方在研究生活世界的结构问题时所采取的手段与路径不同，具体表现在双方对自然态度的不同应用方式以及对先验还原的看法。在胡塞尔看来，朴素的自然态度是需要被扬弃的态度，人们对生活世界本质的研究应当借助现象学的还原手段。他区分了自然的思维态度和哲学的思维态度，认为以自然态度体验世界的人总是不假思索地预设了某些东西的存在。[1] 而哲学的思维态度则主张主体需摒弃看似真实的预设，采用现象学的还原方法，将一切预设与前提悬置起来，从而对世界进行追根求源式的探索。可见，尽管胡塞尔承认自然态度是生活在世界中的人对世界的基本态度，但他更强调对自然态度进行反思与批判，并认为只有从独断的自然态度过渡到哲学的思维态度才能真正理解世界。而在舒茨看来，精明成熟的成人所拥有的自然态度是人们认识生活世界的本真路径。舒茨尽可能地排斥先验还原，并将考察视野转向主体切身经验的世界领域。具体而言，舒茨认为，朴素的自然态度是

---

1 张祥龙：《现象学导论七讲》，团结出版社，2003年，第34页。

一种不应被拒之门外的极为重要的社会态度。他将自然态度与生活世界视为其理论的出发点，并以此为根基建立现象学社会学理论体系。舒茨坚持认为，处在自然态度中的人们并不是以一种怀疑的态度悬置认识对象，而是将对世界的怀疑悬置起来，此时生活世界中的一切均被视为理所当然的。他将这种悬置命名为"自然态度的悬置"。在舒茨看来，自然态度是人们经验与理解世界的基本态度，是一种无法被规避的态度，而日常生活世界则是被自然态度所渗透的。普通人将世界视为不言自明的真实领域，而对哲学家而言，对这一被自然态度渗透且被视为理所应当的世界进行理论说明便是其重要的使命。故而，舒茨将目光转向正生活于日常生活世界中的社会行动主体，尝试从日常生活世界本身及其内部出发阐明其意义结构。

第二，与胡塞尔对先验领域的关注不同，舒茨研究的重点聚焦于生活世界中的社会领域。前文已经提及，胡塞尔对生活世界的结构的分析主要围绕生活世界的视域结构即意向性结构展开。他着重考察的是我们的意向性如何构成生活世界的时空结构的问题，而对于主体如何理解他者的问题并没有给予过多的关注。胡塞尔的分析方法实际上已经脱离了人的日常生活经验。而舒茨从时间、空间与社会三个角度分析日常生活世界的结构，并花费了较多的笔墨考察个体与社会领域中不同的人多样的社会关系。概言之，舒茨对日常生活世界结构的分析更侧重生活世界的经验层面。他对生活世界的系统研究，不仅推动了现象学与社会学的发展，同样也弥补了人类对其正经验的生活世界的结构之理解的空白。[1]

需要指出的是，舒茨对生活世界结构问题的处理源自他对韦伯、胡塞尔等人思想的继承与发展。虽然舒茨与胡塞尔的理论在本质上并不相同，但他实际上也未能彻底摆脱后者的现象学理论中的内在矛盾。舒茨理论的局限性主要体现在以下两个方面。其一，舒茨对日常生活世界结构的处理面临经验性与先验性的两难困境。对于胡塞尔所言的先验还原的思想，舒茨持有一种极为矛盾的态度。一方

---

[1] 何林、李晓元：《日常生活世界的意义结构——许茨〈社会实在问题〉初探》，知识产权出版社，2005年，第239页。

面，舒茨试图规避胡塞尔的现象学理论中的先验性维度；而另一方面，舒茨又不愿意彻底放弃现象学的还原思想，所以他在处理日常生活世界的结构问题时，引入了"自然态度的悬搁"这一特殊的概念。他认为，自然态度下的个体悬置的不是客体的存在预设，而是怀疑态度本身。通过这种悬搁，个体将生活世界视为理应如此的世界。然而，规避先验还原的处理方式实际上已经背离了胡塞尔现象学的核心，并且这种方法并未能解决经验性与先验性的两难困境。如施皮格伯格所言，"许茨对生活世界的特殊的悬置，即把怀疑放进括号内，只能被从现象学的悬置返回到生活世界中的哲学家所证实"[1]。其二，舒茨对日常生活世界结构的分析，尤其是对社会世界结构的分析，在一定程度上具有形式化的色彩。舒茨在处理我与日常生活世界中的他人的关系时，往往会将各种理想化或类型化的假设视为无须证明的先决条件。比如，在视角互易性的问题上，舒茨认为，个体能够借助视角的改变获得与他人相似的关于世界的共同经验。这种理想化的假设在现实社会中难以实现，基于此假设建立的日常生活世界也无可避免地包含形式化的局限。

总的来说，胡塞尔的生活世界理论被舒茨继承并发展。舒茨通过平衡现象学思想与社会学理论，将胡塞尔视角下先验的生活世界拉入社会的世俗领域，为现象学的进一步发展做出了贡献，同时也为对生活世界问题的处理提供了全新的理论视角。

---

[1] 转引自何林、李晓元：《日常生活世界的意义结构——许茨〈社会实在问题〉初探》，第248页。

哲学心理病理学·译稿

单个的临界状态[*]

卡尔·雅斯贝尔斯

赵精兵 译[**]

迄今刻画过的临界状态之共相又重现在每个**单个临界状态**中。单个地描绘这些临界状态是必不可少的，只要不是去诡辩而是为了达到更大的具体性。在**斗争、死亡、偶然、罪责**这每种状态中都隐藏着一个二律背反。斗争与相互帮助、生与死、偶然与意义、罪责与赎罪意识都是相互连接的，一个不能没有另一个而实存。但是在经验世界中，最外面的边界总是否定后者有价值，而在一个形而上学意识中，关系才会颠倒过来。对于经验世界图景而言，所有互助都是在相互斗争中形成统一基础的；所有意义关联最终都被偶然限定，所有生都被死限定，所有赎罪总被新罪责限定，只要人还生存着。现在，就来展示单个状态。

一、斗　争

斗争是所有实存的基本形式。所有实存者都需要场地和物质条件；它夺走了另一个可能实存者的场地和物质条件。在生物学上存在着被动的**为此在而斗**

---

[*] 本文节译自 Karl Jaspers, *Psychologie der Weltanschauungen*, 5. Aufl., Springer, 1960, S. 256-280。
[**] 作者卡尔·雅斯贝尔斯（Karl Jaspers）：德国哲学家、神学家、精神病学家。译者赵精兵：西北政法大学哲学与社会发展学院讲师。

争（在貌似保持静止的力量关系中）和主动的**为生长、繁殖、力量而斗争**。没有这样的斗争（即便这种状态隐而不显），也就没有生存的物质条件；在人那里也是如此，因为这里的斗争被从个体转移到群体、阶级等上面了，单个的人并不总是能感觉到斗争。在人的灵魂中，斗争呈现出更多的形态。除了在战争中、在经济斗争中为物质力量而斗争之外（一个比另一个更残酷），还存在着作为精神力量**"竞赛"的斗争**。相互关联的精神成就被相互比较、相互质疑；它们的生活中不能没有创作竞赛，尽管在这里——在所有无力的沮丧和顺利的喜悦中——每个作品都可以在没有场地限制的无限的精神空间中牢固地被建立起来，只要建构力量是真实的。只有在被引起的后果中，对周围世界的作用、"成果"、对公认成就的物质奖励等才呈现出与斗争相同的压制和破坏形式的竞赛。最后，在**爱中**也有**斗争**，它作为活生生的过程只在人们敢于相互质疑的前提下才能成长。真正活生生的爱自身不能没有斗争而成长；如果没有斗争，在所有人际关系形态中的"骑士精神"就都是体贴的。在这种更喜欢中，以爱的名义——而非平等的关系——一方面隐藏着优越感和同化，另一方面显示在保护、关心、护理中。因此，斗争到处都存在，为的是物质、精神、灵魂的生存。最终，斗争存在于**单个个体自身**之中，它不允许整体性达到静止，它只要还活着就要屈服于自身如此多的可能性。没有斗争，生命进程就停止了，静止让位于庸俗的满足和市民的自以为是。但是，这种静止与现在在"神经质"的名称下的全然非理性的灵魂显象有关。但是在这里，表面的平静也只是掩盖了斗争。我获得的每个位置都排斥着别人的位置，我获得的每一个成功都在减少别人的成功。我的生存本身就是在夺取别人，正如别人夺取我一样。尽管在所有生存中也存在相互帮助（在生物界中就到处存在，没有它，有机生命将不会存在），但是所有相互性对经验的观点而言只建立了这样的统一，即它们在其自身中都斗争着并且自在地作为张力斗争着，没有张力，生命将不会生长，即使斗争受到联合力量的限制。但是，后者始终保持为在斗争中的统一。帮助和相互性都只是飞地。如果人们把人的世界表象成一个和平秩序的整体，那么各种斗争，即便是以被限制的形式，从物质的斗争延续到个体实存的毁灭，就像它在单个个体中一直延续到其中的可能性毁灭一样。

对斗争之**临界状态**的**反应**如下：

1. 人们**不想要斗争**，这与其爱的心思矛盾。他根据这样的命令式行动：不去抵抗恶。只要这是其真正的实存形式，他就不可避免地走向毁灭。此外，该心思不是总体的，而是处在过渡到最终形态的运动中。

2. 人们**误认了作为某种最终者的斗争**。他由此得出，当他在友好交往的形式中、在静止和爱的面具下时（在特定物质条件得到满足时），这样行动就好像没有斗争的实存也是可能的。在一种空想和平主义学说中，在物质有益和精神舒适的中立性的自我保存中，这就好像是一种他从人的活生生的力量中心走出的成就。在对其自己的实际生存条件的自欺中，他一方面是神经质的、阴险的、敏感的，另一方面又是平静的、单纯的。生活在事实上有益的斗争形势下，他却相信没有斗争的实存。

3. 人们**为斗争而肯定斗争**。他生活在斗争的感受中，并且只在斗争中行动。这是完全不加修饰地鼓吹斗争。它可以变成生活的心思和实存，正如在古代日耳曼人那里，他在战争的斗争本身中——对谁都是同样的——体会到此在的意义。相应地，在精神世界中竞赛的心思变得自主：精神劳动只会产生愉悦，只要它变成了竞赛；在工作中伴随着这样的基本现象：所有其他人都是更庸碌的。这关系到优胜而非实情。在最终的发展中，精神之物变成单纯形式的、无灵魂的和没有修养的东西。

4. **活生生的人**在二律背反的综合中生存，他变成实体的、有意义的、实事的和人格的，正如他一般而言有限地、时间性地、进行选择地实存着，因而不可避免地斗争着。他觉得，对斗争一般说是或说否是无意义的。对具体的实存者而言，斗争不可避免地给予他尊严和力量。在整体的观念中，斗争被认为已经被克服。所有实存者都不是整体，单个的人是有限的，并且对他而言，他只要想要生活就得作为有限者生活，并且只要他不想欺骗自己，斗争就是他无法摆脱的此在形式之一。例如，他也可能在物质性的东西中通过其有益的情况被动地允许斗争并享受斗争成果。他享受其成果是决定性的，因而他表明了立场，并且不再能够说其生存奠基于爱和"不去抵抗恶"；他基于的是无情的利用，正如当每一个实存者在此没有其个人成就时。活生生的人把握了这一点，并且意识到，正如他在其他方面生活并且行动一样，斗争在此也是一种形式；当斗争已经存在时，将主动的斗争容忍为其本己的领域就是不可避免的。他们也可能有一个价值次序（其共同点是，它不指斗争本身而指斗争的实体），即爱中的斗争被置于顶点，但是斗争恰好也在这里。

二、死　亡

"这一世……对我们的灵魂而言太短暂了；见证每个人，无论最低的与最高的、最无能的与最有才的人全都厌倦一切，而不厌倦生活，没有人能实现他热切追求的目标，因为即便一个人的行程一直以来都很幸运，他最终都会掉进一个上帝知道谁为他挖的陷阱里，而且往往在达到所希望的目标的瞬间，到头来一无所获。一无所获！我是对我而言的一切，我只能通过我自己来认识一切！"[1]

这个经典的状态描述意味着：1. 人在其目标达成之前死亡，不存在就是一切的终点。2. 死亡是绝对个人的事情。换言之，该状态是世界的普遍状态，同时它也是特殊的个体的状态。

1. **普遍状态**：所有完全现实的东西都是暂时的。非现实的东西，例如单纯有效者，如毕达哥拉斯定理，不是暂时的而是无时间地有效的，一个无时间地保持其意义的意义是重言式的。暂时性之意义才涉及现实性。因此，每个体验、每个状态都在流逝，人在改变，他忘记了，这个系列一直延续到我们的行星的此在，进而延续到无限之物。对于作为整体的世界，暂时性与非暂时性同样少地被断言，因为世界作为无限者，不是我们的对象。人可以漠然地面对自己的死亡而生活，人在共相中，在人们于世代生成中、于数千年的现实化中共同感受到的某物中生活。但是只要人们愿意，他们可以在对象性的、此岸的事物序列中尽可能地

---

[1]《歌德全集》第 36 卷，1771 年，第 3 页。

扩展目标、意义：要现实化的所有东西都不仅面临威胁，也在我们的眼前不可避免地沉没。无论一种体验、一个单个的人、一个民族、一种人类文化意指什么，差别都只是维持在绵延的量上的差别，绵延可能延续多久的不确定性；原则上到处都一样：所有的东西都作为现实性而流逝着、被限制、陷入毁灭。人们每次都可以将不可避免的消逝意识从较近的推向较远的；只有盲目，即在临界状态前逃避，才可以在某个地方停留，并且不可避免地视某个现实之物为绝对的、永恒的、不朽的。

2. 个别状态：它并不是同一个到处并且任何时候都是最惊人的暂时性类型。在童年的临界点上，哲学上被引导的精神可能感觉到作为震惊的体验和事件之遗忘的经验。超个人的整体、民族、文化的灭亡在历史上通常惊心动魄地被经验（例如古代文化的终结、对最后的"希腊人"来说的君士坦丁堡被土耳其人攻陷）。尽管其个体自我的死亡对许多同时代人显得是完全漠然地被感觉，但是随着个体化自身意识的产生，他仍然是到处重复出现的深刻的临界点。这里到处都存在着一个人与其自己的死亡之间的独特关系，这是任何对他人、至亲的死亡的普遍或特殊的经验都没法比的。在人之中，仍然有某种全然不可交流的东西、某种完全神秘的东西、某种完全独有的东西。它自己不能诉说，也不能被传授给别人。

人与其自己死亡的关系与所有其他暂时性的关系不同，只有世界一般的不存在是某种可比较的显象。所有暂时性类型都可以被他经验为实行过了，他事后还存在着，只有其自己的本体或世界的死亡对人而言才具有**总体**特征。他可以普遍地或在他人那里将死亡把握为身体过程，把握为至亲的不存在，而他自己仍然继续实存；他可以承受身体的疼痛、畏、畏死的经验，承受不可避免的死亡的经验——而可以在风险中幸存下来。但是他没有关于死亡的经验，而只有关于生命与死亡之关系的经验；他也可以避开所有这些经验，在没有觉察它们的情况下死亡。

死亡是某种不可表象之物，是某种本真的不可思议之物。我们在它那里的表象和思考都只是否定性的，只是伴随的显象——而绝非肯定性的。所以，我们也不在本真的意义上"经验"至亲的死亡。他离开我们，并且对我们而言同样如此；

他既是也不是。我们对死亡的普遍认知和我们体验到的与死亡的关系是完全异类的事物：我们可以同时在普遍性上认知死亡，却仍然本能地视之为某种在我们之中既非必然也非可能的东西。在心理学上令我们感兴趣的是完全个人的与死亡的关系，是个体地体验到的对死亡的临界状态的反应。

这个问题只有在死亡作为临界状态在人的体验中被遭遇时才出现。在原始人那里，死亡不是体验（在这里，死亡通常并不被视为不可避免的，而是被视为由某种恶意导致的）；它在特定的时代也不是体验，那时人们简单地采用现成的表象，将死亡的作用视为完全自明的，像传统上感性的现实性一样来接受；它在所有不死思想的感性化和具体化那里也不是问题，后者否定死亡对于体验者而言是边界。所以，对于中世纪基督徒的圈子来说，完全确定并且自明的是，人死之后会下地狱，他具有永恒的、感性地可表象的生活，他死之后将受到奖惩；对这个尘世时期而言决定性的是他们如何生活、如何行动，在这时如果他罪上加罪，那么从心理学上讲这就像某人完全确定地知道他必须要经历考试，但却仍然不去安排备考一样。在所有这些情况下，感性的死亡恐惧或多或少地被感性保存的表象克服了。此外，起初由完全不同的动机引起的、以宗教克服死亡的几乎所有解释和公式都完全退化了。边界和无限的意识消失了，死亡成了在有限的被表象世界中的单纯阶段，它不再是临界状态。而从临界状态中产生的特殊体验并未被保留下来。

当人意识到了作为临界状态的死亡时，他会如何**回应**呢？感性的不死性表象对他来说崩溃了，"信仰"作为对有限表象内容的保持消失了。理智想要通过灵魂不死性证明取代信仰，这对心理学力量的发展完全无效，它最多是对一种仍然保持着但却未被认出的信仰的表达，一种面对在有限内容的持续信仰力量基础上已被承认但却尚未被体验的临界状态的态度。理智对于人意识到死亡的临界状态以考虑不死而言也失效了：理智因为本质上保持在受限状态中，因而是有限的。一旦达到了临界状态，仍然只有新力量发展中的反应，它虽然在公式中发现其表达，但此时却是本真的生活态度、生活信念。根据理性推理发展的公式在此经常得到显示（在临界状态凝结成新的感性的失败中也经常发生），但是理性推理总是在活生生的反应中发现其在后一种态度上的边界，它源自根据灵魂震动在临界状态中得到保持或者才产生出来的力量。我们试图这样来概述这些可能性。

最简单的**反应**是纯粹**消极的**反应：鉴于被把握的临界状态，所有初级信仰内容被摧毁了，新内容并没有在该位置出现。理性推理只达到了二律背反，而在其无边界性中，它实际上是扬弃自身的东西。除了瞬间的此在之外没有什么可见了，此在自身混乱地显现着。不可能有谁负责。人们如偶然引起的那样生活。这个把握中最高的主观尊严是在对所有意义、所有信仰的一贯否定中达到的，这在每个出现的生活情景中都得到了证实。但是，对于客观考察者而言，否定性中的尊严恰好扬弃了自身，因为单纯否定在坚定的结论和主观的真诚中展示了某种肯定性意义。

对于这种虚无主义的反应，所有其他的反应都同意，它们在我们当前和已知的生活中没有发现**某种绝对的最终者**。在最宽泛的意义上，除了道德的东西之外，它们在生活中看到了一些东西，在其中我们以某种方式是有责任的，有些东西被决定了。某些意义、某些存在或某些过程超出这一生。不死性思想始终以最多样的、始终反对自身的方式，作为这种克服临界状态，而非不顾或忘记临界状态的力量的表达得以形成。但是，什么是决定性的？什么具有超出这一生的意义？如果它已经完全清楚地、可表象地、可思考地形成了，这将又是向没有绝对边界的有限者状态的倒退。所以，在灵魂震动和灵魂力量的巨大上升中始终再次寻求与绝对者（尽管是死亡）的关系，某种被规定的有限者始终将再次被视为绝对的。对死亡的临界状态的体验原初始终是通过与绝对者的关系得到克服的，而不是接受确实带有这种实存终止的清楚意识的感性的不死性；我们几乎总是再次听从古老意义上的不死性。让我们为自己再现其中的单个可能性。

1. 将**暂时性体验**作为影响整个生活态度的**中心体验**的典型例证是**佛教**。如果生活保持静止，那它将是美好的，但是由于一切都流逝了，一切都是无意义的。当佛陀被美丽的妻子诱惑去享受生活娱乐时，他回答道：

不是因为美对我不重要，
对快乐的力量没感觉，

我的心情压抑悲伤，

只是因为一切对我显示为变化的。

要是这些事物的状态保持确定，

我也将满足于爱，

你能让它们的效果不变化吗？

这些女人的美从不凋谢，

而且，尽管没有摆脱恶，

爱的快乐确实使心

陷入束缚。而只要看到

他人如何老、病、死，

就足以使人不再满足于

如上这些之来源。[1]

对于这样的体验来说，只有中止暂时性才是值得期望的。"因此，不是劝人趋向永恒生活的解脱，而是劝人趋向永恒寂灭的解脱。这种解脱追求的根据不是某种对生命的厌弃，而是对死亡的厌弃。"（马克斯·韦伯语）在这种生活中，**具有决定性的是人是否达到永恒静止的目标**。此外，心理学上有效的确实是这种态度：暂时性的东西我才不愿享受呢。但是在印度，合理有效的前提是，人将永恒轮回再生，必须不断再次体验暂时性，如果他不克服所有爱欲，不克服无论对善或是恶的愿望，不从根本上使生活意志熄灭的话。由此，生活方式通过一种超越生活的意义获得了一个形态。佛教的虚无主义因为一切都是暂时的而否定世界价值，也正因为如此，它与不负责任的个人主义虚无主义处于最激烈的对立中。关键在于如何过这种生活。这种生活完全不是漠然的，并放任各种偏好的偶然。佛陀蔑视地说：

---

[1] 马鸣：《佛所行赞》，雷克拉姆译丛，第51页。

始终这样行动，

如我们遇到的那样，对这样那样的东西

都快乐地接受，不在其中看到坏，

这样的生活规则。[1]

由对死亡的厌弃产生了死亡意志。通过漠然地体验所有可死亡的东西，死亡将被克服。谁不再爱，谁也就不会失去。谁不再享受，谁也就不再缺乏。一切与谁都无关，也就没有什么毁灭。生活的关键是，人们是否达到了这种平等观。当他意愿它并且事实上也能意愿它时，他就克服了死亡。他不能通过自杀来导致死亡，因为意愿生活的力量、爱欲在最近的重生中将再次出现。重生的思想，另一种安慰，在这里是从死亡向永恒重生的最可怕的提升。佛教徒意愿涅槃。无论他是否达到了涅槃（这取决于其生活），他都是负责的。这就是他的此在的意义。

2. 由死亡和暂时性产生了渴望永远保持无之宁静的佛教徒，他相信其方法，正如他相信作为这个方法之意义前提的永恒轮回。死亡将在它被肯定的同时被克服。完全相反的是这样的反应，即将**消逝和死亡中的永恒生成和变化视为肯定性的东西**，并由这种体验达到了一种对不死的信仰。由死亡产生了新生。这种信仰有时也会呈现出重新具身化的表象，但却是某种被期望的表象。在这里，死亡在它被否定时被克服，它不是最终有效之物。关键是强调要过充实而丰富的生活，然后继续加强死亡之后的生活。这个通过生命的增加而非否定克服死亡的心思（此外，二者都与导致混乱和自杀的生命厌弃相反），在历史上多次通过**前苏格拉底和文艺复兴哲学家**被再现。约尔（Joel）谈到先知毕达哥拉斯和恩培多克勒时说："他们感受到无限，他们根本不能相信其简短的、狭窄的、一次性的实存；他们的自身意识见证了死亡。超人的生命感受和自身感受要求永恒轮回的教义。……如莱辛和利希滕贝格（以及尼采）指出的，个体主义恰好偏好这个教义，即便持无神论的休谟也知道为之辩护。""对于古老的自然哲学家而言，实

---

[1] 马鸣：《佛所行赞》，第52页。

际上根本就没有死亡，而只有变化。""火生气死，火死气生，水生土死，土死水生。""我们生灵魂死，我们死灵魂生。""无死则无生，一切皆变。……灵魂变化学说是对产生和遗忘的否定。……灵魂消逝，只为以另一种形态重生。……文艺复兴同样如此。……开普勒宣布了再生死者（moriens renasci）。"

歌德完全没有通过神话固定的不死信仰，就是这种通过生命克服死亡的代表性例证。从歌德那里收集的典型立场如下[1]：

反对感性的、物质性的不死观念：

你想一劳永逸地为我创造永恒的生命吗？
那就不要在时间性之物中为我做如此长的停留。[2]

我的快乐源于此大地
我不想再听这个，
未来人们是否爱恨，
是否在那个领域中，
也要分一个上或下。[3]

这能使我绝望，
民众在此折磨着我，
永恒也将被限制。
这只是古老的泥沼，
在它上面只有溢美的流言。[4]

---

1 以下转引自福格尔：《歌德关于其宗教态度的自述》，莱比锡，1888 年。
2 歌德：《警句集》，1796 年。
3 歌德：《浮士德》第 1 部。
4 歌德：《短诗集》第 4 部。

如果永恒的灵性没有给我提出新任务并且要求我克服重重困难，我也不会知道与它有什么关系。[1]

对另类立场和宽容的意义：

永恒饥饿和口渴的人总是如此自然地在想象中烹制这样的菜肴，这些菜肴在这里关心其口味，在那里满足其肠胃。温和的东方人用装饰精美的桌子来缓冲他的天堂。勇敢的北方人从天空深处的阿斯加德俯瞰战场，然后英勇地豪饮他的啤酒，凳子上的奥丁神父在旁边休息。而这位博学的神学家和世界牧师希望有一个学园，通过无尽的实验、永恒的研究增加他的认识，扩展他的知识。[2]

同样，当我也为了我的人物或多或少依靠卢克莱修的学说，而当我的所有要求都包括在生活圈子里时，这使我始终都非常高兴和愉快；我看到万物之母自然对于温情的灵魂也在其协奏的起伏中发出柔声细语和共鸣，而以如此多的方式赋予有限的人永恒和无限的同感。[3]

死亡的不可思议。理智无力思考不死性，也不思考、论证或反驳不死性：

我可以如何流逝，你可以如何流逝？我们都是流逝者——这意味着什么？这又是一个对了我的心没有触动的语词、一个空的声响。[4]

歌德明确地表达过：他的思维本质完全不可能去设想思维和生活的不存

1　歌德：《致康茨勒·缪勒》，1825年。
2　歌德：《关于拉瓦特永恒展望的告示》，1772年。
3　歌德：《致格拉夫·斯托尔贝格》，1789年。
4　歌德：《少年维特之烦恼》第2部。

在、停止。尽管每个人都在其自身中并且完全不自觉地携带其不死性的证据。但是一旦人们想要客观地突出它,一旦人们想要从教义上证明人格的延续、把握那个庸俗的内知觉,人们就陷入矛盾。[1]

关键在于行动:

这是我的一条信仰,即我们通过在当前状态中的坚定和忠诚,能够跟随并进入更高的后续阶段。现在,假如它在这里是时间性的,那它在那里就是永恒的。[2]

死亡感人的景象在于,
它对于智者不是惊骇,对于虔诚者也不是终点。
它将他们逼返生活并教会他行动,
这增加了他们在未来磨难中恢复的希望,
二者将变成向死亡而生活。[3]

在外边是我们错过的景象,
像傻瓜一样在那儿两眼放光,
在云上构想跟他一样的东西,
让他马上停下来在这里环顾四周,
这个世界对实干者不是沉默的。[4]

致力于研究不死观念是对于高雅的阶层,尤其是对于无所事事的妇女们

---

[1] 歌德:《致康茨勒·缪勒》,1823 年。
[2] 歌德:《致克内贝尔》,1783 年。
[3] 歌德:《赫尔曼与多罗泰》,第 9 歌。
[4] 歌德:《浮士德》第 2 部,第 5 行。

而言的。但是，一个实干的人（在此已经被认为品行端正，因而可以去努力、去战斗、去工作的人）会使未来的世界以这个世界为根据——这是积极的和有益的。[1]

一切皆变：

受造物改变着
因而并不以武力坚持，
永恒的健行发挥着作用。
不存在的现在将存在，
献给纯粹的太阳，彩色的大地。
任何情况下都不停止。
自己活动，创造性地行动，
首先成形，然后改变，
貌似仅仅片刻平静驻留。
永恒者不断在万物中活动，
因为一切必将分解为无，
当它想要保持在存在中时。[2]

尽管如此，这种变化却是永恒者。对不死的信仰：

没有本质可以分解为无，
永恒者不断在万物中活动。
保持在存在中令你高兴！

1　歌德:《致艾克曼》，1824 年。
2　歌德:《一与全》，1823 年。

> 存在是永恒的，因为法则
> 保管着活生生的财富。
> 万物借此修饰自身。[1]

我可不想剥夺自己相信未来的延续的幸福，我确实想与洛伦佐·美第奇一样说，所有不希望别的生命的人也都为此生而死；这些不可把握之物本身就太遥远了，不能成为日常考察和破坏思想的思辨的对象。[2]

在他 75 岁时，他不可避免地偶尔思考死亡。这个思想让我进入完全的平静，因为我对我们的精神是全部不朽的自然之本质有坚定的信念。它是从永恒到永恒的不断作用。它类似于太阳，似乎只在我们尘世的眼睛看来才下落，但是真正来说太阳从不下落，而是无休止地照耀着。[3]

信任自然：

她（自然）把我放进去又把我带出来。我相信她。她与我相通，她不会讨厌自己的作品。[4]

力量没有消亡：

这些高级灵魂力量在自然中从没有消亡，在任何状态下都不能这么说；因此，她从来没有浪费其财富，维兰德的灵魂是自然的宝藏。[5]

---

[1] 歌德：《致艾克曼》，1829 年。
[2] 同上，1824 年。
[3] 同上。
[4] 歌德：《自然警句》，1780/1781 年。
[5] 歌德：《致法尔克》，1813 年。

人应该相信不死。他有这种权利，这合乎其本性，并且他可以依靠宗教承诺。对我们继续延续的信念，对我来说，从"活动性"概念产生。这是因为，当我们不知疲倦地劳动到我们命终时，自然就有义务为我指出此在的另一种形式，因为现在的形式不能继续维持我的精神了。[1]

歌德将这些力量把握为单子或太极：

每个太极（Entelechie）都是永恒的一部分，而它与尘世的身体相连的几年不会使他变老。如果这个太极是较小的类型，那么它们在其身体死亡时就不会支配什么了。[2]

这些太极单子只有在无休止的健行时才能维持。如果它的这个本性变成另一个，那么它就不能缺少在永恒中的事业。[3]

我不怀疑我们的继续延续，因为自然不能缺少太极。但是，我们不是以同样的方式不死。为了在未来展示为巨大的太极，人们必须是一个太极。[4]

3. 不死是认为死亡可以被克服的思想的集合概念，无论它涉及的是感性表象中的永恒存在、无时间的意义，还是永恒重生。这些思想是对不可证明之体验的表达。如果要尝试做某种证明，那么只要有某种意义存在，就涉及对灵魂超越死亡边界的提升道路的说明，正如对上帝的证明不是对知识的证明，而是对被提升为绝对者的道路的描述一样。

在所有不死思想类型那里共同的是，对于信仰者而言，关键在于如何走向这

---

1 歌德：《致艾克曼》，1829年。
2 同上，1828年。
3 歌德：《致泽尔特》，1827年。
4 歌德：《致艾克曼》，1829年。

种生活。这种生活也可以获得这样的内容，它取决于**在这种生活中获得与绝对者之联系的信仰**。当这种关键意识达到主导时，宗教生活本身就变成一切都取决于它的目标自身。

克尔凯郭尔纯粹地发展了这种态度。[1]在他那里，不死信仰的特殊内容并没有出现，而只有对主观内在性，即与死亡和不死的主观联系之含义的最集中的表述。关键是，试图在感觉到的东西中寻求信仰是一种不信仰的态度。在这里，没有什么是可证明的，不死问题甚至不能一次性地被系统提出。决定性的东西处于充分的主观性之中。

"这个问题根本不能被客观地回答，因为人不能客观地提问不死问题，在这里它恰好是主体性的幂(Potenzierung)和最高发展。这个问题只有在努力成为主体时才能正确地形成，它在此如何可能被客观地回答呢？""我的不死意识只有我听得到，恰好在我意识到我的不死的瞬间，我是绝对主观的。"死亡无法理解。"假如死亡如此阴险，明天就来了！这种不确定性在它被一位生存者理解和坚持时（因此恰好因为它是不确定的），应与全体一起被考虑。因此即使我参与世界史（上帝知道它是否真的与我有关），我也要弄清楚，如果明天死亡，我能从什么值得开始的东西开始，这种不确定性已经激起了不信仰的困难。""一次按期思考这种不确定性完全不意味着这样来考虑它，因此对我来说，在我的生活的每个瞬间考虑不确定性始终更重要，因为其不确定性存在于每个瞬间，因而它只能以这样的方式被克服，即我在每个瞬间克服它。""我要死了对我来说完全不是某种普遍之物。我在对我来说也不是某种普遍之物，我在也许对他人来说是这样。但如果任务是变成主观的，那么每个主体对其自身而言都变成了与某种普遍之物对立的东西。"

"所以我必须问，死亡到底有没有一个表象？人们是否可以在一个表象中预期并且体验它，或者它是否只有当它是现实的时候才存在？而由于它现实的存在是不存在，因而它是否只有在不存在时才存在？换言之，考虑到死亡的观念性，它

---

[1] 克尔凯郭尔：《克尔凯郭尔著作集》第6卷，第242—253页。

是否只能被想象地克服？或者在死亡中物质性胜利了，是否会导致一个人像一条狗一样死去？死亡只能通过临死的表象在死亡的瞬间被扬弃。"如果死亡可以使包含在人的表象中的问题得到肯定的回答，"那么人们会问，死亡的表象必然如何改变一个人的整体生活，如果他为了思考死亡的不确定性，必须在每个瞬间思考它，为了它做预备的话？人们会问，这个做预备到底意味着什么？我如何能为自己做预备？人们会问它的含义的伦理表达，会问对其进行克服的宗教表达问题。人们需要一个能解答其迷惑的语词，一个活着的人用以抵抗死亡持续不断的表象的有约束力的语词"。"但如果任务是变成主观的，那么对单个主体而言，有关死亡的思想根本不是这样的，而是一个行动。因为主观性的发展恰好位于其中，人在对其自己的生存的反思中来不断地工作，因此他通过实现它来现实地思考这个思想。"

三、偶　然

我们称一个此在、一个与某种必然性有关的事件为偶然，这个此在或这个事件与之相关者不能被把握为必然的。对我们来说，存在多少种必然的联系类型，就有多少种偶然的概念类型：与因果必然性相关联的偶然，与有目的的有意的行动相关联的偶然，与客观类型的意义联系相关联的偶然（从历史事件链条到形而上学世界意义）。[1] 从一个观点看是偶然的，从另一个观点看可能是必然的，例如从目的观点看是偶然的，从因果观点看是必然的。

但是，我们继续思考就会发现，在我们的此在和我们的把握的边界上，到处存在着偶然。**我们选出了一些关系**。[2]

在与自然法则的关系中的实际的此在是偶然的（世界之此在是不可把握的），与所有普遍必然性相关的个体性之物是偶然的。无论此在还是个体都不能从自然

---

[1] 文德尔班：《论偶然》，1870年。
[2] 特洛尔奇：《偶然性概念的含义》，《著作集》第2卷，第733页及以下。

法则来得到把握。与可思考的世界法则相反，无法由此推出的个别法则的多样性是偶然的。不论被视为唯一的世界整体，还是被视为所有类型的个别化了的个体性，个体都始终是偶然的。从法则的立场看，世界中的每个新事物、每个跳跃、每个创造，所有不能从因果等式中得出的东西，都是偶然的。如果重复出现的新生事物被置于规则下（如在化学中那样），所有一次性的新生事物仍然都是偶然的。从心理学理解的发展观点看，所有成长阶段作为简单的被给予性都是偶然的。对我们而言，由于所有现实性和所有认识都是由对无限性的选择组成的，因此尽管单个关联都是必然的，但选择原则（兴趣或者观念）是偶然的。诸价值对我们来说不是必然从原则来得到理解的，它的此在对我们而言是偶然的。如此等等。

不可避免的二律背反在于，我们必须既把世界视为必然的和关联着的（理性主义），又把它视为偶然的、混乱的和无关联的（非理性主义）；我们总是用另一个极端限制一个极端，无法只站在一边，也无法找到一条"中道"。偶然也始终保持为某种最终者。

单个的人在他的生活中将体验到这些偶然。只要他对此进行反思并且想要发现意义，就会发现随处可见的异常事实，即一种形而上学意识给予他的爱：因为你曾是我前世的姐妹或妻子，我们注定会在生活中偶然相遇；自己的此在与父母已经相遇的偶然，将生活的命运与偶然的被给予性相连：经济状况、教育、在合适的环境相遇、"使命"的发现。无论这些事件是有益的还是有害的，人都将自己束缚在这些不在其力量范围内的偶然上。他可以事后回顾这些偶然，发现这些偶然依赖其所是；他可以通过将来者的意识进入未来，将来者的整个类型对他来说仍然具有未知的偶然；他可以预期一个完全具体的偶然，并视之为决定性的。

对偶然性的反应很少是非形而上学的，除了认为一切都是徒劳的、认命般的不做反应之外。人在其命运中感受到一种联系，所有偶然都有一个它们向之聚拢的线索。命运具有被感受到的意义，并且在完成了的传记当中具有可展示的总体性。人在一颗星星下有所感受，体验到自己被幸运青睐（例如苏拉体验到"幸运的"；恺撒称自己是幸运的）。初看起来，偶然的事件仍然有一个关联的意义，它对一个人排列自身，此人根据其总的态度在其中看到：提喀、天命、命运、灾难、复仇。人可以——并且有权——纯粹经验性地说：由大量的偶然可以选出一个恰好与之相应的主动的、活生生的人的状况。一个冷漠地走过的人身上发生的偶然变成了另一个人的命运。命运只是通过进行选择的、强调的、对此进行反应的统一的个体性而为最异类事件做准备。尽管人们通常可以在个别情况下行事，但活着的人恰好不能在整体上感受到它。未被把握的偶然、不幸和幸运的偶然构成了他的生活。他自己的此在是偶然的，并且他可以对自己说（就像达朗贝尔针对世界所说的那样）：最不可把握的就是我实存着。

体验到被偶然性震动的人在其整个生活态度中、在其意义意识中如何进行反应，取决于未被说明的同样不应被有限化、感性化的公式之表达，如果人们想要在其中把握原初精神的活跃冲动的话：一个命运（μοίρα）驾驭着此在；一位上帝游戏地建构、消遣世界，然后毁灭它；上帝的无法探究的决议（天命）主宰着世界；偶然都是早先肉身化的必然后果，其在善恶中的生活在新的重生中具有这种后续作用。

所有这些公式的共同点是，创造它的人并不满足于偶然性，而是试图在朝向幕后者的意图中克服它。对思想而言，没有公式能达到这样一点，偶然始终保持在另一个位置上：世界的此在或者创造它的上帝的此在在任何情况下都仍是偶然的。

这些公式都是生命冲动的暂时产物或者偏离。生命冲动在这里正如在别处一样，在此在的主动性中克服临界状态。它创造了对临界状态的肯定意识，它给出意义、态度、必然性的体验，由此创造了对具体生活行动而言的力量。但是，它绝不能以对象的形式对另一个人友好地、充分地表述。如果人们尝试这么做，那么就有这样的公式，它要么作为对与自己类似的体验的权威解答被接受，要么通过不可避免的理智作用在对象性地被阐述的地方被毁灭。

自从人的观念出现以来，其最深的影响是有了对偶然的觉察。对人的个体具有如此大跨度的禀赋，以及有关种族、性别、年龄的不平等经验，还有人对文明、物质条件的依赖经验，使得人的不平等与人一般之观念及人的平等观念形成比较。人的平等和不平等都是现实的，二者都曾被追求过。貌似如此不公正（根据对每个人都是可能的东西来衡量）的不平等作为偶然并且作为某种最终者、实在的无法克服之物被经验。

一切都根据必然法则进行，只是我们并不知道所有的法则。这是对在形而上学上假定简单地否定偶然的自然法则的人在思想上的克服。宗教前定思想的意义不是否认偶然，而是尝试在世界的基础上将其作为无限者、绝对者、上帝的不可把握的行为：一种朝向无限者的意图、一种临界状态被克服的体验和一个为此被找到的表达，它从字面上来理解尽管再次出现在任意的神性位格的感性化中，但是其纯粹意义根据对虔诚之人所体验之物的固定得到提示，他有能力不逃避、不否定偶然，也不基于这种现实性而怀疑偶然，而是恰好在偶然中体验到向绝对者的跃迁。他作为虔诚者，既不是肯定的，也不是否定的。

四、罪　责

对一种可能经验而言，所有的价值现实化都受制于偶然条件，所有价值现实化中的任何一次都是无结果的毁灭。这是令人震惊的。但是，所有被把握的情况并不都像二律背反那样深刻，二律背反不可避免地造成罪责。罪责被视为某种有限之物、某种不可避免之物是可能的，只有单个的债务而非本质性的罪责被把握到也是可能的；然而，人在这里并不处于临界状态，而是在伦理乐观主义中构成了某种他感觉可能免于罪责的生活。斯多亚派获得了某种伦理的自信意识，从临界状态的观点看，这被视为有限者中的坚持、对于二律背反的盲目和有限之人的自负。在这种临界状态中，人把握到了其自己的根源。虽然斯多亚派在所有毁灭和荒谬的旋涡中坚持将伦理自身的确定性作为固定的立足点（不是作为人格，而是作为图式和公式），但他们在这里恰好获得了这种最终的立足点：独立的本己的价值和意义的根源将被把握为损坏性的，而人将被带入完全的绝望中。这是最深刻、虔诚的奥古斯丁、路德和克尔凯郭尔的体验。

伦理评价的领域是十分宽广的。伦理评价关系到**所为**（Taten）及其后果：根据伦理评判——如它在内容上也被评价那样——不应被意愿的到处不可避免的后果使得歌德的这句话成真：行动者始终都是不顾一切的。在行动那里，"负责"的真正意义是人愿意获罪，因为避开这个二律背反的唯一可能性（即不行动）在伦理上带有消极的价值重点，在经验性的实践中，不行动者作为对生存意愿的否定迅速导致其自己的此在的瓦解，此外它必然经过"搁置"滑向最大的"无情"。所以在行动与不行动之间，以及在行动那里在所意愿与不可避免地被抛的忍受者之间，人无法在任何意义上逃脱罪责。

然后，伦理的价值重心延伸到了隐藏在单个行动中的**心向和动机**上。在这里还出现了伦理的自身控制，它一旦生效，就绝不会得到满足，绝不会看到任何绝对纯粹的东西。即使在人为地分离中的单个动机也可以显得完全纯粹并且存在，但它不是感受条件和意向条件以及冲动的总体：这种纯粹性也许恰好通过特定的盲目坚持才能达到；对指向完全占有现实性的概观的追求还不够，现实性是富有意义的，因而也是伦理行动的条件。

更进一步，伦理重心一直延伸到了所有**感受**和每种心理活动的类型上，它们不具有与外在行动的关联。在这里，控制性的自身反思认为一切都很重要，它总是努力追求灵魂秩序和取向的总体性，追求一种人的观念，追求伦理的纯粹者（或者说在内容上整个问题域可以如何命名），全都进入了一种无根基的无限性中。在被肯定的感受那里，相反的欲求，无数完全无心的冲动和本能为有意识者形成了一种完全独立的不安。他不再知道应该到哪里寻找自己，应该如何成为自己——只要他通过这种自控、自觉达到完全的严肃。义务和偏好、喧嚣的崇高和持续的动机、对于正确和不正确的善良意志、真实性和造物的有限生机等都是他最终无法超越的对立。

在这种伦理评价中，人面对自己采取了一个**绝对**尺度，人一般只能将这种尺度适用于自己。而对绝对尺度的坚持使他不断地保持在伦理缺陷和归罪的意识中——不是在这个或那个个体中，而是在整体中。相反地，为绝对尺度"辩护"的任务如何进行，离开伦理领域有利于法律、风化、体面等等。

对于伦理评价而言，绝对尺度和二律背反可以普遍地得到描述。但是，单个人可以面对他自己的伦理罪责意识。只要他保持在不去倾诉的状态中，他即使谈论自己很多也不能诉说自己。人以某种方式孤独地体验到这个最终的罪（人们不必只考虑日常意义上的犯罪、错误等，它们都是外在的），而沉默（不是作为主动的沉默，而是作为不可言传的沉默）在任何地方都是不可避免的，尽管人们都有交往意志。

对伦理的临界状态的各种反应并不是统一的。在对它的描述中需要指出，适用于所有伦理学的东西是完全不同的：人是否在伦理上面对自己或他人，是否根据或者比照绝对尺度来行事，自己是否感觉得到对他而言具有决定性的东西，是否根据其特征和行动来客观地评判人类——无论他忍受的是他自己的罪意识，还是人类世界一般中的罪。在这些对峙中，人总是看到两个方面完全相异的观点和后果。

绝大多数人都体验不到这种伦理临界状态。人们可以充满活力地带有斯多亚式的自信的伦理严肃以服从权威法则，如像服从一个社会习惯的和成文的原则那样实存。

有对于临界状态本身的反应（如果它不是简单地起破坏作用，在自我憎恨中引起混乱和不可克服的绝望的话），其后果以典型的立场、公式、学说和行为的方式出现在历史中，而全新的基本体验没有立即被模仿。这些反应以如下的类型来得到描述：**这些二律背反和对它们的反应的客观化。**

1. 作为经验世界中客观条件和主观禀赋之间不可克服的二律背反，**伦理的价值对立**的二律背反在**向某种最终者**艰难的客观化中**得以形成**。在形而上学意义上，有一种极端的恶、恶魔。世界在最终者中是二元的。我们通过原罪不可避免地被卷入罪中。通过天意，人们之间有不断拉大的差异。人的使命要么是为了肯定原则去战斗（实际上，这个立场立即被终止，正如在二元论中客观化已经是一种有限化，而魔术的本质越来越多地被伦理努力取代），要么是设法获得人被前定的确定性。

2. 使徒的**赎罪**意识。人通过神的恩典感受到自己被救赎了。罪行不再对他有控制力。他感觉自己解脱了。二律背反不再是最终者，它在恩典中被扬弃了。这个意识在某种"称义学说"中被客观化，它在恩典和自由意志的对立中发现了其困难。一旦唯有恩典被强调，如路德宗批评的那样，随着单纯地呼唤恩典，生活方式迅速退化为草率的生活方式。相反，伦理力量正在抵抗，这在其自身方面又强调了自由意志，最终给宗教事务带来了伦理依赖性。此外，宗教意识最终再次批评这种亚秩序，例如批评康德的"可怕的绝对命令"。

3. 如果罪向某种最终者的客观化在日常思想中被接受，而不是被克服，那就产生了典型的**死刑意识**，一半痛苦、一半享受，以当下化自己劣行的无数变体的方式（"我是真正的无赖"等等）。罪被用于历练。

4. 克尔凯郭尔指出了一种原初的对于罪的心理学态度。[1] 他不是将对立客观化为形而上学原则，也不诉诸情绪性的死罪意识。但是，他在主观的生存中绝对化了罪意识。克尔凯郭尔到处为与绝对者（与永恒至福）的关系寻求并且发现对现代意识来说典型的表达，即在对于批判哲学的思考中忘记了超感性世界、忘记了绝对者的最初知识的人的表达。他为真正的不信仰者，为那些仍然努力信仰者，为仍然具有有关绝对者一般、生存的决定性重要性的意识者，为渴望一种不能认知之宗教者发现了它——只要人在信仰下面理解的是对绝对者内容的明见占有。所以，克尔凯郭尔在当前的情况下建构性地评判了：①临界状态中的最终有效的罪意识之为与每个单个的、个别的罪相对的总体的罪意识；②对这种罪的"永恒记忆"之为"与永恒至福之关系的标志"。

在临界状态中出现了最强烈的生存意识，它本身就是某种绝对者的意识。由此可见，所有有限者中的生存都是抽象的，它根据图式——尽管可能是差异化了的——生存。人感到无限者或绝对者，就好像他从抽象的普遍性面纱中被选出，他在其中自明地生活着。因此，克尔凯郭尔描述道："罪是生存者最具体的表达。个体越是抽象，它与永恒至福的关系就越少，与罪也就越远；因为抽象使实存者变得漠然，但罪是生存最强的自我主张之表达。"

---

[1] 克尔凯郭尔：《克尔凯郭尔著作集》第 7 卷，第 209—237 页。

可以想见，人在最终有效的罪意识中想要将罪转嫁到在生存中设定他的人身上。但是，这在临界状态中恰好是不可能的，后者被这种有限化排除了，并且人视其自己的无限性如客观性一样。他恰好不能越出自身，就像在有限性中是可能的那样，在那里他设定一个有限者与另一个有限者相关，使转嫁罪和赎罪得以可能。

这个最终有效的罪意识的标志是总体性。正如二律背反、有限性、边界、绝对者都是围绕同一个东西的概念，克尔凯郭尔也可以将罪的总体性作为标志："当个体将他的罪（无论其是否是唯一的，是否是最无意义的）都归入与永恒至福的关系时，对于个体而言，罪的总体性产生了。"

人通过"组合"达到总体性，单个物不允许保持为单个物，它不仅通过与单个物的比较被归类，而且必须被带到与绝对者的关系中，后者在伦理中是绝对尺度，人只有面对它才能转向自身。"而所有在实存中深化的自身都在组合中。在人的法官席前，与记录下来的记忆（而非对永恒的记忆）的比较、关系绝不满足于**一个**罪（被理解为集合的），也不满足于所有的罪的总和。症结在于，在对比、相较中，进入外界和在与自己的关系中被警察权力带入终审的生活恰好不是伦理的。""总体的罪是决定性的东西。而 14 次犯罪与之相比就是儿戏。"孩子听任其罪为单个的罪，而不"收集"它们。他受罚、挨打，想变成一个好孩子，而罪被忘记了：他没有最终有效的罪意识。这个罪意识才是"本质性、决定性的意识，而非这个那个罪的意识"。

带有总体罪意识的人"为了永恒被抓住，在罪的轭中被套牢"。"它绝不在于一次性的抓取，而在于关系的持续，在持续中将其与所有的罪汇集起来……在这里，确实有所有的生存艺术。"

我们的思路是从临界状态来理解世界观运动。人们也可以颠倒此关系，将在临界状态中，在所有最终有效的不确定的、值得追问的二律背反之物中体验到的坚持视为世界观立场的表达；将受苦、偶然、罪承认为最终有效者和不可克服者，而不忽略它们。克尔凯郭尔始终以这种方式看待此关系："罪意识是对生存激情面对永恒至福的决定性的表达。"它是"与永恒至福的关系之标志"。

但是，如果我们要问世界观关系存在于何处，那么我们只能指明状态和后果。这里所说的经验，就像在别处一样，本质上指："对罪的永恒记忆**不能外在地被表达**，它是不可通约的，因为罪在每个外在表达中都被有限化了。"这是有关最终内在性的不可避免之**沉默**的根据之一。沉默的另一个根据是对平庸性（Mittelmäßigkeit）的防范。克尔凯郭尔曾致力于这一沉默："一个人确实可以要求自己努力，由此他最多可以劝阻有意向的好友，如果他知道的话。"人可以谈论这个绝对尺度，但他不被允许说："每个在真理中冒生命危险的人都具有了沉默的尺度；因为一个朋友可以却不被允许劝阻他，对此完全只是因为当那个朋友冒生命危险时他需要信任，以便与之一起思考，而不是劝阻他。""沉默的人只控诉其自身，没有人被其努力冒犯；因为这是其必胜的信念，这个共知（Mitwissen）与理想一起居于并且应该居于每个人之中。""在沉默与理想的关系中存在着对人是绝对的至高者的判断。""在沉默与理想的关系中有一个尺度，它甚至对小事尽最大的努力；相反，人在饶舌中没有形成进步的努力。在沉默与理想的一致中缺少某种不能否定的语词，因为它标识的东西不在这里：这就是歉意。"

对罪的终结之渴望是自明和正常之事。鲜有人能保持"对隐藏的内在性之永恒记忆"。为此我们遭遇的对罪和补偿的把握是有限的，尤其是因为对无限的罪及其经验的把握处于沉默中——它最多通过悖论的表达被打破。克尔凯郭尔将这些**有限的把握**划分为：

1. 罪与"某种比较物（自己或他人的偶然）一同被收集并且被放在罪的单个性的遗忘中间"。"这使生活变得容易并且不受约束，就像孩子的生活那样。"可是，"始终有一个问题，有多少人在最终的瞬间绝对地处在精神的确定性中；它仍是一个问题，因为这确实是可能的，即我们全都照做了，由于隐藏的内在性恰恰是隐藏的内在性的缘故"。

2. 罪的表象与永恒至福的表象只是以瞬间的方式——在礼拜日——被聚合。

3. 折中。"调解免除了那些深化到总体规定性中的人，并且使其向外忙碌，以至于其罪向外，其犯罪也向外；因为调解的口号和赦免是外在者即内在者，内在者即外在者，由此解除与绝对者的绝对关系。"

对补偿的有限化把握是：

1. 平民的"惩罚"概念。它对应于这个或那个罪。

2. 美学的形而上学的"复仇"概念。"内在性变成外在性。为此人可以看见复仇女神，但是这个可见性恰好使其缺少了难以忍受的内在性，因为其可见性意味着对她恰好有一个限制。复仇女神不被允许进入神庙。相反，如果人们甚至只把罪意识视为出于单个罪的折磨，那么这个被遗忘状态恰好就是命运性的。"

3. 所有自制的忏悔。它使罪成为有限的，因为它使之可通约。"对中世纪忏悔的尊敬导致个体在与其自身的关联中着眼于绝对的尺度。"中世纪的忏悔是"一个感人的和激动人心的不真状态"。也就是说，中世纪让上帝一同参与进来（mitspielen）。"人做了一个思想实验：一个只与自己在一起的人与罪和上帝一起存在……人考虑其绝望的玄思（Grübeln），是否没有某物，他可以补偿罪，人考虑了创造性的必要，沉迷于某种上帝可以再次很好地（友好地）制作的东西是否是可能的：如果人可以超越沉湎于忏悔的受罪，他笑了。"

总而言之，克尔凯郭尔指出了有限化被否定的状态，而对世界观体验自身的类型什么也没说。他只是提请注意，这些力量全是外界的：孤独地与上帝同在。他没有给出塑造世界的冲动。伦理是对自身的态度问题，目标全都直接根据绝对者而非通过世界行动来安排。它是思维的反思性的、孤独的虔诚。

从此在分析重估精神分析学的基础概念[*]

梅达特·鲍斯

单 斌 译[**]

按照弗洛伊德本人的观点，精神分析学作为一种心理学理论是"逐步发展起来的医疗工作的一种思辨的上部结构、理性基础"[1]，其任何部分"都可以被放弃或者改变而无损于或者无憾于已被证明的内容之不充分性"[2]；它是一种可能会"在科学的发展过程中在全球传播的假设的人为结构"[3]。然而，精神分析学在表达上首先意味着，其自身属于自然科学领域。在这一点上，弗洛伊德的意图是毫不含糊的。正如我们已经指明的那样，确实罕有人能比他更敏锐地表达传统自然科学的一般工作原理。

支撑弗洛伊德断言的哲学信念就在那些实际上构成所有自然科学基础的前科学的假定中。可以总结如下：

1. 存在一个外在的、"实在"的世界，它不依赖于人而自身存在。

2. "实在"只能被测量、被计算，因而建立确定性。实在性就是构造世界的诸客体之总体性。

---

[*] 本文节译自 Medard Boss, *Psychoanalysis and Daseinsanalysis*, Basic Books, 1963, pp. 75–129。

[**] 作者梅达特·鲍斯（Medard Boss）：瑞士精神病学家。译者单斌：安徽大学哲学学院教授。

[1] 弗洛伊德：《精神分析：探索被隐藏的心灵深处》，载《峥嵘岁月》第 2 卷，A. A. 布瑞尔译，伦敦，1924 年，第 515 页。

[2] 弗洛伊德：《自传》，詹姆斯·斯特雷奇译，纽约，1935 年，第 61 页。

[3] 弗洛伊德：《超越快乐原则》，载《弗洛伊德全集》第 18 卷，第 60 页。

3. 每个客体的诸部分之间的关系、一个完整客体与所有其他客体之间的关系是可预见的因果关系;因此,这些因果关系的链条总是不可打破的。

4. 最后,所有"实在"之物都合乎源自太阳及其他星体的运动的三维空间与一维时间的秩序。

至关重要的是,这些支撑着自然科学整个大厦的设定就它们的实际所是而言被认为是前科学的哲学信条。一旦意识到这一点,我们就易于发现,无论是自然科学还是任何其他科学都无法证明其所在领域的设定是有效的,甚至也不能证明它们(这些科学)自身是正确的。所有科学必须开始于一种信念,即将这些前科学前见作为真理。这当然是不够的。例如,自然科学可以在哪里为默会的假设找到科学证据,即实存与这个或那个事物之间的因果关联中没有不可解决的裂隙?自然科学将其观测和研究限制于那些完全由计算方法支配且绝无任何裂隙或矛盾之处的现象,因此自然科学至少并不取消不能被如此确定的其他实存的可能性。[1]

弗洛伊德将前面提及的前科学信条转化到他对人的研究中,转化到他的精神分析学的基本结构的图画中。

1. 所谓精神现象即是被称为"心理"的对象的产品。这一所谓心理是像显微镜、望远镜或者摄影机器那样被建构的。它能够在自身之内描绘外在于它的对象。它像一台反射(reflex)机器那样运作。[2]

2. 心理作为一种机器需要能量驱动它。弗洛伊德称这种假定的能量为"力比多"。力比多源自身体器官的激发(excitation);这些激发的最初心理显现总是拥有愿望的特征。弗洛伊德在《释梦》中说道:"只有一种愿望能够使[心理的]器官运动。"[3] 除了器官从自身之内接受的刺激之外,还有源自外在世界的对象的刺激。这些刺激通过感觉器官以能量的形式被传输给心理器官。这些心理过程的途

---

[1] 海森堡:《物理学与哲学》,法兰克福,1959年,第26页。
[2] 弗洛伊德:《释梦》,载《弗洛伊德全集》第5卷,第536—538页。(本文中《释梦》的译文均出自弗洛伊德:《释梦》,孙名之译,商务印书馆,1996年。——译注)
[3] 同上书,第598页。

径，一般是从感知的到器官的运动神经末端。[1]

3. 当外在的和内在的刺激为力比多所贯注，它们就会经历各种转变。借助于力比多的贯注，心灵产生对外在世界的感知，以及观念一般、物质存在的刺激、回忆痕迹、无意识、前意识和意识的欲求（strivings）。心灵在持续的完全因果关联的过程中产生感知和观念。

4. 所有在心灵之内发生的过程之唯一目的，就是运动神经把能量发射到外在世界，为了使那器官在缺乏激发的情况下尽可能地维持自身，因为"激发的累积被感觉为不快乐……激发的减少被感觉为快乐"[2]。

5. 存在两种思维。"正当的"或"正确的"思维，也即与外在的、客观的实在性相符的思维，被称为"次级—过程"的思维。它相对于"原初—过程"的思维而言，后者指的是无意识过程，它是"不正确的"和"非理性的"。此外，"正当的"思维被刻画为避免矛盾的理性，清楚明白地适合于被觉知的对象的逻辑、概念，以及对测量的历序时间和同质单元的充分考虑。[3]

显而易见，弗洛伊德将他的科学心理学建造其上的基础范畴在笛卡尔和康德哲学中有其根源。因此，并不令人意外的是，弗洛伊德引用了康德关于感知的主观条件的陈述，由此引入实在性的扭曲和被感知事物本身根本上的不可认知性。[4]弗洛伊德自己给出的证据是，所有科学都建基在预先决定的哲学基础上，正如我们前面所表述的那样。考察这些基础对于具体科学的目的之充足性绝不是一种过分的游戏，绝不配不上严肃的科学家，因为我们在弗洛伊德的研究中能够比在其他地方更好地发现，哲学预设（对于他如此自明，以至于他甚至不曾质疑过它们）如何从一开始就既决定了那些问题，也决定了他的理论对问题的回答。

首先，自然科学的这些哲学预设——被弗洛伊德非反思地应用于人的科

---

[1] 弗洛伊德：《释梦》，第537页。
[2] 同上书，第598、605页。
[3] 同上书，第596—597页。
[4] 弗洛伊德：《无意识》，载《弗洛伊德全集》第14卷，第171页。

学——从一开始就导致了精神分析处境的统一在弗洛伊德的所有理论思考中在精神上的破坏。在精神分析治疗的现实处境中，病人和治疗师一起关心那些按照其实存揭示自身的相同现象。然而，弗洛伊德的理论将这一联结划分为医疗的观察者与可观察的对象。而这一精细分析绝不停留在这第一步上。紧接着，第二步就是设定心身二元论。病人的"心理"被假定为居于被观察的人属客体之"内"的某个地方，因而一开始就被假定为无世界的。

通过这一思考方式，弗洛伊德已经将人的"在世存在"的统一分成三个原初分离的部分："心理"、人的身体和外在世界。一旦达到这一概念上的划分，从理论上由人的世界抽离出来的这三个部分就绝不能重又被联结到一起，除非通过设定神奇的转变和实体化。此外，这种理论上的设定为更深远地将人从理智上剖解为"诸种心理因素"，也为这些相关于从理智上剖解来的诸种产品之假设清理了道路。现在，有可能将这一假设的心理描画为各种本能的和局部本能的诸种力量的交互作用，描画为内在心理的"权威"（诸如"本我""超我"）与"局部自我装置"之间的交互作用。此外，"外在的世界"可以被还原为单纯的刺激。

现在，那些关注人的理解的研究者绝大多数不再如弗洛伊德时代的科学家那样极度沉迷于他们的自然科学教条。出于这一原因，我们很容易发现这里所发生的事情。弗洛伊德已经（即使他自身并未觉察）通过其精神分析学的发现和实践而获得了关于人的直接的、原初的理解。但是在他介绍其理论建构时，他以一种事实上灾难性的方式摧毁了这一原初理解。为了了解他破坏的程度和范围，我们只需要对比（他本人如此称谓的）精神分析学实践的两个支柱与他的理论中的对应者即可。一方面，移情（transference）和阻抗（resistance）证实了弗洛伊德对人的深层理解；另一方面，他的理论表达（例如不充分地感知"实在性"的感觉器官和充满诸种隔离的"一个诸意识行为的连环"）歪曲了这一理解——就这一理解被丢失了而言。毋庸置疑，移情与阻抗指涉人际间关系的真实的现象（虽然是以隐蔽的方式）。观察一再确证，弗洛伊德如何是正确的。他断言，如果分析师留给病人足够的时间，真正从兴趣上倾注于病人，并且行为得体，那么病人对分析师就会形成一种深层依附。[1] 弗洛伊德发现，在精神分析治疗中，所有病人都强烈阻抗对他们自身的全部认识。任何做精神分析的观察者都无法否认这一点。因此，每个有经验的分析师都会完全赞同弗洛伊德的观察，即"病理学因素并不是[病人的]无知本身，而是这种在病人的**内在阻抗**中的无知的根源；正是从这些阻抗中最初产生这种无知，而且一直保持至今"[2]。

相比于这些不可否认的、通过直接的观察发现的现象，能够相符于一种直接被给予的实在性的，既不是作为身体机体的孤立器官的"大脑"概念，也不是观念上人为的"意识行为"，即便它们处于我们关于人的知识和感知的开端（正如弗洛伊德一直认为的那样）。相反，二者都是抽象的，理性上可被还原为人的实存的具体特征和相关于物质的和精神的自然的诸客体的样式的具体特征。这就是为何不存在一条从这些观念通达对全部人类行为的一种充分理解的道路。

如果人及其世界实际上是由原本孤立的、生理心理的、类似望远镜的器官和外在世界的客体组成的（也即现存的、原本分离的客体的聚集状态），那么即便一个单一的"意识行为"也是不可能的。我们也不会感知（更不可能理解）如此单纯的作为客体的"对立面"的关系，或与他人相遇的可能性；更不可能领会任何人如何都可能发生一种对精神分析师的情感依附或强烈阻抗，以及他如何可能通过嬉戏于其与分析师的人际关系的共同"游戏场"上而被治疗和治愈。这是因为，没有人曾经看到一种器官可以感知某物，并将之理解为其所是的这个或那个东西，更何谈一种可以爱或恨的器官。幸好，弗洛伊德理论上的自残（self-mutilation）主要限于其著作。弗洛伊德在实践中一直允许他的患者完全体验他们作为人的存在。在实践中，他并不按照其关于人的理论所要求的那样，从未将患者看作望远镜或本能的集束。

当然，精神分析理论在半个世纪中经历了许多修正。而最重要的修正恰是由弗洛伊德自己引入的。那些正统精神分析学派内外的弗洛伊德追随者也做出了大

---

1 弗洛伊德：《治疗的开端》，载《弗洛伊德全集》第 2 卷，第 360 页。
2 弗洛伊德：《"未开化的"精神分析学》，载《弗洛伊德全集》第 11 卷，第 225 页。

量有价值的理论贡献。然而，在精神分析起初的实践基础上，关于人的理解仍未得到澄清而保持含糊状态，对此他们都仍未能充分澄清、充分描述。这是因为，他们都忽视了关键的问题：他们都丝毫未论及他们借由开始其思考的那些观念的根本条件。甚至直到我们认识到"完整的人格""人格性"和不同的"自我"的基本本性和实质，认识到诸种"社会关系"的"代理者"（agent）实际上是谁、是什么以及如何是，我们所有关于人的诸种理解仍然悬而未决。然而，关于所有这些精神分析的扩展，以及关于弗洛伊德的人论，对此在分析的主要质疑必须要指明它们所共同缺乏的一个基础，这个基础为的是真正理解人与外在世界的客体之间"像我一样的""人格的"关系的可能性，而这些关系是由他的"部分本能"决定的；或者是为了使人进入与其人类伙伴的"同情的"或"实践的"交互的社会关系之中；或者是为了使人有屈从他人的意见的习性，因而形成一种对自身的单纯反射性的评价（reflected appraisal）；或者是为了使人被卷入社会进程，并由此构成其存在。只要他还未理解人的根本本质乃是作为一种揭示意义、阐明特征的存在，我们就仍不能理解他如何将一个伙伴感知为一个伙伴，更谈不上理解他如何能进入所谓人际关系。

要摆脱我们当代的心理学一般尤其是精神分析学的混乱状况，除了在更为充分的对人的理解的基础上重估精神分析的基本概念，别无他途。我们已经注意到，弗洛伊德理论的两个主要支柱之一是"意识行为"概念。然而，我们必须将这个心理学概念看作理智的人工制品。因此，我们要——由于其被设定为最基本的"意识行为"——在"一个对象的精神再现"或"心理图像"的意义上思考"观念"概念。

一、"观念"概念

心理学的"观念"概念是当代的心理学一般尤其是精神分析学的出发点。例如，关于神经官能症的精神分析理论断言，在癔症中不可接受的"诸表象"是被压抑的，在妄想症中"观念"被假定为脱离了其所伴随着的情绪。此外，

［弗洛伊德主张］在精神分裂症中，力比多似乎欲求返回其对象，也即是返回其对象的精神观念，实际上成功地想象出关于欲求的某些东西，某些同时仅仅是依附于欲求的阴影——也即是言语图像、语词。[1]

显然，弗洛伊德似乎也理所当然地认为，我们在意识之内或无意识之内的某处拥有我们所感知的外在世界的所有客体的观念、精神图像或心理对象的表象。我们所有人差不多都会同意这些观念、精神图像或心理内部的对象表象是在我们自身之内发生的，无论是在头脑中、心理中还是在其他什么地方。甚至我们当中的许多人差不多都同意，这些在大脑中的精神图像的生理学上的等价物或基底（substrata）会构造它们最终的实在性。无论如何，每个人都能理解我，如果我声称我在自己内部已经形成一种观念或精神表象的，后者相关于我近来读过的一本书的内容，或者相关于我刚刚做过的一个化学实验、我今天下午刚看过的一场足球比赛，或者相关于我此刻看到的对面墙上的一幅画。

然而，在更进一步的考察中，我们关于所看、所听的"观念"或关于我们心灵中某处的精神图像的共同理解逐渐缩减为仅仅在同样的模糊性程度上的一致。事实上，我们的日常表达"我有个观念"其任何构成部分都绝未被澄清。当我们如此谈话时，我们事实上根本不知道我们所意谓的东西。我们并没有关于一个"我"的实际本质的"观念"，也没有任何一个在我们自身之内的精神图像或心理对象的表象之"实体"或"本质"的观念；我们甚至难以描绘一个"我"与如此一个关于某物的"观念"之间的所属关系。

哲学家数百年来一直追问，观念是否符合外在于心智或灵魂的实在性、可能由观念所表象的实在性。一些哲学家认可，另一些否定；还有些哲学家则主张不可定论。如果哲学家在这个问题上不能达成一致，那么最好克制哲学思辨，然后考察观念试图指明的直接可感知的现象本身。而如此处理是心理学的众多任务之一。但是，我们并不准备考虑心理学关于观念必须说明的东西——这并不是因为

---

[1] 弗洛伊德：《精神分析通论》，第368页。

我们低估心理学对于这个问题的贡献之重要，而是因为这些贡献是心理学上的，也即是科学上的。作为心理学的成就，它们一开始就预设了"心理"的实存。否则，它们就不会自称"心理学"上的贡献。然而，同所有科学一样，心理学必须要将自身的预设置于黑暗之中。因此，心理学作为科学不仅至今还不知道"拥有一个关于某物的观念"实际上意味什么，而且将来也不会去澄清心理学偏好将这些"观念"置于其上之物的本质。心理学所设定的这一切，诸如"心理""心理有机体""意识""灵魂""自我"连同其（现代自我心理学所愈发详细阐述的）所有功能可谓必然保持心理学上的黑箱。就这一根本方面而言，心理学科学中的一切都注定是成问题的、有疑问的。科学的此种状况也必然阻止所有心理学考察深入心理学所谓的"观念""精神的对象—表象"或"心理图像"的根本本质。

　　如果要更充分地理解人，那么我们别无他途，只有通过谈论拥有关于外在世界之物的观念或精神表象而一直指涉着的现象，尝试"非科学地"处理心理学。例如，让我们刚好伫立于一棵普通的树前——让树伫立于我们之前。树和我们在一种相互伫立于前的关系中。这种相互伫立于前，恰恰不是一种位于我的头脑某处的观念。我们要稍做停顿。我们刚才所说的东西意味着跳出诸科学熟悉的领域，甚至跳出哲学的领域。我们跳进的恰恰不过是我们生死于斯的地方，除非我们自欺。我们必须如此努力方能达至我伫立于前的地方，这看似令人奇怪难解。但如果我们是对的，那么这就是值得深思的。我们每一个人都曾经于某时某刻站在一棵树前，然而在科学上这是完全无关紧要的。再者，我们不要自欺。当我们处于树的呈现中，我们并不是以我们的头或意识来面对树；恰恰相反，树作为现实中有意义的事物向我们呈现自身。当然，我们也不否认在大脑中发生了大量的过程——当我们站在那棵树前，注视它，觉察花的绽放与芬芳时。我们知道，这些大脑过程甚至可以测量，并且通过将脑波记录在卷纸上的图表的方式使得其可见。我们不否认这样的知识是有用的，而且有助于一般治疗工作。但是如果我们假称这样的大脑过程（或者除了现象本身之外的其他东西）描述了我们正站在那棵树前时实际发生的，我们就必须要问：那树、绽放的花、花的芳香中发生了什么？当我们研究他的脑波时，那看树的人在哪里？那明天可能会死去的或继续活着的、当他看树时那曾活着的，不是他的大脑，而是他自身。在这样的处理中，当树将自身带给我们而我们面对它时，冲突在何处？

人们可能回应：为何如此发问？显而易见，任何人都会立即同意，某人站在那棵树前。不过，让我们不要过于草率地同意，因为我们很快就会赞同物理学、生理学和心理学（以及"科学的"哲学），它们（以一系列令人叹服的论证）声称我们觉察为一棵树的东西实际上是一个几乎空洞的电场，电荷偶发在其中奔突。科学家只是在不经意时才承认我们确实站在一棵树前，但是他们通常会立刻补充说明，这个陈述所表达的当然是一种素朴的、前科学的观念。如此说来，科学家做出了一个重要的承认，决定什么是基本的实在性的正是这些科学家。但是，科学就其本身而言并不知道哲学的起源，以及它是从何处获取授权来做出如此影响深远的决定。谁赋予科学家权利确定人在世界中的地位，规定人必须合乎的标准？然而，当他把我站在树前的陈述判断为素朴的、前科学的时，这就是科学家所为。[1]

令人难以置信的是，所有那些已反思过如此简单事件——即一棵树处于我们之前、被我们看见的事实——的人，一直未曾能够离开那处于我们面前的树。然而，此在分析恰恰能够令我们如此做。人被看作世界的开启性，在人的光照之下，所有具体存在者得以本真地显现。那棵树通过被称作"此在"的发光体的光照而成为具体的存在者。倘若心理治疗师能把握此在分析的这一原则及其所有衍生物，那么他就能够摒弃那通过假定居于主体中的心理产生观念的概念。接受这种此在分析的观点，就意味着克服心理学（关于"心理"的教条），有利于更充分地理解人本身。告别心理学是必要的，因为神经官能症的传统理论归根结底在于其对心理学的依赖，被束缚于诸如心理客体—表象意义上的"观念"这般不充分的概念。当代心理学的视野过于局限，而不能支持治疗科学。即使只是在心理学所引起的许多伪问题中，这些局限也都显而易见。而最重要的局限就是，分离的主体如何——本来是自在、自为地存在着的——能够获取、理解主体与外在世界

---

[1] 海德格尔：《何谓思》，图宾根，1954年，第16页及以下。

的诸客体之间的关系。从此在分析的角度看，这必然是个伪问题，因为这种关系甚至在它们成为问题之前就已存在，因为人与其世界的原初统一是照亮与那在其光照中闪耀的东西不可分割的统一。因其公然否定心理的关键处境的实在性，心理治疗永远不可能在一种科学道路上获得奠基。譬如，既然关于自我或主体的心理学概念、关于外在世界的本质、关于二者关系的任何理解的可能性仍不为我们所知，我们如何敢于谈论所谓精神病患者的幻觉的"非实在的"本质，而一再重复我们的第一个病人施予我们的严重指控。

弗洛伊德，作为一种在所有人类现象中彻底的意蕴性（meaningfulness）的新维度的杰出发现者，恰恰觉察到了这些心理学的僵局。然而，他（不同于此在分析）试图通过为传统心理学的预设和思考增添其他精神的设定来克服它们，后者首先就是"无意识"的假设。

二、"无意识"与"心理地形学"

弗洛伊德设定"无意识"的理由。 根据弗洛伊德自己反复陈述的证词，他的中心目标乃是说明所有精神现象的一种彻底的意蕴性。这一企图就他所处时代的医学与心理学都关切的东西而言，是一种全面的革新。确实，甚至在弗洛伊德之前，哲学家狄尔泰已经要求另一种方法，以补充自然科学"解释"，也即因果—发生关系的说明。狄尔泰称这种新方法为"理解"，并由此意味着对"精神领域之内有意义的联系之理解"[1]。然而，弗洛伊德是第一个大胆断言这一意蕴性无所不在的人。首先，他是唯一一个系统尝试证明他的大胆假设的人。

弗洛伊德把精神现象的"意义"理解成"其所服务的意图……它处于精神序列中的位置，它的倾向"[2]。他也把一种症候的意义定义为"何所来（whence）、何

---

1 狄尔泰：《理解与解释》，载《狄尔泰选集》第5卷，莱比锡和柏林，1924年，第139页及以下。
2 弗洛伊德：《精神分析通论》，第38页。

所去（whither）或为何"[1]。换言之，一种现象的"意蕴性"和"理解"意味着现象在人的生存的展开和成长过程中拥有确定的地位和价值。这根本上与"意义"（德语"Sinn"）的定义相同，即我们在法语中发现的"sens unique"和古德语词根"sinnan"。它们也指"去往某个方向"和"在去往某处的路上"。如果弗洛伊德以这些术语构想所有精神现象，他关于人的基本概念就必须总是"朝向一个目标"的存在；因而是在路上时，人实施其生活的可能性，或者用弗洛伊德偏爱的术语——他的"欲求"（striving）。根据弗洛伊德，人是在路上的，甚至——确实尤其——是当他的抑制力失灵，即在夜晚（在他的梦中）以及在他的病态症候中时也是如此。弗洛伊德把人所朝向的目标（相符于心理分析治疗的最高目标）刻画为成为正常与自由的——不仅在与医生的关系中，也在与同伴的关系中。[2]

在他试图"证明"所有心理现象中的彻底意蕴性时，弗洛伊德发现，他被迫要攻击其同时代的大多数哲学家不加质疑的教条，也即是，断言心智和意识是同一的。弗洛伊德也知道并说过，有一些哲学家甚至已经超前于他。例如，西奥多·利普斯（Theodore Lipps）就说过，"心理生活的普遍基础"是无意识；而杜普雷（du Prel）也说过，"心智"概念是比"意识"概念更宽泛的概念，如同天体的引力超出它的光照范围一样。[3] 迄今为止，弗洛伊德对全能的意识的罢黜，比其他哲学家更为深入细致。弗洛伊德一直致力于证明所有精神现象的彻底意蕴性，他获得的双重"无意识"概念，既是意识的参与者，但却又比意识更为有力。弗洛伊德的"无意识"概念很快就成为精神分析学文献中引入的所有概念中最基本的概念。他甚至称之为"真正的心理实在性"。[4] "有意识与否的特征"对于他总是保持为"穿透深度 心理学的模糊性的单 光线"。[5] 无意识成为精神分析学如此深刻的标记，以至于精神分析以及所有源自它的学说最终以"深度"心理学而闻

---

1 弗洛伊德：《精神分析通论》，第251页。
2 同上书，第386页。
3 转引自弗洛伊德：《释梦》，第612页。
4 同上书，第613页。
5 弗洛伊德：《自我与本我》，伦敦，1957年，第18页。

名。"深度"进入这一图景,乃是因为弗洛伊德进一步发展了费希纳(Fechner)的"心理位置"(psychic localities)[1]概念,同意精神现象采取"地形学"的方法,并把无意识看作处于意识"之下"的"心理位置""心理系统"。[2]

弗洛伊德完全知道,无意识的假定意味着超出直接可观察的现象。当他将心理位置观念指涉为"推测"[3]时,他强调的恰恰是这一觉察。因此,弗洛伊德并不将无意识学说视为心理学,而是将其看作心而上学(metapsychology)。不过,他超出可直接观察的现象的冒险行动的出发点是具体的观察。弗洛伊德在其中引用日常事件,"一个现在意识到的观念不再像一会之后意识到的那样……我们不知道在此期间那观念曾是什么。我们可以说,它是潜在的"[4]。弗洛伊德也记起了伯恩海姆(Bernheim)的实验,在实验中,主体于催眠期间被暗示在清醒后要去做某事,而无须知道暗示来自他们自身之外的某人。弗洛伊德在动作倒错、神经官能症症候和梦中发现了更多不可解释的现象的例子——他认为,除非假定无意识存在,否则无意识支持的所有欲求和愿望都不可解释。然而一旦他要求假定无意识存在,他就发现自己被迫在仅仅"潜在的"无意识(也即"前意识")与狭隘意义上的无意识(也即甚至达不到前意识的现象)之间进行复杂的区分。[5]在后来的心而上学阶段,他发现,在很大程度上甚至有必要用"自我""本我"和"超我"[6]概念取代"意识"与"无意识"概念。

这些区别在我们当前的讨论中绝不比"无意识"概念的另一种发展更重要。弗洛伊德一开始认为,"无意识看似……仅是一种确定精神行为的谜一般的特征"[7]。但是此后不久,"无意识"概念获得了更多含义:

---

[1] 弗洛伊德,《释梦》:第494—495页。
[2] 同上书,第536—537页。
[3] 同上。
[4] 弗洛伊德:《自我与本我》,第10页。
[5] 弗洛伊德:《释梦》,第603页。
[6] 弗洛伊德:《自我与本我》,第7—88页。
[7] 弗洛伊德:《关于精神分析中无意识的笔记》,载《弗洛伊德全集》第4卷,第29页。

无意识的索引-价值（index-value）已远远超出其作为性质的重要性。由符号所揭示的各个行为形成它的诸部分的系统是未被意识的，我们以"无意识"之名来描画它……这是……最有意义的意义，也就是在精神分析中获得"无意识"这个术语。[1]

换言之，那原本已经成为精神现象的特性之物突然意味着一种心理位置或心理系统。同样地，无意识呈现为一个独立的实体。

作为属于"无意识系统"的过程的特征，弗洛伊德提到了：联想联结的松解；集中整个思维序列的强度的单个理想化因素；可以转移这些强度的自由导致现象中的"替代"（displacement）；相互矛盾的思想并存的事实；重点在于使得集中的欲力能量流动、能够流出等。[2] 弗洛伊德为这种思想类型杜撰了一个术语"原初过程"——他将其看作在无意识的心理位置内发生的——以区别于醒觉的成年人思维的实在性定向的"次级过程"。在无意识之内的过程以一种由快乐与不快乐原则之间的作用规制的内在之物替代外在的实在性。

在意味深长地题为"无意识概念的证明"的一章中，弗洛伊德主张，对无意识的假设"既是必要的也是合法的"，而他已经不容置疑地证明了无意识的存在。[3]

弗洛伊德说，假设无意识是必要的，因为意识材料之中存在诸多巨大的裂隙。诸如联想的例子，我们不知其由何而来，而对于思维完成的产品，我们也不知谙其以何种方式实现。

一方面，所有这些意识行为保持为不连续、不可理解，如果我们坚持主张在我们中发生的任何精神行为必须也必然通过意识被我们体验的话；另一方面，它们落入一种可论证的联系，如果我们在它们之间插入我们已经推断

---

[1] 弗洛伊德：《关于精神分析中无意识的笔记》，第 29 页。
[2] 弗洛伊德：《释梦》，第 591 页及以下。
[3] 弗洛伊德：《无意识》，第 166—167 页。

出的无意识行为的话。在意义上的一个收获，是为超出直接经验的限制的一个完美可证成的基底。[1]

对无意识的假设成为合法的，因为"我们在设定无意识时丝毫未曾离开我们日常的、普遍接受的思维样式……其他人也拥有意识"毕竟也是一个类比的推论。[2] 最终，对于弗洛伊德而言，无意识存在的不容置疑的证据就在于，成功的实践操作可以建立于这一基础上。[3]

针对弗洛伊德关于无意识的证明产生了许多质疑。例如，从成功的操作来反证根本就不是证明，因为有许多从前提假设产生的成功技术的例子后来被证明是错误的。电动力学的发展充分证明了这样的谬见。就所谓死寂的自然（dead nature）而言，甚至精确的自然科学的巨大成功和发现也不能证明，这个死寂的自然的实在核心完全就是自然科学理论所阐释的那样。同样，任何试图通过"无意识"这个概念的有用性和实践效用证明无意识的实在性的做法都极不可靠。

我们承认，假设无意识的合法性如同假设意识的合法性一样。但是，因此也引发了——而这一合法性仅仅意味着充分性——关于假设意识的合法性问题。"意识"这个概念看似完全自明。然而还无人能够令人信服地表明，如果意识是原初内在主观之物，而且能够在自身之内接受外在的客体，能够注意到它们及其有意义的内容，那么什么是意识应当所是或者意识的本质必须所是。这些关于客体的意识会是关于自身的意识的不可避免的前提条件，因为后者仅仅在相对照于别的东西时才是可能的。正如断言意识的本质是不可能的，阐明那会"具有"和"带着"这种神秘意识的人的心理本质也是不可能的。[4]

弗洛伊德孜孜以求地不断澄清"意识"概念，因为他已完全觉察到这对于理

1　弗洛伊德:《无意识》，第 167 页。
2　同上书，第 169 页。
3　同上书，第 167 页。
4　胡塞尔:《逻辑研究》第 4 版，哈勒，1928 年。就考察与之相关的意识问题而言，胡塞尔可能是现代哲学中推进得最远的——然而是失败的。

解意识的对立面——"无意识"概念——具有至关紧要的重要性。然而，他所设想的却是"意识是精神器官的表面现象"[1]。它本身是自我的一部分，弗洛伊德依此将之定义为"精神过程的有条理的组织"[2]。意识的角色"仅仅是心理性质的感知的一个感觉器官……刺激材料从两个方向流入意识感觉器官：从感知系统（也就是从外部）……以及从意识器官内部"[3]。为了使意识的最重要内容——思维过程——可以被意识，必须满足一个特殊的前提条件。它们必须联结于符合于它们的言语图像。言语图像相应地必须被视为原初源于听觉感知的言语记忆的剩余。[4] 如果满足这些条件，那么由无意识引发的思维过程——其本身没有性质——就获得了性质，因此可以作为感知而被意识接受。[5]

当弗洛伊德达到这一点时，他发现其关于意识的观念并不能保持它们看似做出的承诺。例如，他承认在孩童那里，意识与无意识的区别"几乎完全将我们置于困境中……（他声称，在孩童那里）意识还未获得其所有特征；……意识还未充分拥有自身转化成言语图像的能力"[6]。由于有这些困难，弗洛伊德不得不令自己满足于已经承认的关于这个问题的模糊性。[7] 他很早以前就暗示性地承认，他实际上并不是非常确定人的意识真正是什么，而且他觉察到这个问题错综复杂。弗洛伊德在描述伯恩海姆的催眠实验时已经指出，催眠师能使他的主体记起催眠期间所发生的事。弗洛伊德认为，因为主体拥有所显露的知识（假如催眠师迫使他记起的话），因为他在此期间并未从任何其他方面学到任何东西，于是结论是，"这些记忆一开始就在他的心灵之内。而这些记忆对于他是全然不可通达的；他不知道他曾知道这些记忆，而是相信他不曾知道它们"[8]。

---

1 弗洛伊德：《自我与本我》，第19—20页。
2 同上书，第15页。
3 弗洛伊德：《释梦》，第615—616页。
4 弗洛伊德：《自我与本我》，第20页及以下。
5 弗洛伊德：《释梦》，第617页。
6 弗洛伊德：《从婴儿神经官能症的历史而来》，载《弗洛伊德全集》第17卷，第104—105页。
7 同上。
8 弗洛伊德：《精神分析通论》，第93页。

遮蔽意识问题的模糊性根本上源于这样的事实，即不可能将"意识"理解为产生于较少质性的刺激和某个器官的表面特性。几乎不值一提的是，同样不能以弗洛伊德的方式，将"意识"理解为与语言相关。人类的语言现象不能被还原为感觉刺激的剩余、记忆和听觉感觉；甚至鹦鹉的无意义学舌也不能以这种方式得到解释。意识如何能产生于"无意识思维过程"与相应的"听觉刺激"之间的谜一般的关联，这仍然不可理解。例如，当我们听到孩童的哭声或火车的鸣笛声时，我们不是简单真实地感知"听觉刺激"。当我们觉察到花园里一棵树立于那里时，我们也不是仅仅感知"视觉刺激"或"视觉感觉"。与之相反，我们原初地、直接地听到某人正哭泣或者某物正鸣笛；我们感知一棵树立于那里。

不幸的是，弗洛伊德关于意识的一连串思维的独特观念（借助于听觉言语记忆的能量贯注［energy cathexes］），在精神分析治疗中具有值得注意的、相当不利的影响。我们稍后会回到这个主题。

意识的模糊概念隐藏了这个现象，而不是阐明了这个现象。这一现象既不是一个本身无质性的能量心理过程的神秘属性，也不是在一个主体或器官之内的心理位置。这些观念使其永远不可能理解我意识到我自身，以及意识到桌子、房子、我周围的人——而且将它们意识为它们之实际所是，亦即将其意识为这张桌子、那座房子、那些人。这种意识某物的"能力"，至今仍被设想为被设定的、未澄清的意识的一种属性或行为，而这不过就是人的原初开启性和意识的素朴明见性，其相应地恰恰是他的存在的本质，而绝不是一个未知 X 的单纯属性。他人拥有同我一样理解某物——或意识某物——的能力，这个认识不基于推理或类比（正如按照弗洛伊德自己的观点，他的意识与无意识思想表明的）。这个认识毋宁是人的根本开启性的不可或缺的部分，这种开启性是为了对一个存在者本身进行直接理解和感知——例如，将作为一个存在者的人感知、理解为与进行感知的人以相同的方式实存着的。

弗洛伊德感觉到，科学的优势就在于，科学是超出直接经验的充足动机，这种优势通过假定在无意识精神领域之内的因果联系而获得。当他添加了假定的过程时，弗洛伊德实际上放弃了他的核心目标，违背了他以一种富有意蕴的历史视角洞察人的现象的伟大革新，因为这种操作意味着彻底退回到自然科学的方法，后者在理智上构建了一种因果关系。而对于意蕴性的理解却一无所获，事实上，意蕴性在这种方法中一开始就被隐藏起来。因此，渴求发现意蕴关联不可能是假定超出直接经验的无意识的一个有效动机。

只要人们把弗洛伊德的哲学前提接受为明显真实的，那么就必然假定无意识的存在。于是，心理容器、心理位置或心理系统的假设当然也不可避免。弗洛伊德假定，在直接被给予现象背后的所有多种多样的心理转变过程需要这样一个"黑箱"，因为它们不可否认地是不能被看见的。

然而，假定无意识的存在并不进一步真正理解行动着的人的可能性。毕竟，"无意识"概念只是"意识"概念的否定。难以设想，对一个自身尚未完全澄清的概念的单纯否定，如何有助于充分阐释人的基本本质。我们必须一再重复至今仍然保持神秘的核心问题：心理学的刺激和其他激发如何能产生关于它们自身的感知和思维（更别提如何创造整个世界了）？任何把人描画为物体（例如类似于照相机）的理论都不能解释人的感知、思维和行为，也不会有对与错之分。只需提及一点，即这样的理论忘记了没有任何照相机能将电影上的图画感知为某物的再造。因而即便我们保留弗洛伊德使用的类比，我们仍发现自己错失了最根本的部分：摄影者。即使人们辩称弗洛伊德暗示性地包括了摄影者，我们也仍然错失了根本点，无力澄清基本问题。真正的问题是，没有任何照相机可以与被摄影的客体面对面，除非一个摄影者（也即是一个人）已先将那个对象感知为一个他感兴趣的对象。由此可断定，对于可感知和理解的人的感知，照相机或类似照相机的"心灵"连同意识与无意识的透镜系统——是完全没有必要的。可以有助于阐明人的感知本身的，既不是心理机能（假定在这些系统内发生的），也不是眼睛和大脑里任何实际上可被证明的生理学过程。毋宁说，情况完全相反。只有充分理解后者，才会有助于探明其所谓潜在的根本过程的真正本质。

此在分析放弃无意识假定的理由。此在分析关于人的理解具有一个不可估量的优点，那就是使得无意识的假定变得毫无必要。此在分析令我们认识到，我们没有理由去推测那映照独立的、外在实在性的主观图像的存在，也没有根据去假定制造或多或少相符于外在实在性的（发生在一些心理内部位置上的）观念和思维的过程。相反，此在分析使得我们意识到，一个个体按照其生存的世界——开启遭遇到的诸事物和伙伴——在他的此在的开启意义的光线之内——直接（而不包括任何主观过程）作为它们本身之所是而向他显现，因为照亮、照明、开启和感知恰恰是此在的本质，我们总是发现此在，连同此在原初遭遇的东西，这类似于所谓物理光线。光线也总是"向那里"照射于在其光照领域内显现的事物上。以原初地与它们一道存在的方式，以令事物闪耀而显现的方式关联于它们，此在自身空间化而进入与其遭遇之物的关系中，按照其切近或疏远而关涉于在给定情形中的遭遇之物。因此，人存在，耗费他的时间，充实他的此在。人以这样的方式存在，即他依赖于他所遭遇之物，所遭遇之物也同样依赖于对其显现的人有所提示的本质。

　　由此看来，人们并不难理解，如果一个事物在"凝结"中显现，也即如果它有多重意义（这些意义可能相互矛盾），相比于它是单义的情形，它就更为充分、更具实在性地揭示自身。虽然事物能够以一种不可用概念清楚界定的方式显示自身，但是相比于概念界定方式仅仅揭示那些建基于事物的实用和可计算特征上的、以实证主义方式被强制成一种单义的定义的性质，这种方式可以让事物更多地揭示自身。我们也有充足的理由不把诸如"实在的""正确的"等修饰语局限于那些感知现象，即那些易于被安置进均质地延展的钟表时间和三维空间的参照系内的事物，因为我们已经看到二者都是"派生的"——就它们是原初时间性和空间性能在其中被概念化的特殊方式而言。总而言之，此在分析可以将一种直接的、自主的实在性赋予所有种类的现象；而在弗洛伊德看来，这些现象从一开始就应被降级为无意识的不真实的欺骗。此在分析之所以能做到这一点，是因为它还未按照关于世界和实在的自然的武断裁定预先判断大量现象。此在分析使得超越直接经验成为不必要的。单单在直接经验的基础上，就可以毫无困难地阐明所有心理现象，即那些迫使弗洛伊德引入无意识的心理现象。这是很容易证明的。

　　弗洛伊德想要知道，一个观念如何能在意识的一个瞬间在场，而在下一个瞬间消失。他似乎有充分的理由自问，在观念那里发生了什么，它又在哪里消失。

观念不可能已被毁灭；如果它已被毁灭，那么同一个观念就不可能在瞬间之后重现。这些问题看似无害且正确。然而，它们却是对事实的强暴。它们背离直接经验，必然会把我们引入死胡同。弗洛伊德寻求的是一种关于不存在之物的解释。意识中刚刚有一个观念，而片刻之后就不再有了，果真是如此吗？例如，如果我说"我想起巴黎圣母院"；与之相反，我身处苏黎世的家中。事实上，想起巴黎圣母院意味着，我仅仅在我的头脑或大脑、在我的"心灵"或"心理"的某处拥有关于这座哥特式教堂的一个"观念"或"图像"？为了抛弃这样的假定，抛弃这个在事实上无处可追溯的纯粹且无根据的抽象，我们还需记得我们先前关于"观念"的讨论。关于想起或回忆的直接经验，给予了完全不同的事态以明见性。在我想起巴黎圣母院的瞬间，我就与巴黎圣母院在一起，而且巴黎圣母院就与我在一起了——虽然只是在我想起它、回忆它的关系中。当然，想起或回忆巴黎圣母院，与我如愿地亲身站立于它面前、从视觉上感知它相比，是以不同的方式关联于这个对象的。尽管如此，我与我所想起的巴黎圣母院的关系，是我的世界一开启关系的诸可能性之一——在其光照下，教堂得以显现。

假设当我正想起巴黎圣母院时，一个主观主义的心理学家碰巧来拜访我。他可能强烈质疑我的观点。他可能辩称，虽然我确实可以想起巴黎圣母院，但是他仍然觉察到我正在我苏黎世的家中。这位心理学家会问，你如何能假装在巴黎圣母院？对这个质疑的最简单反驳是另一个问题。我会回应，你确定你看到的、正在你面前运动的身体，确实就是我自己会称之为真实而完整的、在此瞬间完全沉浸于我对巴黎圣母院的忆想之中的存在吗？你的观点难道不是通过将其逼入一种（被外在于我自身的某人所感知的）偏狭的观察而对我的整个存在的实在性施加的暴力？当我实际上完全沉浸在对巴黎圣母院的忆想中时，谁有权利将我的肉体等同于我的整个存在？同时，我的存在扩展、遍及我的世界的整个领域，正如根据所有我光照的关系所揭示的那样。它延伸到所有关系中，包括我的肉身在苏黎世，与此同时思想却在巴黎。此时此刻，它断然地朝向在思想中切近的巴黎圣母院。

一旦理解了人的存在本质之光照和原初绽出，就不再需要那旋转在大脑或心智中的不可证明的观念和图像。此外，如果我们的此在分析的描述是正确的，那么完全自然的是，我在这一个时刻以忆想方式开启巴黎圣母院的显现之后，在下一时刻结束这个感知，然后允许其他事物或伙伴进入世界的开启性之中，世界的开启性就是那阐明着、意义—揭示着的林中空地，即我本质上的存在。我们的例子表明，如果我们不脱离通常所谓某物的观念或心理表象的直接经验，那么就不需要建构一种内在心理位置意义上的无意识。我们要做的，就是谈论具体的、意义—揭示的对象关系，此在在某个给定的时刻生存于这一关系中，作为这一关系而生存。

伯恩海姆关于催眠后暗示的实验，被弗洛伊德援引为无意识存在的进一步的证据；而从此在分析上看，这个实验也显得不同。催眠状态揭示了，被催眠的人"沉沦"于催眠师。人能以这种特别的方式沉沦，是基于原初的共在，此乃此在的本质特征之一。被催眠者已经放弃自身到如此程度，以至于他仅仅通过贯注于催眠师而存在。当他在催眠状态下执行催眠师给出的命令时，假设他正自发行动，这表明他还未充分从催眠师那里抽身，他也未真正苏醒。职是之故，当被催眠的人说"我"时，这个"我"不加区分地指涉他的此在和催眠师的此在。所有那些沉沦于传统或匿名的"常人"的人，均呈现一种相关现象，这些人未觉察到他们的本真存在的可能性。他们在思维和行动中按照祖先的态度或者公认的观念做出反应。当要说出一个想法时，他们甚至说，"我赞同这个或赞同那个"，或者"我不赞同这个或不赞同那个"。

弗洛伊德进一步将他的无意识假定奠基于日常生活的行为倒错上，诸如一个开始开会的俱乐部经理宣布会议"结束"。[1] 弗洛伊德从这个口误推断出，这个人的无意识中隐藏着相反的倾向，后者克服了这个场合中的意识。他在意识中想要开始这个会议，正如他已向自己宣称的那样。

为理解这种口误的发生，并无必要将这个人描画为自主的倾向、动机和观念在其内部运行的装置。我们把这个人视为与其相关世界之所有过去、当下和未来的可能性。这使得我们能够发现，他对这个具体会议的排斥关系绝非埋藏在他内在的某些心理位置中。与之相反，他自己在很大程度上"在外边"，也即是，处

---

[1] 弗洛伊德：《精神分析通论》，第38页。

于他对那些出席会议者的排斥中。在行为倒错发生的瞬间，他并不反思他的抑制（containment），而是不加思考地以其口误的形式执行。他可能确实十分接近任何对于他与会议的否定性关系的承认。尽管如此，他也并未把一种脱离的趋向或观念抑制成一种前意识或无意识。正是在此时，一个个体为自己觉察到一种愈发被包含其中的确定的世界关系辩护，而且坚持他所为之辩护之物。弗洛伊德隐隐地知道这些情况。否则，他几乎不能表明我们能"从错误由之产生的精神状况，从我们关于那犯错的人的性格的知识"中得到诸提示，以理解行为倒错。[1]当然，一个人的精神状况和性格并不隐藏在某种心理位置或系统之内，而是在人朝向其世界的关系中显现自身。

弗洛伊德关于神经官能症的致病因素的思考再次利用了无意识，他假定被压抑的欲求和观念造成了症状。此在分析能够按照神经官能症病人被给予的世界关系来理解这些现象，通过追问他们所遭遇的世界关系如何进行来理解患者的症候——以一种开放、自由且独立的方式，或者以不允许防御的不自由的方式。我们将在关于不同的"防御机制"的讨论中详细处理这些问题，弗洛伊德主要出于症候的形成来考虑这种机制。这里只要重复就够了，当神经官能症症候显现，这些症候并非来自患者内在无意识的欲求和观念。假定一种无法证明的无意识和无意识中的欲求和观念，乃是源自心理学研究者要"解释"他们所观察到的东西的需要。如果我们拒绝自然科学的解释努力和答复企图，代之以我们的直接观察，精神官能症患者的情况与精神分析学所描画的道路相反。病人一开始就是"在外边"，也即是他一开始就存在于他的神经官能症行为朝向的他的世界之中（一种可能包括也可能不包括他的生存的身体领域的关系）。

那令弗洛伊德有必要假定无意识的最突出的现象就是梦。如果脱离梦的直接经验，而试图借助从不同题材的处理中发展出的抽象概念来解释梦，那么几乎不可避免达至这样的结果，即假定无意识存在。这就是弗洛伊德所经历的。他这样说道：

1　弗洛伊德：《精神分析通论》，第47页。

我们从癔症的理论中借来了以下论点：一个正常的思想系列只有在这种情况下，即只有当一个源于幼儿期并且处于压抑状态的潜意识欲望转移到这个思想系列之上时，它才接受异常的精神处理。根据这个论点，我们建立梦的理论乃是基于如下假设，即提供动机的梦的欲望总是来源于潜意识——这个我自己都准备承认的假设，虽然不能否定，也不能证明其普遍有效。[1]

梦的现象并不能使我们承认婴儿期的欲望是梦的起源，不是一种欲望转变成一个梦，预设的梦的运作也不能完成这种转变。因此也就并不奇怪，所有这些设定必须被置于心灵内部，也即是无意识的不可分辨的黑暗之中。

为了尽可能清晰地证明梦的理论，弗洛伊德在《释梦》的结尾用了下面的例子：

一个14岁的男孩因患抽搐、癔症性呕吐、头痛等症状，来我处请求精神分析治疗。我在开始治疗时告诉他，他如果闭上双眼，就会看见一些图像或产生一些观念，然后把这些东西告诉我。他回答看见一些图像。他在找我之前的最后印象在他的记忆中以视觉形象复现了出来。他那时正和他叔叔在玩跳棋，棋盘宛如摆在眼前。他想着几种不同的跳法，有利的和不利的，以及几种大胆的走法。然后他看见棋盘上放着一把匕首——本归他父亲所有但他想象它被放在棋盘上。然后棋盘上又出现了一把镰刀，然后又是一把长柄大镰刀。接着出现的图像是，一位老农夫在他家的远处用大镰刀刈割草地。几天以后，我发现这串图像的意义了。这男孩正为不幸的家庭处境所困扰。他父亲非常严厉，容易发脾气，他和男孩的母亲的婚姻并不幸福。他的教育方法以威胁为主。他父亲与他那温柔而钟情的母亲终于离婚了，又结了婚，一天带回了一个年轻的女人，她就是这男孩的后母。就在这事情的几天之后，这个14岁的男孩就发病了。他对他父亲的被压抑的愤恨，在他可理

---

[1] 弗洛伊德：《释梦》，第598页。

解的暗喻范围内构成了上述一连串图像。这些图像的材料来自对一个神话的回忆。镰刀是宙斯用以阉割他父亲的工具，大镰刀和老农夫的形象代表克罗诺斯，这个凶猛的老人吞食了他的孩子们，宙斯便对他施行了如此不孝的报复。他父亲的结婚给了他一个机会，去报复许久以前因为玩弄自己的生殖器而从父亲那里听到的谴责和威胁（参见玩跳棋、被禁止的走法；可用来杀人的匕首）。在这个例子中，长期被压抑的记忆及其一直被保存在潜意识中的衍生物，都以一种显然没有意义的图像，用一种迂回的道路悄悄地进入意识之中。[1]

这个案例中包含大量关于出自无意识的情感和本能的"衍生物"的解释性结论。撇开这些"图像"的本质仍未彻底澄清不论，根本就没有任何证据表明，弗洛伊德将理智的推论建基于梦的现象本身之上。这些推论并不是为了梦的现象而产生，而是为了梦出于无意识的欲望的理论而产生的。出于这一理由，关于这种梦的解释将绝不能自我辩护，以免于完全任意的指控。然而，如果不接受这些推论的基础（诚然仍未经证明），那么这个男孩感知的匕首和大镰刀就可以被理解为（无须假设意识或无意识）相符于他完全适应的程度的事物，而这想必就是焦虑的产物。处于焦虑情绪中的人们，基本上只开放给这样的感知，即对于他们是一种威胁的世界的那些特性的感知。在这里，这个男孩的情况也是如此。我们必须要知道更多关于男孩梦中的匕首和大镰刀的情况（不仅仅指涉神话，这是弗洛伊德的而不是男孩的想法），不甘于把弗洛伊德（那些源自无意识渴望和死亡意愿）的解释贴上解释者想象之物的标签。如果我们没有关于老农夫对男孩所具有的情绪和意涵的确切知识，那么就不可能说，这个老农夫是否也被病人的焦虑情绪所召唤；或者相反，他是否从男孩对一个家庭安全的自然焦虑中跳脱出来。有一件事情是确定的。为了理解《释梦》中的这个结论性的例子，我们可以摒弃这本书先前的大量内容，但是不可摒弃一开始的句子，一个开创了一个新时代的句子：

---

[1] 弗洛伊德:《释梦》，第618—619页。

"每一个梦都可显示一种具有意义的心理结构，且与清醒生活的精神活动中的某一点具有特殊联系。"[1]这句话生动地反映了一个刚刚觉察到新维度的人对（关于所有人的现象的彻底意蕴）新发现的喜悦冲动，他还未通过在理论上回退到自然科学的解释而将这个洞察置于黑暗之中。

对无意识假定的必要批评并不会使得我们无视，弗洛伊德对这个领域的把握对于理解人的此在分析也是极为重要的。在对无意识的不懈考察中，弗洛伊德处于通向被隐蔽之物与隐蔽本身的路上。如果没有隐蔽和黑暗，人就不会是世界—开启的存在。光明和黑暗、隐蔽和开启不可区分地共属一体；弗洛伊德一定感觉到了这一点。他也这样谈及无意识：它包含人的心智的"不可毁灭"的力量，它就是"真正的心理实在性"。[2]作为渴望力量的时代之子，他不能容忍作为一个秘密的隐蔽。他觉得有必要使主观主义和心理主义的对象摆脱隐蔽，以便能将之置入光明之中，并使之成为可利用的。正如这个秘密过去一直所承受，而且将来也会一直承受的那样，这个秘密承受如此典型的现代傲慢。

三、"心理动力学"

我们已经看到，弗洛伊德处理精神生活的地形学方法根据一种反射装置来描绘精神现象，心理系统在其中——相应地被称为无意识、前意识和意识——彼此相随地排列，类似于显微镜的透镜。弗洛伊德很快就认识到，地形学方法不能充分解释所有精神现象。一旦他开始思索意识的思维过程的起源，他就愈加敏锐地感到这一不充分。

［思维过程］再现精神能量的替代，其在机器内部某处被引发，作为这种

---

[1] 弗洛伊德：《释梦》，第1页。
[2] 同上书，第613—614页。

能量朝向行动的进程前行。它们推进到表层，然后允许意识的发展？或者意识向它们前进？……这两种可能性都是不可设想的。[1]

唯一能得出的结论就是，地形学方法是不够的。弗洛伊德设想，不要完全放弃地形学方法，而是要采取一种动态的、更接近现实状况的观点。通过他在伯恩海姆的催眠暗示和癔症实验中观察到的，弗洛伊德从"纯粹的描述转变为动态的观点"[2]。他如此来描述自己的观点转变：

> 无意识术语之前在纯粹描述的意义上被使用，现在成为蕴含更多的东西。它不仅意指潜在的观念一般，而且尤其指那些带有动态特征的观念，那些脱离了意识、不顾其强度和活力的观念。[3]

关于在弗洛伊德的思考中发生的变化的一个更为清晰的描述，包含在下面的段落中：

> 我们可以说，一个前意识思想受到压抑或被逐出，然后被潜意识所取代。这些图像由于来源于互相争夺地盘这一类观念，容易使我们设想某个位置的一个精神构成物真的被消灭了，而为另一个位置上的一个新的精神构成物所代替。现在，让我们用看来更为符合实际的情况来代替这种比喻。我们可以这么说，某个特殊的精神构成物有一种能量的贯注，时而增加，时而减少，以致所说的结构可以受一种特殊动因的控制，也可以不受它的支配。我们在此所做的，就是再一次用动力学的表达方式代替了地形学的表达方式。我们认为的灵活性，不是指精神结构本身，而是指它的神经分布。[4]

---

1 弗洛伊德：《自我与本我》，第 20 页。
2 弗洛伊德：《精神分析中的无意识笔记》，第 24 页。
3 同上书，第 25 页。
4 弗洛伊德：《释梦》，第 610—611 页。

当他提出"一种症状通过强抑一种情绪而引发"时,弗洛伊德在不同的语境中将"动态因素"引入了他处理癔症(以及梦)的方法。[1] 在第三步,也即最后一步,他为动态方法增加了一个"经济"因素,假设每个症状都是"许多能量转化的产品,否则这些能量会以其他方式被使用"[2]。

精神分析学的这种发展是不可避免的。我们只需再次回顾弗洛伊德关于他整个心理学的主要意图的基本陈述:

> 我们不只是设法描述和划分现象,而且也将之把握为心理力量作用的指示、在协调一致或相互对立之中指向目标倾向的表达。我们努力谋求心理现象的动态概念。被感觉的现象必须后退到被假定的、设定的倾向中。[3]

弗洛伊德称这些设定的、假定的"心理的力量"为驱力、本能或冲动。他为这些被假定的能量杜撰了一个术语——力比多。在这个基础上,他能够建立其复杂的"力比多理论"知识结构,以及所有极其复杂的驱力和部分驱力机制及其驱力混合物的物理—化学隐喻、驱力的分解、驱力的中立化、驱力的变形。[4] 通过这一理智的程序,弗洛伊德的目的不过就是效仿那些处理无生命的自然的科学——使得人的现象可量化、可计算、可预测、可制造(如果有需要的话),或者可纠正(如果将其看作病态的话)。在后一种情况下,弗洛伊德认为,去除某种失常仅仅需要取消那些被假定为它的第一因果力的东西。

我们发现,弗洛伊德的心理动力学和经济原则已经在当代心理学和心理病理学中被广泛接受,尤其是在美国。我们对此不必惊讶。今天,技术取向的对思维的解释——其很大程度上也已经征服了行为科学——根本上一筹莫展,除非在物

---

1 弗洛伊德:《自传研究》,载《弗洛伊德全集》第20卷,第22页。
2 同上。
3 弗洛伊德:《精神分析通论》,第60页。
4 参见桑多尔·费伦齐:《无兴趣的肯定问题(现实感的发展阶段)》,载《国际精神分析杂志》第12卷,1926年;海因兹·哈特曼:《升华理论笔记》,载露丝·艾思勒等编:《儿童精神分析研究》第10卷,纽约,1955年,第9—29页。

理主义和能量原理的基础上，正如我们在弗洛伊德理论中发现的那样。更加重要的是，自笛卡尔时代以来的自然科学家甚至已经教条地认定，只有那些能完全自身产出的才能被称为实在，并且其中带有一种精确数学的物理主义的解释和计算。在这种教条的魅惑下，心理学和精神病学为了被看作有关实在现象的科学，一直极为渴望相应地确定它们的对象。弗洛伊德的力比多理论似乎就最为致力于这个目的，如果完全不顾其纯粹思辨的、不可确定的特征的话。

许多精神分析学家的确早已抛弃了弗洛伊德的力比多理论。他们把弗洛伊德的许多心理机制和化学机制看作过时的思维方式。然而，如果这些精神分析学家被追问，他们自己用何种概念代替了弗洛伊德的"过时的"精神结构，他们通常无法提供精确的回答。或许他们仅仅是将弗洛伊德原来的"心理机制"术语替换为更时髦的表达——"心理动力学"。但是，他们的"心理动力学"实际上所意谓的，还根本不清楚。这个时髦的心理学流行词对于使用它的每个精神分析学家似乎有不同的意义。它最一般地被理解为对精神分析方法与纯粹静态的描述方法的区分，它关注心理现象的发生、发展和生成。然而，无论"心理动力学"这个术语的含义可能如何多样，但它的词根"dynamis"恰恰一直保持着。几百年以来，"dynamis"的意义总是被还原为力和能量的理念。因此，所有心理动力学理论根本上不可避免地被弗洛伊德的过时概念所支配。确实，即便一些现代持心理动力学主张的心理学家利用这个表达，寻求指明心理冲突的发展，或者相互冲突的动机引发（motivation）的发展，即便"心理动力学"是在这一意义上被理解的，也绝不能忘记，"motivation"这个词源自拉丁语"movere"［移动］。任何运动都需要两个要素：推动者（mover）和被推动的东西（moved）。然而，在人的动机引发领域，什么或谁被认定推动了谁或什么？在现代思想中，运动总是被设想为由某些力所引起的事件。因此，心理学也将人的动机引发的运动设想为由诸种力也就是由心理驱力所引发的。那么，心理之内的诸驱力会驱使自我朝向这样或那样的愿望、意志或行动；例如，饥饿本能驱使自我抓起一个苹果吃掉。自我是被驱动、被推动的；饥饿的驱力将自我置于运动中。因此，在运动原因的意义上，动机引发着自我吃掉苹果。

如果我看到一个衣衫褴褛的乞丐蹲在路边,他的形象在我的"自我—意识"中所释放出的对他的悲惨处境的想象,被假定是可能推动我施舍的动机。但是现在,情况反转过来。我的本我,在其意识中带有苦难的乞丐的表象,现在被假定是推动者;一个在这个本我之内的特定的想象成为动机,驱使我去获取一个外在目标——在这种情形下,就是纾解苦难。然而,人的动机引发,作为目的论概念,不会与其因果的方面相分离,因为在本我意识中,一个对象的表象可以动机引发一个人执行某种行为,只要这个表象能够唤醒他心理之内的本能和驱力,引导它们指向某个特殊的方向。审视事情的两种方式,即因果论的和目的论的,保持在同一个机械论的参照系内,推动力的理念盛行于其中。无论在何种情况下来想象诸驱力,其统御原则就是如在机器中的压力和推力。

此外,"心理动力论的"心理学家不应对这个事实视而不见,即驱力观念借自物理学家;与此同时,相应于物理学家的推力(vis a tergo),也就是从后面移动着、推动着某物的诸种力。然而,在心理学领域,我们的直接经验根本不显示任何这般从我们后面某处移动着或推动着的力。事实上,反之亦如此。那已按照人的存在而直接显示为自身所是的某些东西,可以变得对某人有吸引力。换句话说,它可以将人的整个存在吸引向它,让他以这种或那种方式照料它。

弗洛伊德自己并不总是确信心理驱力的实在性,尽管事实上他恰恰一直将它们作为其整个理论的基础。他甚至曾坦率地承认:"本能理论某种程度上可以说就是我们的神话。本能是虚构的存在,其卓越之处就在于它的不确定性。"[1]

"心理动力论的"心理学家相当粗疏地使用的物理隐喻,甚至与一些物理学家的思维相冲突。事实上,后者现在坦率地承认,动力的因果关联并不能解释一个事件从另一个事件中必然而合法则地发生,或者证明事物的实在性。与此相反,当代物理学家中的所谓新经验主义者将"因果性"概念的意义还原为"如果—那么,至今一直如此"的观念。他们不再(也不愿)断言,至今还不曾有一

---

[1] 弗洛伊德:《精神分析引论新编》,W. J. H. 斯普罗特译,纽约,1933 年,第 131 页。(译文参考弗洛伊德:《精神分析引论新编》,高觉敷译,商务印书馆,1987 年,第 74 页;略有改动。——译注)

个未被观察的事件与动力论（dynamisms）明显冲突。他们也不再断言自己知道任何可证明的理由，为何被观察到的事件将总是在未来毫无例外地重复"如果—那么，至今一直如此"。自然科学中的归纳逻辑依赖于如此稳定的重复，现代经验主义者将之当作一个大概率的单纯假设；而且它根本上缺乏力量，也就是说，缺乏理解这种稳定地被重复的系列事件的发生之间的内在关系的力量。[1]

当这个概念以心理动力学假设的形式应被用于人时，因果性问题就陷入了困境。无论"心理动力学"是在严格的弗洛伊德的意义上被使用，还是在当前不清晰的意义上被使用的，仍然不可理解的是，"驱力"、本能或部分本能如何能作为"原因"（cause）而引致一个可观察的人的现象，只要"原因"现在是在从亚里士多德的（原初的四种）原因被化约为一个意义即动力因（causa efficiens）的意义上被使用的。动力因根据定义被假定为能够从其他事物中产生某物，通过作用于它而使之变成一个不同的东西，一个新的产品或结果。然而，只有当我们在时间中认出那个指向，即在一个原因现实地转变成一个结果（在形式或实体上一个不同于原因的某物，一个并不是原因固有的某物）时，这个"原因"概念才会有意义。但是，心理现象到底如何可能"通过情感的抑制而产生"，通过一种假定的精神"结构"的"神经支配"而产生，或者是"一定量的能量转化的产品，否则可能会以其他方式被运用"？如果被经验的精神现象被假定为"就其自身是无质性的，而是从某些器官的刺激过程中得到那使得它们成为可经验的能量"[2]，这一切又是如何可能发生的？孤立的思想如何能拥有想要远离某物的特征？人的世界的最黯淡的角落也不可能是盲目的力量、驱力和冲动的效用和结果，因为如果没有对于在人的生存之光照中自身显现的关系之理解、意义之开启，无论如何也就没有人的世界。"心理动力学"概念并不能比在地形学术语中被设想的"心理反射装置"概念更好地解释这样一个世界的发生。

如果我们回想动力（dynamis）和原因（aitia，"病因学"的词根）的原本意义，

---

[1] 参见例如莱辛巴赫：《科学哲学的兴起》，伯克利，1951年，第10章。
[2] 弗洛伊德：《性学三论》，载《弗洛伊德全集》第7卷，第168页。

那么从心理动力学上理解神经官能症的病因学的那些现代讨论就显然具有抽象的特征，而且相对来说是无意义的。现在，"动力论"是指关于运动（motion）——即希腊语中的"kinesis"——的学说。现代思想中的任何运动都是力或动能（kinetic energies）的结果。然而，力和能量的根本本质仍然完全晦暗不明。"Kinesis"在古代希腊人那里意指"从某物到别的事物的内容和形式上的转变"。如果把一块木头打成一张桌子，亚里士多德就会说，这样的发生是一种运动（kinesis）。古代希腊人并不设定一种力来制造这张桌子。对于希腊人而言，木匠的技艺把一开始就已经存在于木头中的某种禀赋释放而使其趋于显现。动力（dynamis）在其原本意义上仅仅就是引起这样的运动的可能性。这一运动（或者变化）与现代的"能量"一词毫不相关。另外，"能量"这个概念现在也已完全脱离了其古希腊语的词根"ergon"［活动、劳作、产品］。"Ergon"原初意味着"一个在其最充分的丰富性和完善性中显现自身的活动"。如果"动力论"概念现在仅仅关涉力、力的替代或力的转化，且某物由此被说成以一种令人费解而神秘的方式产生别的事物，那么古代的"动力"概念就被严重误用了。

另一方面，"aitia"原本意指"为某物的发生提供机会"。换句话说，"aitia"指涉通过某物的单纯显现而引起其他事物的出现和形成。现在，通常将"病因学"的意义看作关涉一个事物或现象从另一个客体中因果地—发生地派生。这二者真是天壤之别。

现在，关于"心理动力学"的诸观念过于空洞抽象，以至于它不能增进任何关于人及其世界的真正理解。起码这些观念并不能证明，心理动力论思想家比那些满足于静态描述症候群的思想家更具优越性。此在分析完全克服了静态论—动态论的二元对立。此在分析回返到这些静态论与动态论的诸理智范畴"之前"的一个点。它"仅仅"关注那可被直接经验的东西，而且视所有现象具有同样一种真正的、本真的自然。然而，此在分析同时也充分觉察到了这样的事实，即所有人类现象正是在这一瞬间自身显现的，而这个瞬间根本上不可分离于它的整个过去和它的未来。换言之，绝无理由指责，此在分析忽视了病人的生活历史。非常清楚的是，人的过去及其未来在其直接显现的任何特定现象中继续进行着，规定着这个瞬间，因而过去和未来也在此瞬间"显现"，二者都以其自身特有的方式现前化。因此，我们可以将心理动力学作为冗余的负担抛到一边。这种类型的诸抽象都是不必要的。根据此在分析的洞察，人的实存原初地开启、阐明本质；按照人的实存，每个事物，包括所谓人本己的自我及其伙伴的自我的心理现象，毫无疑问都以同样本真的方式显现——因而可以成为存在，可以在生活历史的历程中展开自身。所有拟人化的（anthropomorphous）心理或主观的力和动力论都被归于显现着的现象的这种持续出现（这本身实际上是一个赘述），这全然是一种想象。

因此，对"心理动力学"概念的讨论——它典型地源出于自然科学思维——非常适于再度说明自然科学方法与此在分析之间在关于人的理解上的基本差异。"心理动力学"概念试图通过假定一种起因能量（causal energy）而使每个现象都源出于别的现象，借此能够将自身转化成一种显现着的事物。与此相反，此在分析严格地避免这样的假定。它力图紧跟那直接被经验的东西，也即是说，紧跟那些按照我们的此在而自身显示的现象，连同其所有的内在意义和指涉。

我们完全认识到，"心理动力学"的信徒轻蔑地处理此在分析的方法，称之为"素朴的"，因为其洞见听来如此简单。尽管这些信徒可能谨慎地将他们难以理解的复杂的理性建构物区别于更高层次的真理。如果此在分析者严格谨守被观察的现象的直接显现的意义，那么相比于传统主义的科学家（即其"精确性"仅仅依靠理性的演绎和还原），他可以更为充分、准确地理解人的根本本质。如果从"科学"这个词的拉丁词根"scire"［知道］和"facere"［制作］的纯粹字面意义来看待，那么可以表明，此在分析比"心理动力学"方法更为"科学"。

四、"情感"与"情绪"

人们认为，情感（affects）、情绪（emotions）、激情和感受构成了我们心理生活的非理性部分。在精神病学中，所有这些心理概念是在半个世纪前由布洛伊勒（Eugen Bleuler）归入"情感作用"（affectivity）的共同标题下的。自此之后，这个概念在心理学中、在精神分析学派内外的整个精神病治疗学中愈加重要。例如，弗洛伊德毫无顾忌地宣称，情感是"心理生活中唯一的有效因素"，所有心理驱力"只有通过它们所具有的激发情绪的能力才是有意义的"。[1]

然而，"情感作用"的日益重要性与心理学家与精神病学家所能详细谈论之物的不充分性和模糊性形成了鲜明对照。即便哲学上训练有素的精神病学家雅斯贝尔斯也不得不以下面的表述搪塞我们：

> 我们通常把这些心理的东西称为"情绪"，它们既不能清晰地被归于对象意识的现象，也不能被归于意志的驱动和行为。所有未发育完的、模糊的心理形成物，所有那些不能被把握的、逃避分析的，都被称为情绪；换言之，情绪是那些除此之外我们不知道称之为何物的东西。……仍然未知的是，一种情感因素是什么，有哪些情感因素，它们如何划分。[2]

当然，精神分析学的真正兴趣并不在于描述、理解情感现象本身。它以典型的科学方式直接探究情感一般的因果——发生的起源，探究一种情感在动态意义上是什么。[3] 对于第一个问题，弗洛伊德这样来回答：

> 情感状态已经作为原始创伤经验的沉淀融入心灵。然后，当一种相似的情境出现时，它们就像记忆符号一样被激活。我并不认为，我已经错误地将它们比喻为近来的、个体上后天的癔症发作，错误地将它们看作癔症的常态的原型。[4]

---

[1] 弗洛伊德：《詹森的〈格拉迪瓦〉中的妄想与梦》，载《弗洛伊德全集》第9卷，第49页。
[2] 雅斯贝尔斯：《普通精神病理学》，柏林，1923年，第77页。
[3] 弗洛伊德：《精神分析通论》，第343—344页。
[4] 弗洛伊德：《压抑、症候和焦虑》，载《弗洛伊德全集》第20卷，第93页。

关于第二个问题，弗洛伊德认为，他在先前的讨论中已将本能代表（instinctual representative）理解成

> 仅仅一个或一组观念，其欲力被集中于来自本能的心理能量（力比多或兴趣）的明确的定量。现在，临床观察迫使我们划分迄今被当作单一实体的东西；因为它表明，除了观念之外，另一个代表着本能的要素必须要被考虑进来……对于这种心理代表的另一要素，"情感定量"（quota of affect）这个术语已被普遍地采纳。它在被感觉为情感的过程中按照其量的比例而与本能一致——就后者已经脱离观念，而且找到了表达方式而言。[1]

然而，在这一方面，情感——例如，相比于雅斯贝尔斯的"模糊的"和"未发育完的、不可分析的心理形成物"——已经成为看似可理解的东西，甚至在量上也是可理解的，即"驱力转向的产品"。而且，弗洛伊德将这些情感本身刻画为"可置换的量"，可以专注于其他类型的驱力代表，也即是"诸观念"；情感可以"依附于"观念，但情感又一再脱离它们，撕裂、"脱位"和"调换"，在行为或言辞上"宣泄"或"发泄"。弗洛伊德的"情感"概念相当于假定了一种如此强烈的实在形态，以至于在他的理论中，情感甚至"被窒息"（strangulated）。最终，弗洛伊德也强调，身体显著参与到了所有情感之中。这一点在许多心理学家看来是如此"明显而强烈"，以至于他们相信："情感的实在性仅仅在于它们在身体上的表达。"无论如何，弗洛伊德把如此决定性的重要性赋予情感的"可置换的量"，以至于他"认为诸情感对于疾病的发作和康复注定都是极其关键的"。[2]

尽管存在这些关于情感的非常精细的甚至在生理化学上精确的特征，弗洛伊德在别处却接着令人惊讶地承认："然而，我们并不将我们关于情感所知的东

---

[1] 弗洛伊德：《论压抑》，载《弗洛伊德全集》第9卷，第152页。
[2] 弗洛伊德：《弗洛伊德全集》第14卷，第152—153页；《精神分析纲要》，J. S. 泰斯拉编，H. W. 切斯译，纽约，1924年，第30页；《弗洛伊德全集》第9卷，第49页；《弗洛伊德全集》第2卷，第17页；《弗洛伊德全集》第7卷，第287页；《弗洛伊德全集》第2卷，第280页；《论文集》第1卷，第67—68页。

西当作最终的东西;而这恰恰是在这个模糊领域中弄清我们所处形势的初步尝试……"[1]

弗洛伊德有时甚至会进行深刻的自我批评,表达对其一般情感概念的实在性的严重怀疑。然后,他称这些批评仅仅是一种"说法"。"观念"从其"情感"中的分离,以及"情感"与另一个"观念"的联结被说成

> 发生在意识之外的过程——它们可以由任何治疗的—心理学的分析所假设,但却不能被证明。或许,更准确的说法是:这些过程根本就不是关于心理本质的过程,而是生理过程,这些过程的心理结果被如此表象,仿佛由"观念脱离它的情感,然后又与情感错误地联结"这样的话所表达的东西真的发生过。[2]

显而易见,"情感"概念的情形类似于"驱力代表的另一个要素",即已经讨论过的"观念""精神图像"或"在一个人的意识或无意识之内的内在—心理的对象—表象"。"拥有情感"这个说法看上去是模糊的,如同断言我们拥有外在世界的对象在我们内在中的表象一样模糊不清。鉴于非-分析的心理学和精神病学中的这种混乱,面对弗洛伊德对他自己关于情感的思辨抱有的深度怀疑,我们拥有借助于对人的理解的此在分析而赢获的一切。诚然,我们决定走出这一步时,同样也伴随着最严重的后果:我们将不得不从一开始就抛弃以前的心理学关于情感、情绪、激情和感受的解释的任何单纯的修正;因为如果我们细想作为直接自身揭示着的人的存在的实在性,那么我们首先就不得不发现,当面对那些通常所谓的情感和情绪时,我们在此根本不考虑心理学问题,甚至也不考虑由生理学和生物学支撑的心理学问题。诚然,情感、激情和情绪中也包含那些人们已经声称属于生理学范围的东西,如特定的身体状态、内心的秘密、肌肉的紧张、神经的

---

[1] 弗洛伊德:《精神分析通论》,第 344 页。
[2] 弗洛伊德:《神经-精神病的辩护》,载《论文集》第 1 卷,第 67 页。

过程——这一事实并未被否认，也绝不应被否认。然而，问题必须被提出：所有这种躯体性以及在其自身的活力和人性中的身体是否都被生理学和生物学充分、彻底地理解了？人的科学是否可以直截了当地利用这些科学？回答只可能是否定的。

如果我们在对人的理解的此在分析基础上，寻求达到所谓非理性的一面，我们首先需要一种更细致的区分。例如，一方面，愤怒是一种情感。而另一方面，当我们谈论"憎恨"时，我们并不意指某种仅仅在程度上不同于"愤怒"的东西。憎恨不仅仅是另一种情感，严格地说，憎恨根本就不是一种情感，而是一种激情。然而，我们把二者都称为"情绪"。我们不可能选择和采取一阵愤怒。它直袭我们，出其不意地降临于我们，突然猛烈地触发我们。愤怒唤起我们，使得我们超出自身，以我们不再掌控自身这样一种方式。这就是说，"他在一阵情绪的发泄中行动"。更为准确而通俗地说，当一个人在兴奋状态中行动时，我们说"他不是真正的自己"。在一阵兴奋中，被聚合的状态消失了。我们也说，一个人因喜悦或沉迷而"处于自身之外"。

憎恨或爱慕的巨大激情也不能由一种选择来产生。同各种情感一样，它们似乎也是突然降临于我们。然而，激情的直袭在本质上不同于一阵愤怒或者别的情绪。憎恨可以在一个行为中或者一次言语中突然爆发，但这只是因为它很久以来一直在我们之内增长——正如我们所说，一直在我们之内被滋养。另外，我们不会说也不相信，例如愤怒正被滋养。当激情诸如憎恨使我们的存在达至一种原初的紧致性（compactness），把我们的整个存在结合在一起，而且持续存在于我们的生存状态中时，一阵愤怒正如其突然袭来那样又迅即消退。如我们所言，它"消散了"。仇恨爆发之后并未消散，而是生长、硬化，啃噬和吞没我们的整个存在。我们的存在由憎恨和爱慕的激情所引发的聚合性并不隔绝我们，也不蒙蔽我们，而是使得我们看得更清，令我们深思。愤怒的人失去了他的感觉。憎恨的人的感觉却被增强了。例如，一个偏执狂患者的巨大仇恨令他觉察到了同伴中最细微的敌意。他们的挚爱使得敏感的爱人能在视觉和听觉上从伴侣那里觉察到甚至是美和善的最微弱、最杳远的可能迹象。只有愤怒和沉迷是盲目的。它们是情感而非激情，后者包含那些范围广阔的东西、那些敞开自身的东西。

有时，情感和激情被称为"情绪"，即使不是事实上的"感受"。但是当我们将"情绪"这个词联系于一种激情时，这总会让我们有观念上倒退的印象。我们认为，激情要比情绪"多出许多"。然而，如果我们避免称激情为情绪，这并不意味着我们拥有关于激情的本质的更高概念；它也可能是一个我们不恰当地用来表达情绪本质概念的符号。实际情况就是如此，当一般的心理科学断言心理具备"拥有"情绪的能力或者情绪被看作我们心理的功能，尤其当精神分析学特别地补充说这些情绪是在我们之内的驱力表象或者转化了的本能时，心理学恰恰从一开始就错失了任何能达到这种洞察的可能性，即洞察到所谓情绪之真正所是。

这是事实，即这门科学生造的术语将情绪当作一种心理的、主体的特性，当作主体可以拥有的东西。由于还不清楚这样的"心理"或这样的"主体"的本质究竟是什么，因此不可能指明拥有情绪这种能力是如何可能的。另外，我们的自然语言总是说，某人仅仅由于愤怒、喜悦或沉迷，而"处于自身之外"或"不再是真正的自己"。我们通常也说，作为以激情爱着或恨着的人，我们连同我们的整个存在只为那被爱或被恨的人而活，整个地全神贯注于他，完全聚焦于他。因此，我们拥有的情感、激情或情绪，既不在我们之内的伴随着我们的某处，也不在我们之外的我们周围的某处。换言之，我们一直是我们所谓的情绪状态本身。这些情绪状态就是存在的不同情调（melodies）、不同方式，即在我们与所遭遇的东西的相互关系中，直接发现我们自身在任何时候都与我们的整个存在调谐一致，无论我们遭遇的东西是我们自身所是的，还是不是我们自身所是的。作为调谐的存在状态，作为我们的整体存在的协调的或共鸣的状态，情感、激情、情绪同时是在特定时刻根本存在着的我们的世界—开启的具体方式。然而，任何开启只有从封闭出离方才可能；反之亦然，没有原初的开启也就不可能有封闭。开启和封闭必然总是共属的。正是出于这一原因，我们在情绪的契合中可能是盲目的，当我们变得盲目时，我们"在我们自身之外"，也就是说，我们此时迷失于自身的存在，连同其照亮我们的情感对象的特征。然而，仅仅因为我们的情绪状态是我们存在的调谐的根本方式（严格来说，世界—开启的可能方式），我们也就能在激情之内清晰地看、敏锐地听。憎恨与爱慕在同样一种强烈的程度上将我们聚合而集中在我们的存在之内,也即是在照亮和世界—开启的本质的存在之内。毋庸置疑,这种聚合活动朝引发它的激情所依赖的方向运动。[1]

然而,如果我们认真对待这些关于所谓情感作用的存在的新洞见,它们就不能不深远地影响心理学、精神病理学和精神治疗学,正如我们已经看到的那样。譬如,新理解立即使我们不再有必要按照精神分析学家的隐喻——诸如"情感的辐射"——来谈论我们的情感。比如,如果一封诽谤、侮辱信件的收信人出于他对信件内容的愤怒殴打了无辜的邮差,那么情感绝不是从写信人辐射到送信人。毕竟,没有人能够真正地回答,如此这般被设定的事情是如何发生的。事实上,暴怒者把殴打者的生存封闭、模糊成了盲目的,褫夺了他必要的辨别力,即足以区别写信人与送信人的能力。

但是我们一旦发现,诸如情感和情绪之类的东西,作为可抑制的、可转化的以及可投射的心理形成物,事实上与"观念""精神图像"或"内在—心理客体的表象"一样并非实存,那么对于"情感压抑"、情感的"转化"、情感心理的"投射和内射"这些更加重要的心理学概念,最终必然会发生什么?

五、"压抑"和"阻抗"

弗洛伊德有理由自豪地指出,"压抑"概念——现在成了我们日常语言的一部分——"在精神分析研究之前的时代是不可能被构想出来的"[2]。压抑很快就在弗洛伊德的本能理论中取得了重要地位,几乎等同于某物"被抑制"成无意识的东西。压抑的条件是"意识与无意识的精神活动之间的明确分裂";它的本质就在于"拒绝某物……而且[出于防御的目的]使之与意识保持距离"[3]。自我是造成这种关

---

1 海德格尔:《尼采》第1卷,普夫林格,1961年,第55页及以下。
2 弗洛伊德:《论压抑》,第146页。
3 同上书,第147页。

系分裂的肇事者。"自我从本能代表撤回其（前意识的）贯注，这个本能代表需要被压抑，而为了释放不快乐（焦虑）的目的，运用那种贯注。"[1]这种能量贯注的撤回对所有压抑机制是共同的。[2]当一种本能代表（例如，一种观念、精神图像或内在心理的对象—表象，或者一种情感或情绪）并不是自我-和谐的时，压抑就出现了。那么，自我-不和谐的观念或情感就是与自我的完善或者伦理标准不相容的。弗洛伊德这样来总结压抑的过程：

> 每个单独的［精神］过程首先属于无意识的心理系统；从这个系统出发，它在特定条件下能够进一步进入意识的系统……
>
> 可将无意识系统……比喻为一间大前厅接待室，各种精神刺激像个体存在那样相互拥挤于其中。毗邻这个接待室的是一间次级的、小些的房间，一种客厅，意识就居于其中。但是在二者之间的通道上站着一个负责守门的人，他检查各种精神兴奋，审查它们，然后拒绝允许它们进入客厅，如果他不赞成它们的话……守门人是在通道迫使一种冲动退回，还是将已进入客厅的冲动重又驱逐出去，这并没有什么区别。
>
> 在无意识中、在前厅中的那些兴奋对于意识是不可见的，意识当然在另一间房间，因此它们起初归于无意识。当它们推拥到通道，然后被守门人退回，它们就"不可能成为意识"；我们称这些为被压抑的。……当被应用于任何单个冲动，被压抑意味着不能脱离开无意识系统，因为守门人拒绝允许它们被纳入前意识……我想让你确信这些粗糙的假设，两个客室、两个客室之间通道的守门人、意识作为在第二个房间尽头的检查者，必须表明与现实的实在性的一种广泛的近似。[3]

弗洛伊德接着声称，他已描绘的意识与无意识的位置以及二者之间的守门人

---

[1] 弗洛伊德：《压抑、症候和焦虑》，第92—93页。
[2] 弗洛伊德：《论压抑》，第154—155页。
[3] 弗洛伊德：《精神分析通论》，第260页。

的状况，也有助于我们理解在精神分析治疗中遇到的其他重要现象。"守门人就是我们已学会去认识的东西，在我们的意图中作为阻抗的就是我们在精神分析治疗中试图纾解的压抑。"[1] 神经官能症的症状就是"被压抑之物的回返的指征"[2]。每当精神分析的治疗试图取消症状中起作用的压抑，然后使被压抑的欲求成为意识时，守门人就给予被压抑的回返以明确的阻抗。产生这种阻抗的诸力"可辨识地或潜隐地来自自我、性格特征"[3]。

弗洛伊德坦率地承认，似乎不太可能去建议，那在精神分析中寻求摆脱其痛苦的患者会提供"遍及整个治疗过程的有力而持久的阻抗"[4]。然而，他坚持认为，情况就是如此。这样的阻抗也类似。也可以与这样的行为比较，即"一个牙疼得厉害而冲向一个牙医的人，[但是]当医生用镊子夹着他那颗蛀蚀的牙时，他可能极力地挡开医生"[5]。这种阻抗也不必被严厉地谴责。它们能够"成为精神分析最重要的辅助，如果一种熟练的技术被正确地用于发挥它们的最佳用途的话"[6]。确实，有人会诚实地说："克服这些阻抗是精神分析的基本工作，是令我们确信我们已为患者取得成效的那部分工作。"[7]

防御、禁止以及在心理治疗中居于核心地位的阻抗是这样一些现象，它们可以轻易地被承认，而无须同时接受弗洛伊德关于它们的假定。我们不需要相信居于意识中的"本能代表"，它被刻画为接待室，但仍能看得见。我们也不必去假定一个心理的"守门人"（被人格化的自我），他将不受欢迎的观念禁闭在无意识的前厅，也不接受那些思辨，即关于不可证实的"本能代表"的"状态的变化"和"贯注的变更"的思辨。[8] 如果我们不带偏见地看待防御与其所防御的东西，看

---

1 弗洛伊德：《精神分析通论》，第260页。
2 弗洛伊德：《论压抑》，第154页。
3 弗洛伊德：《精神分析通论》，第262页。
4 同上书，第253页。
5 同上。
6 同上书，第256页。
7 同上书，第257页。
8 弗洛伊德：《无意识》，第180页。

待阻抗和被阻抗的东西，那么我们就开始明白它们根本无关于弗洛伊德关于心理内在结构的假定，或者无关于他的抽象思辨的任何其他部分，甚至最简单的有关"压抑"的例子也会表明这一点。

一个有关所谓压抑的例子。一个19岁的姑娘，每天上班路上都经过一个花圃。在花圃工作的年轻英俊的花匠看来显然对她有兴趣；每次她经过，他都会看她很长时间。只要她接近他，那女孩就变得兴奋，然后会感到自己尤其被他吸引。这种吸引令她眩晕迷乱。有一天，她跌跌撞撞，正好摔倒在花圃入口前方的街上。自此以后，她的两条腿就麻痹了。

医生将其诊断为典型的癔病麻痹。经过12周的精神分析治疗，病人重又能够行走了。女孩的父母甚至对最微弱的肉欲迹象也充满敌意，一直以一种极端保守的方式教育他们的孩子。尽管如此，当病人的癔症发作出现在花匠面前时，没有任何"肉欲"的欲求从"无意识"返回，也不会在双腿麻痹的幌子下存在任何先前"被压抑的"心理代表或本能代表或从"无意识"返回的思想的问题。首先，根据那个女孩的实存，正是花匠自身在他的花圃外面直接将自身揭示为一个富有魅力的男人。在其自身的实在性的直接性中，他已经直接将自身显现在被阐明的她的此在的"那里"；甚至无人能真正地查明在她的心灵或大脑中居间地作为媒介的"意识"或"无意识"的"心理代表"或"心理图像"。其次，三年仔细的精神分析并未提供任何本能所欲求或所思想的东西的实存证明，即女孩第一次觉察到，然后拒绝、压抑或遗忘的那个花匠。甚至在女孩的腿发生麻痹之后，她感到自己恰恰依旧以同样的方式被这个男子吸引。然而，这些概念怪物的精神建构物，诸如"无意识欲求""无意识情绪""无意识思想"，无法被证明。

与借助不可证明的假定来试图"解释"女孩出现的麻痹相反，最好让可观察的现象自身告诉我们其真实的意义和内容。

首先，无可置疑的是，一种麻痹只能发生在一个本质上能够行走且去向某处的存在之中。例如，不能说一把椅子麻痹了。麻痹意味着，这个被吸引的存在的运动的充实已停止，一些妨碍导致运动的充实变得不可能。

我们的女孩曾连同她的整个存在一直向花匠运动。她曾坦白，她感受到她以一种自己从未体验过的特别方式被他吸引。甚至在她麻痹之后，她仍然持续感受到这种吸引方式。她的整个存在已经被包含在这种情绪上被花匠吸引的关系中。实际上，这个女孩的全部存在在那个时刻不过就是这个正被吸引向那个花匠的存在。但是，也有女孩的父母对所有肉欲的严格禁止态度。女孩的腿部麻痹表明，她已向父母的态度投降，表明她仍完全生存于这种禁止态度的魔咒之下。结果，她只能够如此来自己处理与花匠的恋爱关系，即以躲避向他接近的方式来停止和阻碍她的这一运动的方式。而且，甚至她与他的被阻碍的关系持续作为一般的人的关系。既不是这个花匠，也不是他的"图像"一直被压抑（repressed）成一种"无意识"。与之相反，这个男子曾是并一直保持着最为压抑地（oppressively）显现给她。没有他的压抑着的显现，那朝向他的被阻碍的关系就不会对她的实存获取如此完全的拥有，正如她的局部麻痹过去所表明的那样。

然而，由这个关系所主宰的存在并不意味着，那个女孩曾经在理性地反思它的意义上完全觉察到了这个事实。被主宰的存在使得独立思考普遍成为不可能。实际上，女孩已经如此受她的父母对任何肉欲的恋爱关系的反对态度的控制，以至于她甚至不可能觉察到花匠的反压着的在场，作为以一种理性上被反思和被表达的压抑物。这样一种对待花匠的反思方式将会预设一种很高程度的自由，即朝向她的肉欲关系的本己可能性的自由，这是病人远远不能达到的可能性的自由。女孩甚至可能会想，"在肉欲上喜欢那个男人是不被允许的"，因为甚至一种禁止也指明那是不被允许去做的。

因而这个女孩腿部的局部麻痹表明，她是如此缺乏她的本己和独立的自身，正如她甚至不能反思地考虑花匠，以至于她的生存如此彻底地被吸引于其中的被阻碍的关系，只可能在她生存的身体领域中出现——以她的腿部麻痹的形式。换言之，这种局部麻痹本身就是她朝向花匠的被阻碍关系的直接显现。再者，没有任何性的驱力一开始就已经被禁闭于病人的心理之内无意识的地方，然后被外在化，而且以一种癔症症状的形式"表达"自身。假定这样的癔症发作仅仅是其他事情的一种"表达"（例如被假定的"无意识思想"的表达），那么这种假定就等同于麻痹现象本身不必要的退化。相反，这个病人一开始就非本真地生存于"外部"，也即处于这种朝向花匠的特殊关系之内，而且被掩饰为这种关系——当这种关系显示为她的腿部麻痹的时候。如果她的存在一直未系牢在他的世界中的外面，她还如何能被花匠吸引？直到很久以后，在精神分析过程中，这个女孩成长为自由的人，即在她的生活中第一次将她的生存对一个男人的爱慕的吸引的考虑和感受的可能性敞开。这也使得她能够反思、独立地仔细思考她父母的禁止态度——直到那时，她还一直非反思地陷入其中。

一旦这个女孩能够处理她朝向花匠的关系，以开放、自由的方式独立、反思、可辨明地思考他，对他产生肉欲上的感情，她就不再需要这种关系作为癔症的身体症状而出现。

然而，这个女孩教导我们，所谓压抑，即所谓把思想和情绪"压抑"成一种"无意识"，可以更适当地被理解为一种生存的无能，即不能以一种开放、自由、本真而可辨明的关系来处理在这一关系中显露的东西。建立一种与在其他事物之中的某物和某人的开放、独立和自由的关系，总是也包括充分觉察到自己所遭遇的，思考它，反思它，感受其本己自身性的所有丰富性，而且包括采取相应的行动。

所谓自我是阻抗着的代理者。既然如此，我们就不再把那进行压抑的代理者称作自我或内在心理的守门人。恰恰是这样的"自我"概念中暗含着对人的"主体"概念的否定。自我被设想成一种对立于客体领域的心理实体。当人们以一种自然的方式交谈，而未将自身理论化时，他们不是突然想到要去说，在他们之中的自我觉察到这个或那个，做这个或那个。与之相反，他们实际上直接所经验的仅仅是：我做某事，或者我意识到某事或某人。因此，每当我们说"我"时，我们绝不指涉一种心理的实体、一种在人体结构的原初实在性之内的主宰，而总是指涉一种现在的、过去的和未来的方式，关于人对其遭遇的觉察和处置的方式。要正确理解的话，小词"我"总是指一个人的存在关涉于其与世界的特定关系，关涉于他居于世界之中的方式，关涉于他归属世界的方式，关涉于在任何确定时刻，他在这个自身所属的世界中发现自身、已经发现自身或者将会发现自身的方式。

然而，仅当我明确地反思世界—关系（作为我的生存在特定瞬间所显现的），我才借助于说"我"来指涉自身。根据此在分析的洞察，精神分析的"自我"概念——以及与之类似的所有其他精神分析的内在心理"诸主宰"，诸如"本我"或"超我"——将自身揭示为仅仅这样或那样的世界—关系的人为的、理性的物化和实体化，这些世界关系总是由整体的、不可分的人的生存所建立的。心理学将各种"功能"归于自我的这一精神结构，丝毫不能推进我们关于人的理解。功能（源自拉丁语"function"）就是由某人或某些机器所执行的操作。就一个自我的操作本身而言，自我—功能并不必然等同于自我本身。然而，后者作为操作者仍然是一个未知的 X。只要是在这种状况下，如此一个未知的 X 的操作或功能实际上就必须仍然如同操作者自身那样是未知之谜。

再者，人们能够说，"我做这个或那个，或者我觉察这个或那个"也揭露了这样的事实，即每个此在都能够将其世界—开启的关系据为己有，能够占用它们，将它们聚合为一个本真的自身。当然，此在也可以拒绝接受和占用其特定的生活的可能性；它不必响应此在之光照入实在领域的吁求。此在决定顺从它遭遇的具体存在者的敦促，或者决定拒绝听从这种敦促，而这可能恰恰就是人的自由的真正核心。

然而，有一种隔绝于诸特殊生存的可能性的存在，它并非源自一种自由的决断。有些人还未获得充分的本己存在的自由（因为他们还未从周围环境的行为和心灵状况的限制中摆脱出来），他们也被隔绝。这些人可能阻抗对迄今仍未被允许的相关可能性的可信任的获得，然后出于恐惧，企图阻止他们现实地意识到的那些需要被他们的此在所允许的东西；但这并不是"能量"转化的结果，即那被排斥的"本能代表"的原初"贯注"。仍不独立的此在害怕这种开放接纳，即特殊的存在者领域的开放接纳，其就特殊存在者领域被防御而言才显现。这首先是因为，那未知的、陌生的一切恰恰由此而是可怕危险的。此在害怕独立自持的自由的第二个理由源自这样的事实，即独立总是首先被经验为保护性依靠的丧失。第三个理由在于，此在害怕遭受它所防御的东西的控制和毁灭，因为那被防御的东西似乎比此在自身拥有大得多的力量。最后，此在由于仍被包裹在他人的心灵中，而承认那被心灵视为罪恶和肮脏的存在领域，因此他害怕成为有罪的。我们后面会展开关于人的罪恶的详细讨论。至此，容我们指明，弗洛伊德意义上的压抑根本不存在。本能的衍生物、观念以及情感被封闭于心理之内。心理构成一个牢笼，而它们从牢笼中逃逸，偶尔也返回。而这些至今仍未被观察到，将来也不会被观察到。

六、"移 情"

"移情"概念同"压抑"和"阻抗"概念一样在精神分析学中具有核心地位。然而，弗洛伊德为归入"移情"之下的那些现象创造的这个术语意味着——实际上预设着——存在诸如"感受""情感"这样一些事物，它们作为自身和为它们自身的不同的心理组成而生存着，可脱离它们原本附着其上的心理的客体—代表。只有当我们假定这般与事物类似的孤立的、独立的感受时才可以设想，例如，对一个父亲的憎恨可以脱离那个父亲而抑制于内心中，然后在精神分析的过程中移情到精神分析师那里。然而，这般可转换的感受或情绪仅仅是心理的建构物，实际上并不是实存。早在此在分析诞生之前的1874年，布伦塔诺就证明了这些心理之物的非实存特征——虽然他是出于不同的根据。这般的心理实体如果是非-实存的，那么它们几乎就不可能在弗洛伊德的"移情"意义上被传递。

因此，并不令人惊奇的是，任何仔细研读弗洛伊德作品中关于移情主题的人都会注意到，就为这般可转移的情感的实存提供明见性而言，他实际上并不成功，尽管他为此付出了巨大的努力。所谓积极的移情就是一个佐证。弗洛伊德并不能有说服力地使移情的爱恋的本质区别于在一种常态的爱恋关系中一个情侣对另一个情侣的真正的爱恋。最终他被迫承认，"没有权利怀疑在精神分析治疗过程中显现的爱恋的'真正'本质"[1]。此外，每个精神分析师都能够注意到在治疗期

---

[1] 弗洛伊德：《移情—爱恋的考察》，载《论文集》第2卷，第388页。

间显现出的对于分析师的移情爱恋,"当分析师做出他最初的富于洞见的解释时,这些解释对于病人产生了情绪影响"[1]。很明显,爱恋现象显现,当与一个伴侣共同—存在,开启一个至今未被占用的相关世界的诸可能性的生存。

移情并不是如弗洛伊德所想的那样,建基于将情绪和本能错误地联结着"错误的"对象的一种单纯欺骗。移情是一种接受精神分析的人与分析师之间的本真关系。在每个共同—存在中,伴侣相互揭示自身为人的存在;也即是说,每个根本上都与另一个是同类的存在。没有次级的"客体贯注",没有从一个"原初自恋的"自我到"爱恋对象"的"力比多转移",也没有从一个先前爱恋对象到当前伴侣的情绪转移。这些揭示是必要的,因为揭示存在,也包括揭示人的存在,恰恰是此在的原初本质。这意味着,没有任何人与人之间的关系使"情绪的转移"成为必要。我们并不需要更现代的"同感"概念去理解一个人对另一个人的直接揭示。我们因此不必再解释另一个神秘过程,因为"同感"的根本本质一直未曾被澄清。

为了理解所谓神经官能症患者的移情的特殊现象,我们必须认识到,为了发现相遇的伙伴,人的存在的原初开启性并不必然导致这样的感知:这些感知完全恰当地对待相遇之人。我们已经注意到这样的事实,即人作为世界开启性的基本本质根本上必然包括一种封闭。神经官能症患者的开启性(在一种与其世界的理解关系的意义上)的局限,不过就是心理学通常所谓他的人格性的神经官能症的歪曲。他——就其是一个神经官能症患者而言——被局限于一种近似于孩童的揭示和行为的样式。大量成熟的、充分的、自由的相关方式不能为他所用(正如它们事实上不能为健康的孩子所用,但是二者出于不同的原因)。这 局限令我们能够在这个术语的狭隘意义上理解移情现象,也即所谓移情的神经官能症的歪曲。下面的类比可能更有助于我们的理解。

一个孩童玩一支燃烧着的蜡烛。他几乎完全合上了眼皮,看到星形排列的窄窄的光线,而不是真实尺寸的火焰。假定这个孩童在玩蜡烛时被烧伤了眼皮,并

---

[1] G. 巴里:《弗洛伊德的精神分析学》,载《神经官能症理论手册》,柏林,1958 年,第 150 页。

且眼皮永久地缝合在了一起,那么这个孩童在余生中会以同样的方式感知所有的蜡烛。但是不会有人断言,作为一个成人,他感知火焰的方式取决于一种从他的孩童时代起就有的经验向当前发生的相近情境的转移。感知歪曲的根据在孩童时代与成年时代是相同的:眼皮闭合。成年的神经官能症患者的情况是类似的。成人神经官能症患者的状况仍是如孩童一般的、未成长的,以至于——举个例子——他对自己所遇到的成年男子仅仅开启与其父亲相似方面的感知。因而他对分析师的举止反应,似乎后者像是他的父亲。当然,揭示和关联的诸可能性之局限在这个神经官能症患者那里持续存在,因为一个父亲曾压抑孩子的成长,故而在一定程度上被厌恶甚至憎恨。因此,这个神经官能症患者甚至也不会开启所有可能的父-子关系。他会仅仅生存于充满憎恨的子-父关系中。根据如此被缩减的世界—开启性,他只能感知他所遇到的任何成年男子作为可憎的父亲的一面。然而在他所遇到的人那里,这个方面可能实际上是表面上的。

正如在我们的例子中,这些神经官能症患者就他们的理智潜能而言通常是非常成熟的。但是,这种理智的认识并不是一种规则,即它在纠正错误关系上并没有什么作用,这恰恰是因为它仅仅是一种表面上的成熟,而不是一种总体上的成熟。这就解释了为何病人在理智上意识到,并不像他的父亲的分析师对于病人对他的反应基本没什么影响——即便有的话,也是微乎其微的。从这种方式中的状况看,假定一个早前的情感被代替,从一个早前对象到在移情状况中的一个对象,这显然是表面而肤浅的。与此同时,我们不必再考虑移情爱恋这种虚幻的现象。与之相反,此在分析将每种被分析者—分析师的关系都看作一种自成一类(sui generis)的本真关系。这是本真的,尽管病人事实上正以一种由于他的心理歪曲而被限制的方式执行。否则,这是不可能的。被分析者—分析师的关系,就像与任何他人的关系一样,奠基于一个人与另一个人的原初共同—存在,它是此在原初的世界—揭示的一部分。因此,病人的"移情爱恋"并不是"真实地"爱恋别人——例如父亲。无论会显得多么不成熟和歪曲,这正是对分析师自己的爱恋,因为感知的那些限制由病人早前与他的真正父亲的关系强加于他。据说,许多精神分析学家界定爱恋,然后肯定病人把它们显示为"移情现象",因为他们认为这样的情感并不相称于对人类的科学态度。由于担心可能会被当作不科学的，他们就利用这个专门术语来缓和其不安，防御"真实的"爱恋或憎恨。

七、"投射"和"内射"

"心理投射"概念在弗洛伊德关于精神病的思想中占据重要位置。他说道：

> 在妄想症症候—构成中最为显著的特征就是应称为投射的过程。一种内在的感知被压制，然后内在感知的内容在经历一定程度的变形之后，反而以一种外在感知的形式进入意识。在迫害妄想中，歪曲就在于情绪的一种转换；那应已被内在地感觉为爱恋的，现在被外在地感知为憎恨。[1]

然后，弗洛伊德扩展了这个领域，即投射在其中操作的领域，将其扩展到了妄想症的局限范围之外——连同这个表述，即投射"拥有在我们对外在世界的态度中分配给它的固定份额"[2]。

弗洛伊德对迫害妄想的解释借助于一个心理投射过程，明确预设：1. 两个独立的、类似事物的"自我"或"心理"的实存；2. 这些"心理"中的某一个心理的某些内容被投入另一个心理的可能性。

正如我们已经反复强调的，此在分析出于其考察，只得将这两个预设看作概念的人为制品，与任何现实的人的现象全然不相符。结果，此在分析也不可能相信所谓心理投射的发生。

在弗洛伊德有关被迫害妄想症的例子中，被观察的现象不是爱恋的内在情绪的歪曲，这种情绪也不内在地转变成憎恨，投射到外部世界。如果一个患妄想症

---

[1] 弗洛伊德：《一个妄想症案例的精神分析（妄想性痴呆）》，载《论文集》第3卷，第452页。
[2] 同上。

的妻子感觉到来自她认为憎恨她的丈夫的迫害，她产生这种感觉是因为她根本上还是个孩童。要求她成为一个妻子显然是如此过分，以至于她禁不住恰恰感觉到她的生命被威胁。我们同样可以确定，每当妄想症病人感觉到"下毒"的威胁，这是他们根本上不成熟的生存处于一种危险紧张状态的结果，无论他们与世界打交道的纯粹理智可能如何高度发展。按当前的情况，这些病人在一种存在意义上完全表明，他们正将自己的生活状态体验为真实的"毒害"他们、碾压他们、杀死他们。

当然，一个人生活中的每个威胁都可能引发最强烈的抵御反应。被威胁的人憎恨威胁他的东西。如果她的生活状况需要她扮演成熟的妻子和母亲角色，无论她的丈夫可能多么好心肠，一个不成熟的、软弱的、依附的女子的生存将总是被死亡威胁。这一威胁将她的生存调整成憎恨和恐惧。被封闭的生存必然以她的憎恨、恐惧的方式使她将伴侣感知或误解为一个相应地可恨的人，一个要害她甚至要杀死她的人。

患妄想症的妻子与丈夫的关系无论怎么调整，现在不是、过去也不曾是在那个妻子"心理"之中的某种东西。她从一开始就处在与她丈夫的这种关系"之外"，直接在这种关系中和作为这种关系而执行她的生存。某些东西，例如所谓憎恨的情绪—构成，从不曾存在于一个人自身"之内"，大约也不可能被"投射"或抛进被感知的外在世界。再者，精神分析学的一些非常复杂的精神思辨，根据此在分析对人与世界的理解已成为完全表面的了。

"内射"概念，以及"认同"概念（后者与前者紧密相关），也预设一个独立的"心理"能够像吞下一小块食物一样，吞噬另一个心理。此外，这也预设了，吞噬行为意味着不可思议地获得本属于被吞噬之物的特征。因此，吞噬者的目的就是要模仿他所消耗的，正如在特定的族群中，喝公牛血就是要获取动物的力量。但是，所谓"内射"现象实际上与内摄（in-corporation）无关。为了更充分地理解它们，我们只需铭记，在以本真方式成为自身之前，也即在已经聚集其本己的自身性的所有可能性之前，人乃是在自身"之外"的。只有当他能够在自己投入的关系的诸可能性中自由选择，能够在他生活中的某个特定时期作为人的实存而出现时，他才会达到这种本己的本真的存在状态。

现在能够理解精神分析学的"内射"现象，如果我们思考一个人的存在，其还未从其他人的生存中提取出他的生存。所谓内射无论在何种情形下被考察，都还不曾有任何东西被摄入。与此相反，人的实存还未从与其他人未加分割和不加区别的原本的共同—存在中摆脱、脱离。于是，这种不成熟的共同—存在方式——像所有其他不同种类的所谓人格之间的关系那样——只有在人与其伙伴的原初共同—存在的基础上才是可能的。原初共同—存在是"生存方式"之一，或者是此在的根本特性。

八、梦的图像和梦的象征

弗洛伊德的最重要成就之一是，他发现梦是人的生存之事件链条中有意义的心理学现象。然而，他做出了这一卓越贡献，但很快又败坏了它。作为其所处的技术时代之子，他发现有必要把人在梦中的行为工业化，并且迫使它受"梦工厂"的理论约束。婴儿愿望的能量被认为引起了潜在的梦的思想、原材料，制造——在梦的道德检查员引导下——显现的梦的图像。这一"梦的运作"被设定成通过"凝结""替代""转化""观念转变成言语表象"和"次级的构成物"来完成。因此，梦的解释必须以相逆的顺序，通过重复它们来撤销梦-运作的掩蔽操作，以便那些被假定构成显现的梦的基础的"原动力"和"原材料"可以显露。但是如果允许一种梦的解释的方法，对梦直接给了的内容进行如此理智上的操作，那么这也就打开了通向各种任意性的大门。

时至今日，越来越多的精神分析学家意识到了弗洛伊德的梦的理论的人为性和任意性。作为这一洞察的结果，他们在自己的实践中越来越少地利用梦的解释。但是，他们正在放弃一种极其有价值的治疗工具，因为弗洛伊德有关梦是通向人的生存的真正核心的"捷径"（通向无意识的康庄大道）的看法是正确的，尽管他在次级理论上有所曲解。

此在分析的方法显然能够恢复我们的梦中状态的至关重要性。此在分析通向对我们的梦的意义和内容的直接理解，向我们表明如何在治疗上成功地利用它们。

此在分析将弗洛伊德的"梦的运作"机制看作完全多余的概念建构。然而首先，此在分析并未看到所有当前心理学的梦的解释贬低梦的现象的任何理由，后者预先声称它们仅仅是"心理"之内的"图画"或"图像"。这种对梦的状态的判断是依照醒觉状态的标准做出的。这种来自外部的判断必然让其特殊本质从我们的理解中永远溜掉了。如果我们认真地对待梦直接给予的现象，我们就必须承认我们的梦的状态具有"在世存在"和开启世界的特征。虽然不同于醒觉状态，它同样是一种自治的和"真实的"生存方式，也即相关于所遇之物的一种领会、意义揭示的方式。然而，我们在此不需要介入更多细节，因为我们可以参考先前的出版物详细处理对于梦和梦的解释之此在分析方法。[1] 我们在那里也经受了象征主义概念的详细批评，这个概念在精神分析学一般中尤其在梦的精神分析学中作为决定性部分起作用。我们已经能够表明，一个人能够谈论一个事物的"象征"意义，仅当其已经事先使这个事物的意义—内容残损了，然后将它还原到一个孤立对象的纯粹效用方面。一旦如此实行，当然必须要重新引入——以"象征的解释"的形式——所有已被从对象那里剥除的有意义的内涵。

---

[1] 梅达特·鲍斯：《梦的分析》，纽约，1958 年。

分析哲学研究

对反事实依赖的一种新本质主义辩护

陈常燊[*]

> 楚人有涉江者,其剑自舟中坠于水,遽契其舟曰:"是吾剑之所从坠。"舟止,从其所契者入水求之。舟已行矣,而剑不行,求剑若此,不亦惑乎?
>
> ——《吕氏春秋·察今》

经典寓言《刻舟求剑》出自秦国丞相吕不韦主编的一部"杂家"名著《吕氏春秋》,流传两千多年而不失深刻。它没有正面提示我们,故事的主角,也就是那个楚人,怎么才能找到那把落水的宝剑,而是从反面警醒我们,什么样的寻剑方式是行不通的;简言之,依赖在船舷上做记号的"静态建模"方法,无法解决一个变动不居的生活问题。借用现代术语,楚人实际上遵循了一种所谓"反事实推理"(counterfactual reasoning)的思维方式,即"倘若我在做记号处下水,便能寻得那把宝剑"。他并没有急于下水,因为他假定了记号与宝剑的相对位置是不变的。然而其荒谬之处在于,随着时间的流逝和船的运动,这一相对位置不断发生变化,记号已然失去了其原本假定的意义。从逻辑上说,如果他的假定是对的,那么实际情况便是如此这般;但是,实际情况并非如此这般,所以他的假定是错的。

---

[*] 陈常燊:山西大学哲学学院教授。

本文拟将楚人的上述反事实推理与当代哲学中刘易斯（David Lewis）和斯托尔内克（Robert Stalnaker）所讨论的反事实依赖案例进行某种类比。笔者试图表明，这两位哲学家对反事实依赖所给出的模态解释（modal explanation）难以让人满意——至于这一当代主流解释的困难，恰恰又隐藏于《刻舟求剑》这则寓言之中。这种相似性不是偶然的，其根本原因在于，他们和楚人一样，对借用反事实条件句表达的假设性问题采取了一套"静态建模"方法，却又希望借此解决一些变动不居的生活问题，特别是跨世界同一性问题。据此我们发现，尼采的概念谱系学以及维特根斯坦的语言游戏思想能够为更好地理解反事实话语背后的历史性本质提供一个契机。最后，笔者考虑了一个替代方案，它就是法因（Kit Fine）的后模态的新本质主义解释以及威廉姆森（Tim Williamson）对刘易斯"模态"概念的批评提出的。

一、模态方案与反实在论方案的困难

众所周知，"反事实"是一个模态概念，但人们很容易忽视，它同时也是一个时态概念。因此，有必要区分两种反事实的可能性：其一是发生在同一条时间线（time-line）中，从而无须考虑博尔赫斯式"时间分岔"（forking time）的那种"即将会"（will be）出现的可能性，称为反事实的暂时可能性（counterfactual temporal possibility）[1]；其二是并非发生在同一条时间线中，从而必须考虑"时间分岔"的那种"原本会"（would have been）出现的可能性，称为反事实的模态可能性（counterfactual modal possibility）。后者借助反事实条件句来表达，此类条件句的前件是一个与事实相反（也就是未被实际获得）的事态，即"如果-从句"；此外，出现在其前件与后件（即"那么-从句"）之间的助动词是以一种虚拟语气表达的。与一般的"未实现的可能性"相比，反事实模态强调那些对现实产生了真实结果

---

[1] 博尔赫斯：《小径分岔的花园》，王永年译，上海译文出版社，2015 年，第 83—99 页。

的"未实现的可能性"。反事实不是行动的结果,但它仍然需要敏锐的观察力,特别是丰富的想象力。与着眼于"开放的未来"或无时态的逻辑可能性相比,反事实着眼于已然发生的事件在逻辑上的其他可能性,因此具有更强的现实主义关切。

日常生活中,围绕反事实推理的一个典型例子是刹车。在沙漠中开车看到前方有骆驼横穿公路时,有经验的司机的第一反应是刹车避让。如果刹车不及时,就有可能狠狠地撞上骆驼。"如果司机不及时刹车,汽车就会撞上骆驼"这样的条件句本身是虚拟条件句,但它不等于反事实条件句。这二者的区分不是语法上的,而是事实上的。在具体的案例中,如果司机事实上及时刹车避让了骆驼,那么这就构成了一个反事实条件句;而在这个事实并没有发生的情况下,或者架空具体情境、只谈理论上的可能性时,它就只是一个普通的虚拟条件句。假设司机因为刹车不及时,实际上撞上了骆驼,"如果司机不及时刹车,汽车就会撞上骆驼"这样的虚拟条件句仍然成立,但它在此案例中并不构成一个反事实条件句。反事实条件句应该被理解为,在具体案例中与事实情况相反因而前件为假的虚拟条件句。在司机事实上已经因为刹车不及时故而撞上骆驼的案例中,前件为真;而在路上并未出现骆驼的案例中,前件不真不假。

在当代形而上学中,围绕"事实是否允许假设"或"反事实陈述是否可能有确定的真值",主流观点支持一种实在论(realism)立场,亦称反事实主义(counterfactionalism),主张假设的事实是有意义、可解释甚至是可以得到假设性预测的。实在论立场又有两个分支,一是限制主义(restrictionism),主张必须附加一些严格的限制条件,反事实陈述才有确定的真值条件;二是放任主义(permissivism),主张反事实陈述无论如何都有确定的真值条件,因此任何限制条件都是不必要的。以刘易斯和斯托尔内克为代表的实在论方案,发展了限制主义这个分支。为此,刘易斯所附加的限制条件是现实世界与可能世界之间的"可比较的最大相似性关系",或者"最接近真实世界的可能世界":

刘易斯方案:某个反事实条件句"若 A,则 B"为真,当且仅当,在所有

A为真且最接近真实世界的可能世界中，B成立。[1]

斯托尔内克所附加的是"与真实世界只有极小差异的可能世界"这个限制条件：

> 斯托尔内克方案："若A，则B"这样的条件句为真，意味着，在某个A为真且与真实世界只有极小差异的可能世界中，B为真。[2]

抛开上述方案的区别不谈，这两个附加条件有下述明显共性：首先，他们都借助可能世界语义学来对反事实依赖进行模态分析；其次，在他们眼里，通常由虚拟条件句刻画的反事实模态与现实世界之间似乎并不那么"遥远"。受他们影响，多数学者认为，反事实的模态世界与事实（现实）世界并不遥远。基于上述方案，一般而言的反事实条件句或反事实陈述的标准观点如下：

（CF_1）反事实陈述具有真值条件；
（CF_2）这些真值条件可以用可能世界来解释；
（CF_3）决定反事实陈述的真值的可能世界是那些与实际世界相差最小的世界。

然而，正如斯塔尔（William Starr）所看到的，模态方案同时也面临下述难以回避的困境[3]：

（1）在语义学上，我们如何就那些与实际情况相去甚远的可能性（remote possibility）进行沟通和推理？

---

[1] David Lewis, *Counterfactuals*, Blackwell, 1973, p. 20.
[2] Robert Stalnaker, "A Theory of Conditionals", in Nicholas Rescher ed., *Studies in Logical Theory*, Blackwell, 1968, p. 102.
[3] William Starr, "Counterfactuals", in Edward N. Zalta ed., *The Stanford Encyclopedia of Philosophy*, 2021. https://plato.stanford.edu/archives/sum2021/entries/counterfactuals/.

（2）在知识论上，我们在现实世界中的经验如何证明我们关于"相去甚远的可能性"的想法是正确的，并能谈论它们？

（3）在本体论上，这些"相去甚远的可能性"是独立于现实世界而存在的，还是根植于现实存在的事物？

鉴于上述困难的存在，有些哲学家转而支持某种版本的反实在论（anti-realism）立场，主张根据假设的事实无法做出任何严格的假设性预测，所谓"事实不容假设"，并不存在任何严肃的反事实陈述。简单来说，因为这种所谓的事实话语没有意义，所以我们无法确定它们的真值条件：要么源于形而上学上的不确定性（metaphysical indeterminacy），要么源于语义学上的优柔寡断（semantic indecision）。

然而在笔者看来，上述反实在论方案仍有一个致命缺陷，即它违背了我们日常话语和思维中的反事实直觉。有一些反事实条件句自然是有意义的，这些推理似乎琐碎为真。例如：

天气预报说不久后有雨，于是我出门时带了伞，半路上果然下雨了。下述反事实推理是成立的：假如我出门时忘了带伞，现在就会淋雨。

上述推理有失效（即前件真而后件假）的可能性，比如我选择到一个地方避雨，或者在半路上买了一件雨衣。但不论如何，我仍有充分的理由相信，假如我出门忘了带伞，我就会被淋成落汤鸡，因为我坚信，天下雨与我带伞是两个独立事件，天不会因为我没带伞就不下雨。根据刘易斯和斯托尔内克的模态解释，那个忘带伞的人也是我，只不过那是另一情况（反事实情形）下的我。而那个我在其中出门没带伞的世界，在其他方面与这个世界相似的情况下，是与这个事实上我在其中出门带了伞的世界，相比之下最为接近的。相较而言，那个我在其中选择某处避雨的世界，或者那个我在其中在半路上买了一件雨衣的世界，都与我事实上所处的世界更加遥远。

鉴于主流的模态方案和上述反实在论方案各自的不足之处，本文拟在模态方案与反实在论方案之外给出第三种方案。它一方面回避了模态方案所面临的挑战，另一方面充分照顾了我们的反事实直觉。

二、跨世界同一性问题

让我们回到"刻舟求剑"。宝剑落水后，楚人没有选择立刻跳入江中，而是选择在船舷上刻下记号。在本体论上，他假定了三种同一性关系：首先，不管在宝剑落水前还是在宝剑落水后，船舷上的记号都能够维持其自身的同一性；其次，不管是刚落水时还是落水后许久，宝剑所处的位置都能维持其自身的同一性（假定河水没有把它冲走）；最后，不管是在宝剑落水的瞬间还是在宝剑落水后，记号与宝剑所处的位置之间的空间关系都能够维持其自身的同一性。前两种同一性涉及了具体事物的跨时间同一性，就本文的主旨而言，这些并无大问题。成问题的是第三种同一性。鉴于船是运动的，记号与宝剑所处的位置之间的空间关系就无法维持其自身的同一性了。

在本体论上，如果说楚人所遇到的是具体事物之空间关系的跨时间同一性困境，那么，刘易斯和斯托尔内克所遇到的是具体事物之逻辑关系的跨世界同一性困境。这两种困境之间不只有一种简单的类比关系，而是有思维方式上的相似性。假如我出门时忘了带伞，现在就会淋雨。在本体论上，我假定了三种同一性关系：首先，不管我最终是否淋雨，事实上的我与反事实的我都是同一个我；其次，不管我最终是否淋雨，事实上没有淋着我的雨与反事实条件下淋着我的雨都是同一场雨；最后，不管我最终是否淋雨，我与这场雨之间的逻辑关系都是同一的。在这个反事实推理中，空间关系被替换成了逻辑关系，事物关系的跨时间同一性被替换成了事物关系的跨世界同一性。替换的理由在上一节开篇即已给出：楚人的反事实推理涉及发生在同一条时间线中，从而不用考虑"时间分岔"的暂时可能性；而我的反事实推理涉及并非发生在同一条时间线中，从而必须考虑"时间分岔"的那种"原本会"出现的反事实模态可能性。由于时间通常被认为是物理世界的本质特征之一，时间线也可以被理解为"世界线"（world-line），刘易斯式可能世界也可以被理解为"世界分岔"（forking world）。当世界已然发生分岔，那么原本属于同一世界的事物之间的空间关系，就被替换成了分别位于不同世界的事物之间的逻辑关系。

相较于"刻舟求剑"的案例，上述反事实推理中所假定的三个同一性关系都是成问题的。就前两个同一性关系而言，不管我最终是否淋雨，事实上的我与反事实的我都是同一个我，以及事实上没有淋着我的雨与反事实条件下淋着我的雨都是同一场雨——对此我们都持保留意见。甚至刘易斯本人也否认作为"双重生命"（double lives）的"同一性"概念，取而代之的是"对应体"（counterparts）概念。[1] 但刘易斯仍然无法令人满意地解答下述困惑：将对应体关系界定为事物之间的"可比较的最大相似性"关系，类似于将反事实的世界界定为"与实际世界相差最小的世界"，这究竟是想要借助某种模态理论来验证我们的同一性/反事实直觉，还是想要反过来，基于我们的同一性/反事实直觉来建构某种模态理论？

此外，本文提到的所有反事实案例都涉及具体事物之间的关系。然而，如果我们坚守具体事物的个体性特征，就可能面临一个问题，也就是我们似乎必须在此性论（haecceitism）与反此性论（anti-haecceitism）之间选边站，并且也必须在基质论（裸殊相论）与束理论之间选边站。也许有人会说，"此性"（haecceities）或者"基质"（substratum）就是个体的本质，它们构成了个体之同一性的充分必要条件。当然，反此性论或束理论的支持者也可能支持本质主义，他们只需要假定某些属性是本质属性就可以了。

最麻烦的也许是第三个同一性关系：不管我最终是否淋雨，我与这场雨之间的逻辑关系都是同一的。这话是什么意思？在用反事实来解释因果关系的案例中，之所以说猫的捣蛋与花瓶的打碎之间有因果关系，其理由是，假如猫不捣

---

1 David Lewis, *On the Plurality of Worlds*, Blackwell, 1986, p. 192.

蛋，花瓶就不会打碎。那么这是否意味着，不管花瓶最终是否被打碎，猫与花瓶之间都存在某种"同一的"（你可以理解为确定的）逻辑关系？我认为，这三种同一性假设都带有神秘主义色彩，尤以第三种为最。

再来看一个例子。1932年的经济大萧条时期，工厂倒闭，民众失业。面对农产品滞销，美国农场主宁愿将牛奶、猪肉倒入密西西比河，也不愿将它们免费送给贫民。许多人从这里读出了资本主义的制度缺陷：资本家的贪婪自私，供求信息的严重滞后，不可救药的两极分化，周期性的经济危机……请允许我提出一个虚拟条件问题：如果你是农场主，你会怎么办呢？也许你的回答是："如果我是农场主，我会把牛奶免费分发给贫民。"

关键是，你作为一名生活在21世纪的中国人，没有那么容易成为1932年的美国农场主，尽管21世纪初的美国农场主也可能面对类似的情境，甚至今天的中国奶农也不是不可能遇到类似的问题。一个你在其中处于美国农场主那个位置的世界，与一个你在其中并不是美国农场主（就像现在的你）的世界，二者之间是比较遥远的。相较而言，你在其中来不及刹车从而撞上骆驼的世界，与你及时刹车从而避免了撞上骆驼的世界，二者之间则要近得多。在这两个案例中，你的跨世界同一性直觉是不同的。从直觉上看，那个成了美国农场主的你，就不是现在的你。因此，现在的你的想法不能代表作为农场主的你的想法。但是，由于来不及刹车而撞上骆驼的你和由于及时刹车而避免撞上骆驼的你，都是同一个你。此外，不管你是否撞到它，骆驼还是那头骆驼。

关键还不仅仅在于，你不是并且也不容易成为美国农场主。情况也许是这样的：牛奶产能过剩，与农场主宁愿将牛奶倒进河里也不肯将它们免费送给贫民，这两个事实之间的联系是本质性的，它们都是（自由放任的）资本主义的产物。假定它们之间的联系是本质性的（虽然不一定是必然的），那么我们就无法脱离资本主义的背景来讨论农场主是否应当免费将它们送给贫民这样的问题。我们不禁要问，如果不是在资本主义社会，会有那么多牛奶吗？进一步，如果没有那么多牛奶，何谈免费给贫民的问题呢？所以，一旦我们架空了历史背景，脱离了资本主义的本质来讨论是否应该将过剩的牛奶免费送给贫民，我们所面对的也许是一个伪问题。回到"刻舟求剑"的寓言上来说：一旦脱离了船在江中运动而落入水中的剑并不随着船一起运动的背景，来讨论是否应该在船舷上刻记号之处下水捞剑，那个楚人所面对的也是一个伪问题。

你与美国农场主之间确实不太可能存在人格同一性：要么你本来就是农场主，要么你本来就不是，这两种人格之间是有本质区别的。但是，这对于反事实推理的本质主义考虑来说并不是一个必要条件，因为即便对于同一个个体，在他身上发生了某些事件，或者经过了某些属性上的变化后，他的本质也会发生变化。例如，在站台候车时，火车进站的一刹那，我的心头可能会有一闪念：此刻假如跳下去，我将会被火车碾压。实际上，我并没有跳下去。因此，这就构成了一个反事实推理。这个（现实中的）正在电脑前敲键盘的我，与那个（假设中的）跳下站台的我，至少从我飞身一跃的那一刻起，不再是同一个人。如果这是对的，那么同一个个体在属性或事件上的变化也会影响其同一性。从本质主义角度看，这两个个体之间存在本质上的差异，这种差异是由发生在个体身上的事件导致的。

如果司机未能及时刹车而导致车辆撞上了横穿公路的骆驼，且如果司机由此付出了生命的代价，那么这里的刹车与不刹车之间存在生命攸关的区别，这一区别对于司机和他的家属来说是本质性的，也许对于那头因此而受伤的骆驼来说也是本质性的。至于那个仅仅是"我没有带伞"这个（消极）事件就导致了"没有下雨"这个（消极）事件的世界，则与我的事实世界最为遥远——在那里，自然法则都被我一厢情愿地修正了。如果我在半路遇到某个可以与之共用一伞的朋友，（算是一个小小的奇迹），那么老天爷似乎会服从我的意志（算是一个大奇迹了）。如果有奇迹发生，所有的反事实推理都可能失效。那个刻舟求剑的楚人照样可以找回他的宝剑，司机即便不刹车也不会撞到骆驼，我即便跳下站台也会安然无恙地活着。但是，个体在本质上的变化并不依赖奇迹的发生。并且，本质主义的解释也可以兼容反事实条件在上述带伞案例中的琐碎性。我的本质并不会由于没有带伞而改变,至少从事后的或者人之常情的角度看来是这样。我单纯地由于没有带伞而最终遭遇灭顶之灾(比如,被雷劈中)的可能性也是有的,但这种可能性依赖于某种消极的奇迹,它与积极的奇迹一样超出了人之常情的范畴。

三、概念谱系与语言游戏

我们在前文中初步阐明了反事实条件句的前后件之间的关系,此处特指那些符合我们的直觉的反事实依赖。这与其说是一种模态关系,不如说是一种本质联系。接下来的问题是,如何理解这种"本质联系"。不是所有的反事实依赖都符合直觉,比如"如果我是美国农场主,我就会把牛奶送给贫民,而不是倒入密西西比河"——严格来说,诚如洛尔(E. J. Lowe)所言,这句话类似于"如果这幅画是毕加索的真迹,我就把它吃了",它实际上是伪装成反事实条件句的直陈条件句。[1] 在这种情况下,前后件之间的关系是非本质的。关于非本质的反事实话语,其中的关键语词的指称对象并不存在确定的跨世界同一性标准,因此也缺乏明确的真值条件。类似地,在《刻舟求剑》中,楚人在船舷上做记号与他从记号处下水寻回宝剑之间也缺乏本质联系。不管是把牛奶倒入密西西比河,还是寻回落水的宝剑,都是一些宽泛理解中的"活生生的历史事件"。架空它们的历史背景,也就是特定的时间线/世界线背景,是没有意义的。所谓本质联系的一个方面,就是同处一个历史背景中的特有联系。

在上述反事实的案例中的各种个体是一些历史概念。那个特定的"楚人"是一个历史概念,某个特定的"司机"也是如此;在带伞或跳轨的案例中,作为索引词的"我"也是如此;"1932 年的美国农场主"是一个摹状词,它也是历史概念。鉴于观念史也是一种历史,不管历史上是否确有其人,都不影响它们成为一个历史概念。尼采为后人带来的最深刻的思想启迪之一便是,历史性概念没有

---

[1] E. J. Lowe, *A Survey of Metaphysics*, Oxford University Press, 2002, pp. 137–138.

定义，只有历史。在《历史的用途与滥用》中，尼采说，历史应该服务于当下的生活，不是为了对过去的纪念或留恋，也并非被用来"创造"未来——这些都属于对历史的滥用。这里的"创造"实际上毫无创造性，而只是源于现成之物的约束和建构。他还讨论过这样的问题：应该是生活统治知识呢，还是知识统治生活呢？答案是：生活是统治力量，因为毁灭了生活的知识最终将自行毁灭。[1]

尼采对本文的直接启示在于，反事实的瞬时可能性和模态可能性都并非逻辑地蕴含在历史之中，这里的逻辑既包括传统的形式逻辑，也包括现代符号逻辑和模态逻辑。刘易斯和斯托尔内克借助对反事实的模态分析所捍卫的结论，实际上更多地来自他们自己的反事实直觉。但我们的直觉并不需要用逻辑来捍卫，符合逻辑的未必符合直觉；反之亦然，符合直觉的未必符合逻辑。

如果说尼采的这一格言是对概念的纵向的、历史语境论的洞察，那么，维特根斯坦关于日常语言的"家族相似"思想就是对概念的横向的、日常语境论的洞察。日常概念也就是那些历史概念；严格来说，反之亦然，历史概念也是日常概念。这些概念都没有本质特征，但这并不是对本质主义的反驳。关键在于，这里的"本质"应当被理解为尼采所说的"谱系学"（Genealogie），或者维特根斯坦所说的"语法本质"——而不是尼采所说的"定义"，或者前期维特根斯坦所理解的"逻辑图像"。"**本质**在语法中道出自身。"[2] "某种东西是哪一类对象，这由语法来说。"[3] 按笔者的理解，所谓事物的本质，说白了是由语法来规定的：它是什么，它属于哪一类对象。这样，论证的本质也就是由论证的语法来规定的；也就是说，信念系统就是论证的语法。

毋庸讳言，对所谓本质主义的斥责在大多情况下都误解了"本质"的含义。本质并不只是表现为某种有着具体指涉的概念或范畴（因而可以为对思想的怀疑提供辩驳的可能性），而且还会表现为对思想之怀疑所呈现的终点（它是思想之为思想最终所遭遇的界限或根据）。在维特根斯坦那里，思想、怀疑或反思所遭

---

[1] 尼采：《历史的用途与滥用》，陈涛、周辉荣译，上海人民出版社，2005年，第95页。
[2] 维特根斯坦：《哲学研究》，陈嘉映译，上海人民出版社，2001年，§371，第178页。
[3] 同上书，§373，第179页。

遇的终极性界限或根据，亦即他所称谓的"本质"，就是语言游戏所展现的生活世界本身。在笔者看来，形而上学所要探明的本质性的东西被当作审慎的语言理智所悬置的超越性问题，被排除在语言所展现的现象界之外，至于作为现象界之界限的世界本身的性质如何，则是语言游戏本身所不能回答的。[1]

笔者认为，历史概念或家族相似的思想有效地反驳了超本质主义（super-essentialism）和此性论。当我们把概念当作语言游戏时，其背后的反本质主义（anti-essentialism）针对的是那些非历史性的、有定义的概念，特别是一些数学概念——假定就像柏拉图那样，将数目、集合、图形这些数学概念看作某些超越于现实世界的抽象对象。比如，"直角三角形"就是这样一个数学概念。根据勾股定理，在平面几何中，对于任意的△ABC，它是一个直角三角形，当且仅当，它的斜边的平方等于它的两个直角边的平方和。在此基础上，我们可以构造一些字面上的反事实条件句：对于直角△ABC来说，如果它不是一个直角三角形，那么它的任何两边的平方和都不等于第三边的平方。这个反事实条件句是琐碎为真的，其背后是关于直角三角形的分析性知识。但是，它不能像我们在反事实推理中通常期待看到的那样，为我们带来某些综合性的知识。此外，我们没有理由表明，反事实知识是康德所说的"先验综合知识"。"如果我出门忘记带伞了，那么我就会被淋湿"，这个反事实推理并没有给我们带来先验知识，尽管如果它是真的，那么它可能为我们带来某些综合知识。实际上，刘易斯借助反事实分析对因果关系进行解释，就是希望它能为我们带来关于事物的因果关系的综合知识。

如果说反事实是一个经验的历史概念，那么，经得起严格的反事实检验的（也就是根据刻画在船舷上的记号仍能找到宝剑的）对象，只能是一些柏拉图式的抽象对象。刻画记号是数学的思维方式，但楚人要解决的是一个"历史"问题——我们把解决办法随着时间的流逝而发生变化的问题称为历史问题。用数学的方法解决历史问题，楚人犯了方法论上的错误。类似地，哲学家们经常使用逻

---

[1] 参见陈常燊：《语言与实践——维特根斯坦对"哲学病"的诊治》，上海人民出版社，2017年。

辑分析的方法解决反事实的"历史"问题，这些问题没有抽象的解决方法，它们也不是关于抽象对象的问题。"反事实历史"不等于真实发生的事情，而是假如它是真实发生的，它会是什么样的事实。如此一来，事实与反事实都构成了广义上的历史事实。关于这样的事实，我们有一些本质主义的理解，它一头连着经验知识，另一头连着概念的使用。

四、新本质主义

本文所理解的"新本质主义"不同于通常所说的"本质主义"，也不同于"超本质主义"和"反本质主义"。"超本质主义"是一个相对于"本质主义"的概念，只有通过后者才能理解前者。后者主张，对于任何个体实体 x，x 有一个属性 P，因此，如果 x 存在，那么 x 就必然有 P。换言之，有一些属性对 x 来说是本质性的、必不可少的。如果恺撒（以某种方式）失去了其作为一个人的属性，他就不再是恺撒了。相较而言，前者主张，对任何个人实体 x，以及它的任何属性 P，如果 x 是存在的，那么 x 就必然拥有 P。换言之，每一个属性对于 x 都是本质性的、必不可少的。例如，可以想象，在公元前 44 年 3 月渡过卢比孔河的前夜，恺撒的头上有 12147 根头发，而如果头发的数量稍有不同，我们世界的恺撒将不复存在。换言之，如果这些性质不同，恺撒就会是真正不同的个体实体。总之，超本质主义假定，任何一种微不足道的事件的发生或属性的改变都会改变个体的本质。但是，本质主义的解释无须假定这一立场。

即便那些反本质主义者也未必是反事实主义者的天然同盟军，因为前者同样有理由拒斥对个体的反事实条件解释，并且前者在拒斥对个体的反事实条件解释时，无须连带着拒斥个体。虽然是反本质主义者，但一个像蒯因（W. V. O. Quine）那样的经验主义者可以承认作为时间部分论之和的个体，但他拒绝承认一个作为模态属性之"束"的个体。一个骑自行车的数学家有两个属性：作为自行车手，他有两条腿；作为数学家，他是有理性的。他是"有两条腿的＋有理性的"。这个人没有本质属性。同时，这个人也没有模态属性。正如蒯因那个形象的比方所说：门口那个可能的胖子，与那个可能的秃子，是同一个人吗？我们无从知道。[1] 我们可以根据概率来判断他们在多大程度上是同一个人吗？

此外，面向过去的反事实条件下的个体不确定性与面向未来的事实预测条件下的不确定性，二者之间仍有一些不容忽视的区别。从直觉上看，关于个体属性的未来预测与关于它的时间部分论是兼容的。我们可以将预测中的个体属性与现实中的个体属性整合成一个个体。尽管这个被整合起来的个体并不等同于本体论上的它自己，但这样做至少符合我们的分存论（perdurantism）直觉。然而，反事实条件下的个体属性无法与事实上的个体属性在分存论意义上得到整合，因为我们无法在同一个时间点将同一个个体的两种不同的属性整合在一起。所以，从直觉上看，同一个时间点的两种难以兼容的属性只能是两个个体的属性，不是同一个个体的不同属性。这里的"不同属性"在时间部分论上被还原为个体在不同时间点的属性。

反事实的不确定性论题假定了关于个体的超本质主义。如果任何一种属性对于个体来说都具有本质性，那么任何一种属性上的变化就都会彻底改变其身份或同一性。这种同一性上的不确定性或模糊性是始终存在的，除非我们掌握了某种排除这种不确定性的策略，或者彻底否认反事实乃是事关个体的。在不考虑反事实的情况下，未来的事实只具有认识论上的不确定性，但是不具有本体论上的不确定性。我们对于某个个体未来属性的预期或者猜测与它在未来的真实情况之间，存在一种"认识论鸿沟"（epistemic gap）。在最理想的情况下，反事实条件的解释同样要面临这种认识论鸿沟。

对反事实的拒绝预设了永恒论（eternalism）的时间观，后者主张个体的过去和未来与它的现在一样，都是真实存在的；未来并没有无穷的可能性，"现在"是个索引词，并没有相对于过去和未来的本体论优先性；某个体现在并不具有无穷的现实性，它在未来也不会有无穷的可能性；我们关于它的未来的预测或者揣摩

---

[1] 蒯因：《从逻辑的观点看》，陈启伟等译，中国人民大学出版社，2007年，第4—5页。

所带来的不确定性是认识论上的,不是本体论上的;如果它在未来的本体论地位要依赖于现在的预测,那么这种不确定性将会传染到本体论上。在反事实的解释中也是如此。反事实面向过去的未实现的可能性:我们对这种可能性的"反向预测"仍然充满认识论上的不确定性。没有充分的理由证明,这种面对过去的"反向预测"要比面向未来的"正向预测"有更高的准确率;退一步说,即使前者具有更高的准确率,如果我们据此认为个体就是我们在反事实条件下看上去的那个样子,那么它就感染了本体论上的不确定性:我们不确定,反事实条件下的个体仍然是它自己,还是变成了其他个体。

对反事实的概率解释,预设了反本质主义观点。在概率解释中,任何一种属性都可能丧失,但是这并不影响个体的同一性。这种解释不能假定任何一种属性对于个体来说是本质性的,因为即使它丧失了,关于这个个体的反事实解释仍然是有效的——它是另一种模态(可能性)下的自己,仍然是它自己,没有因此变成他物。当然,我们也不能因此就认为,反事实所面对的不确定性完全是由个体所带来的。只要我们不假定个体的存在,那么反事实就不会遇到不确定性问题。对此我要说,反事实条件的不确定性,不同于事实条件下的个体不确定性。在事实条件下,昨天的我与今天的我之间存在个体同一性的不确定性问题。从整存论(endurantism)的角度看,昨天的我在某些属性上不同于今天的我,因此无法通过超本质主义的检验,昨天的我与今天的我不再是超本质主义意义上的同一个人。但是,从分存论角度来看,昨天的我与今天的我都只是我的不同的时间部分。一个个体的不同时间部分之间在属性上的差异,并不影响其整体的同一性。对于分存论者来说,个体的时态属性上的差异是再正常不过的了。因此,分存论意义上的个体,即使经历了时态属性上的变化,仍然能够通过超本质主义的检验。但是,即使是分存论意义上的个体,其在反事实条件下经历了模态属性上的变化之后,也无法通过超本质主义的检验。超本质主义的个体观能够容纳时间部分论意义上的属性多样性,但是无法容纳反事实模态意义上的属性多样性。

本文所理解的"新本质主义",不同于维特根斯坦所批判的传统本质主义,相反类似于他所说的"语法本质"。但新本质主义最直接的思想资源,还是法因的《本质与模态》一文。[1] 法因颠覆了长久以来以必然性解释本质性的观点,转而以本质性解释必然性;在此基础上往前一步,用必然性来解释可能性;往后一步,用语词使用的经验事实来解释本质。在他看来,"本质"是个经验概念,它之于必然性,正如定义之于分析性。"必然性"既是一个从言(de dicto)概念,也是一个从物(de re)概念。但"本质"主要是个从物概念,它存在于定义的"真实的"或"客观的"情况中,而不是"名义的"或"言语的"情况中——这被认为符合洛克关于本质性概念的"名义传统"。如果一个对象本质上具有某种属性,那么它必然具有这种属性。诸如"我知道所有三角形都是三边形""我知道所有单身汉都是未婚成年男子"这样的从物的必然知识,应当被理解为我关于三角形或单身汉的本质的知识,这些知识来自对"三角形"或"单身汉"的定义而非概念分析。至于怎样才能正确地将"单身汉"定义为"未婚成年男子",这依赖于语言用法的一个经验事实,即我们用"单身汉"一词来做什么。

无独有偶,威廉姆森没有使用"本质"概念,但他使用了塞德尔(Ted Sider)所说的"饱和"(saturation)概念,其意思是"所有变量和参数都被填充"[2]。威廉姆森批评刘易斯的"模态"概念是不饱和的。以"偶然性"概念为例,他指出:"只有当所有变量都被赋值,最终的命题在真值上仍有差异时,事物才会有真正的偶然性。"[3] 他举例道,布莱尔在2000年是世界@的首相,而在2000年不是世界w的首相,这一点不是偶然的,偶然的只是布莱尔在2000年是首相。这个事实的偶然性要求它不要有一个等待被分配一个"可能世界"的变量,而只要求有一个在现实世界中等待被分配的变量。在威廉姆森看来,主张"偶然性话语的真值随世界变量值的变化而变化"这个观点,暴露了对偶然性是什么的不理解。对他来说,偶然性的解释方案应该是现实主义(actualism)和模态主义(modalism)的合

1　Kit Fine, "Essence and Modality: The Second Philosophical Perspectives Lecture", *Philosophical Perspectives* 1994, 8.
2　T. Sider, *Writing the Book of the World*, Oxford University Press, 2011, p. 295.
3　T. Williamson, "Necessary Existents", in A. O'Hear ed., *Logic, Thought and Language*, Cambridge University Press, 2002, pp. 231–251.

取：根据前者，事实都是从现实世界的角度出发的；根据后者，模态算子切中了实在的关节。关于事实的陈述也就是饱和的陈述，而关于反事实的陈述是关于事实的陈述的另一种方式，亦即一种模态主义的方式。例如，基于现实主义，没有会说话的驴子；换言之，不会说话是驴子的本质。逻辑上，我们可以假设"如果驴子会说话……"（反事实条件句），但这样的驴子本质上已经不是现实世界中的驴子，驴子的跨世界同一性[1]的丧失使得我们称那头"可能的（会说话的）驴子"为"驴子"是不恰当的。

尽管进路不同，威廉姆森与法因有一个共同点，即他们不再像刘易斯那样借助可能世界来讨论模态（如必然性或偶然性）问题，反事实条件句的真值条件（如果有的话）仍然在现实世界内部，局限于同一条时间线/世界线之内。与其说它们关乎的是可能世界的模态逻辑问题，不如说它们是关于现实世界的历史经验问题。

五、结　语

"刻舟求剑"背后是一种反事实的暂时可能性，刘易斯和斯托尔内克的模态解释背后是一种反事实的模态可能性，但它们在有关反事实依赖的形而上学解释上面临着类似的困难。本文首先指出了主流的模态解释和反实在论解释的一些不足，在此基础上提出了第三种方案，即新本质主义方案。其理论优势在于，它一方面回避了模态方案所面临的挑战，另一方面充分照顾了我们的反事实直觉。事实关系和反事实依赖都是一种本质联系，而不是模态联系。就此而言，本文的旨趣与法因类似，属于当代形而上学的"后模态"阵营。事物之间的本质联系严格局限于现实世界之中，直觉上成立的反事实条件句是对某种非本质性事实的改写；但本质的标准不再是逻辑上的，而是概念谱系学上的（尼采），或者语词用法上的（维特根斯坦）。法因指出了借用"必然性"概念解释"本质"概念的错误，

---

[1] 这里指的是跨世界类别同一性，在上面楚人的例子中指的是跨世界个体同一性。

转而用"本质"概念解释"必然性";威廉姆森对刘易斯的"模态"概念提出批评,认为关于事实的陈述也就是"饱和"的陈述,而关于反事实的陈述是关于事实的陈述的另一种方式。总之,应当由事物的本质,而不是由"最接近真实世界"(刘易斯)或"与真实世界差异最小"(斯托尔内克)的某个可能世界,来决定反事实是否可行。

新实用主义语境中的心身观念
——塞拉斯与普特南

王 玮[*]

古典实用主义是一座思想宝库，越来越多的当代哲学家（尤其是分析传统的哲学家）从中汲取资源来发展自己的学说，由此形成了新实用主义。在一种意义上可以说，新实用主义不再是实用主义理论"单独整体地"发展和推进，而是与其他哲学流派"交互补充地"影响和融合。换言之，古典实用主义的要素被注入这些流派（尤其是分析哲学）关心的哲学话题，成为这些话题发展的重要推力。在新实用主义思潮中，很多哲学家与实用主义结缘，他们运用实用主义的洞见来回答相关的哲学问题；但不是专门从事实用主义研究，从而并不称自己是实用主义者。在这些交融发展的话题中，心身观念是被广泛关注的一个。

一、杜威的心身观念及其当代回响

普特南是新实用主义的代表人物之一，他的心身观念承续了实用主义精神。他长期为之辩护的观点是"心灵不是一件东西（thing）"[1]。他赞同麦克道威尔的主

---

[*] 王玮：浙江大学哲学学院百人计划研究员。
[1] 普特南：《三重绳索：心灵、身体与世界》，孙宁译，复旦大学出版社，2019年，第180页。

张，即"绝对不要认为心灵是一个器官（organ）"[1]。麦克道威尔认为，心灵不是一个由物质构成的占据空间的器官（比如大脑），也不是一个由非物质构成的器官。[2]在普特南看来，麦克道威尔将心灵视为一个能力系统[3]，这些能力牵涉对象，即牵涉世界。[4]麦克道威尔说，"思想是……其生活与世界处于认知和实践关系中的动物……所拥有的能力的运用"[5]。而普特南更简洁地说，"思想是牵涉对象的能力的运用"[6]。总之，谈论心灵就是谈论这些能力的运用。

普特南的看法是古典实用主义哲学家杜威的心灵观念在当代的回响。[7]杜威说："心灵首先是一个动词。它是指我们有意识、有目的地和我们发觉自己所处的情境打交道的一切方式。"[8]有的哲学家将心灵视为独立于世界的实体，将思想视为这个独立实体的状态，即它执行着所谓的心理活动。杜威不赞同这个看法，他认为心灵不是一个独立的实体，不是"一件东西"，而是行动的样式。他举例说，"妈妈照看她的宝宝"（The mother minds her baby）中使用了"心灵"的动词（"心灵"的动词还包括"记住""想起"等其他用法），这里的心灵不独立于世界，它离不开妈妈和宝宝以及相关情境。[9]

心灵不等同于生命（life）和物质（matter）。换言之，杜威区分了物理的（physical）、精神-物理的（psycho-physical）、心理的（mental）。[10]物质或物理的是无生命之物（比如沙石这样的物理之物）的特征，生命或精神-物理的是有生命之物（比如植物和动物这样的有感触生物）的特征，而心灵或心理的是一些有感触

---

1 H. Putnam, *Words and Life*, Harvard University Press, 1994, p. 305.
2 J. McDowell, "Putnam on Mind and Meaning", *The Philosophy of Hilary Putnam*, University of Arkansas Press, 1993, pp. 38-39.
3 H. Putnam, *Words and Life*, p. 292, n. 6.
4 普特南：《三重绳索：心灵、身体与世界》，第 180 页。
5 J. McDowell, "Putnam on Mind and Meaning", p. 45.
6 H. Putnam, *Words and Life*, p. 306.
7 陈亚军：《杜威心灵哲学的意义和效应》，载《复旦大学学报》2006 年第 1 期。
8 杜威：《作为经验的艺术》，孙斌译，华东师范大学出版社，2019 年，第 324 页。
9 同上。
10 杜威：《经验与自然》，傅统先译，马荣校，华东师范大学出版社，2019 年，第 229—237 页。

生物(比如像我们一样的人)的特征。人的活动由于其觉知意义而是心理的,又由于其以精神-物理的活动为前提而是自然的。这里的关键在于,生命不是将物理之物和精神之物混合,而是增加了无生命之物不展现的某些特征;同样,心灵继续增加了一些有生命之物不展现的某些特征。可以说,杜威式心灵是人与其他有生命之物以及无生命之物相区别的一种特征。物质、生命、心灵是三种自然特征,不是三种独立存在,因此不存在三者之间的"关系"的问题。

这样一来,就不难理解杜威的心身观念了。在他看来,

> 身心就是指一个活的身体涉入话语、交流、参与的情境中时实际所发生的。……"身体"指涉连续不断、持续累积的(与有生命和无生命的其余自然相连续的)诸因素的运作;而"心灵"指涉有差别的特征和后果,即它们表明了当"身体"涉入一个更大、更复杂又相互依赖的情境中时出现的特征。[1]

这种心身观念把自然设想为一个领域,其中的事件可以展现物理的、精神的或心理的特征;而不是把自然设想为一个封闭的机械领域,把心灵划在自然之外的一个独立领域,从而不会使自然中的身体会思想变成一件神秘的事情。

杜威认为,"心灵指意义(当它们在有机生命的运转中体现时)构成的整个系统"[2]。因此可以说,谈论心灵就是谈论体现意义的生活过程。普特南本着同样的精神说:"谈论我们的心灵就是在谈论我们所拥有的牵涉世界的能力和我们从事的活动。"[3] 两人的一个不同之处在于,普特南的论证是在当代分析哲学的背景下展开的,核心是他对意义的讨论。然而,他的意义理论使他与杜威的观点产生了偏离,也导致他放弃了自己之前主张的功能主义进路。塞拉斯[4]是一位深受实用

---

[1] 杜威:《经验与自然》,第258页。
[2] 同上书,第275页。
[3] 普特南:《三重绳索:心灵、身体与世界》,第180页。
[4] 塞拉斯(1912—1989)略年长于普特南(1926—2016),他是新实用主义哲学家罗蒂和布兰顿发现的一位非常重要的人物。塞拉斯不称自己是实用主义者,尽管他受实用主义精神的浸染,也在他的一些(转下页)

主义影响的分析哲学家,他的心身观念可以化解普特南面对的张力,并沿着杜威的道路向当代科学维度推进。

二、普特南的语义外在论与功能主义心身观念

普特南主张语义外在论,即语句的内容部分取决于相关词项的外延,或者说需要确定这些词项在具体语境中的指称,而指称又取决于身体(特别是大脑)之外的因素。[1] 换言之,普特南认为,语词意义的构成之一是外延,语词的意义不是由相关心理状态确定的,而是由环境和社会确定的。他多次用他著名的科幻小说来说明其主张。假定银河系某个地方有一个孪生地球。它和地球一模一样,除了一点不同,即虽然地球人和孪生人都使用语词"水"来指称各自星球上的一种液体,但地球上的液体是 H_2O,孪生地球上的是 XYZ。江河湖海中流淌的都是各自星球上被称为"水"的液体,这些液体具有相同的经验特征。当地球人奥斯卡和孪生人奥斯卡同时说"水"时,两人处于相同的心理状态。但他们所说"水"的意义不同,因为它们分别指称 H_2O 和 XYZ。两人的心理状态不能解释这个指称上的差别,因此不能确定其外延。普特南由此断言:"'意义'就是不在大脑中!"[2]

语词"水"的意义除了依靠环境,还依靠社会。假如我们1750年访问孪生地球,此时化学理论还不成熟,地球人和孪生人都不知道各自星球上被称为"水"的液体的化学成分,从而无法区分两种液体。直到化学理论出现后,"水"的外延

(接上页)著述中涉及古典实用主义哲学家皮尔士、詹姆斯、杜威及其相关的思想。然而,正如罗蒂所言(罗蒂:《经验主义与心灵哲学》,王玮译,复旦大学出版社,2017年,引言第5页,注释1),他的思想非常适合被列入美国实用主义发展史中。塞拉斯的哲学究竟在何种程度上衔接和推进了实用主义?对于这个话题已经有了一些讨论——比如米萨克的《威尔弗里德·塞拉斯:规范与理由》——但仍有待于进一步展开。

1 普特南:《三重绳索:心灵、身体与世界》,第130页。
2 普特南:《"意义"的意义》,李绍猛译,陈波校,载陈波、韩林合主编:《逻辑与语言:分析哲学经典文选》,东方出版社,2005年,第464页。

才被确定。这个词的外延不是由个体心理状态，而是由语言共同体确定的。确切地讲，它源于普特南指出的语言劳动分工[1]，即语词的意义存在于语言共同体中，这个共同体是一个集体，它将语词的各部分意义分工给了个体。在很多情况下，外延的确定是社会性的，不是个人性的。尤其是对于科学领域的专业语词，普通人不太了解甚至并不知晓，但因为专家知晓，它们就成了社会意义的一部分，就像化学家对"水"这个词的使用一样。

语义外在论突出了环境和社会的重要性。这与杜威的心灵观念是一致的，因为杜威式心灵作为一个意义系统就是在文化传统的背景下由人与环境的交互作用形成的。然而，语义外在论也是一个重要的理由，它使普特南放弃了他之前自称首先提出的[2]功能主义心身观念。这种功能主义主张，人的意识活动是大脑的功能状态。心灵就像计算机软件，大脑像硬件，心理状态是大脑的计算状态。但这样理解的心理状态，和奥斯卡说"水"时的心理状态一样，不能确定相关词项的指称。因此，功能主义与语义外在论是不相容的。正如普特南自己所言，功能主义"将语言看作在头脑中（在计算机中）的；这样一来，任何语言中的项怎么会指称头脑之外（或计算机之外）的东西，就不可避免地变得神秘了"[3]。

问题在于，普特南该如何安置个人心理状态？在科幻小说中，两位奥斯卡说"水"时处于相同的心理状态，即持有相同的信念。在普特南看来，这信念具有相同的狭义内容，不具有相同的广义内容，因为广义内容包括相关词项的指称。[4]信念的广义内容由环境和社会确定，依靠头脑之外的因素；而狭义内容不依靠头脑之外的因素。[5]但如果语义外在论是对的，那么任何语词的意义都是由环境和社会确定的，从而不会有任何内容不依靠头脑之外的因素，包括所谓的狭义内容。这样一来，如果奥斯卡的信念具有内容，那么这内容只能是"广义的"，从

---

1 普特南：《"意义"的意义》，第 464—467 页。
2 普特南：《理性、真理与历史》，童世骏、李光程译，上海译文出版社，2005 年，第 87—88 页。
3 H. Putnam, *Words and Life*, p. 305.
4 普特南：《三重绳索：心灵、身体与世界》，第 131 页。
5 普特南：《"意义"的意义》，第 456—457 页。

而奥斯卡不会不处于"狭义的"心理状态。这与普特南用来论证其观点的科幻小说是矛盾的。

普特南也由此偏离了杜威的心灵观念。在杜威那里,个人心理状态(或个人心灵)被称为意识。意识与心灵既相互区别又相互联系。"心灵指整个意义系统……而意识指对意义的觉知……心灵更大的部分只是隐含在意识动作或状态中。"[1]意识不是对整个意义系统的觉知,而是对其中部分意义的觉知——杜威将现实意识到的意义称为"观念"(ideas)。[2]心灵实质上形成了一个背景,它决定着作为前景或焦点的个人意识过程。举他的例子来讲,就像一本书的内容构成一个意义系统,以这个系统为背景才能读到书中的观念。[3]在杜威看来,个人心灵觉知的观念是心灵的构成部分。相比之下,普特南将个人心理状态的内容与意义分隔开来。

三、塞拉斯的意义理论与心灵哲学

问题的关键在于语义外在论。普特南称他的语义外在论得到了众多语言哲学家和心灵哲学家的赞同[4],但塞拉斯不会赞同。塞拉斯的意义理论避免了普特南的问题,也会继续推进杜威的心灵观念。普特南认为,外延是意义的构成,认为像"(在地球上)语词'水'意指H_2O"或"(在孪生地球上)语词'水'意指XYZ"这样的陈述指出了相关语词的外延。[5]但以这个论点来考察像"and"这样的逻辑语词、像"+"这样的数学语词以及维特根斯坦谈及的"痛"之类的感觉语词,就会陷入充满争议的哲学难题:这些语词的外延是什么?

塞拉斯的意义理论中没有这个难题。在他看来,"意指"(means)不是一个语词

---

[1] 杜威:《经验与自然》,第275页。

[2] 同上书,第277页。

[3] 同上。

[4] 普特南:《三重绳索:心灵、身体与世界》,第130页。

[5] 普特南:《"意义"的意义》,第460页。

和一个非语言实体之间的关系——普特南将其理解为名称("水")和其指称(H_2O或XYZ)之间的关系——而是一个语词和一个语言实体之间的关系。意指陈述中的"意指"是系词的专业形式，它后面是一个元语言分类词。[1] 举例来讲，意指陈述"'und'(在德语中)意指and"中的"and"不是某个抽象实体的名称，而是一个元语言分类词——塞拉斯使用点引号来生成这样一个分类词。该陈述的正确分析是"und(在德语中)是·and·"，它将表达式"und"进行功能归类，并且表明它在德语中发挥了"and"在英语中发挥的功能。对于掌握英语的人而言，尽管这个语句没有讲明这些功能具体是什么，但是它给出了"und"的功能，因为只要通过复述"and"在英语中发挥的功能(即列出相关的语法)，他们就可以知道"und"在德语中发挥的功能。不过，功能分类词的使用是灵活的。或者说，意指语境的缺点在于可能给出"und"发挥的一些功能，同时也给出"und"不发挥的一些功能，毕竟"und"和"and"不发挥完全相同的功能。总之，一个表达式的意义是它的功能(或者说，它在功能意义上的使用)。[2] 外延不是功能，因此外延不是意义的构成。

塞尔拒绝语义外在论，他认为意义不依靠头脑之外的因素。[3] 塞拉斯也会拒绝语义外在论，但他不会否认意义依靠头脑之外的因素；他反对外延构成意义，不反对意义与外延密切相关。塞拉斯赞同意义依靠环境，也赞同普特南提出的语言劳动分工。[4] 他始终强调，"语言是一种社会制度，意义要从社会的角度来理解"[5]。词句的功能在人的实践活动中产生、存在、演变。就像"水"一样，它在化学理论出现之前被用来回应一种无色透明液体产生的感官刺激，在化学理论出现之后被用来回应由H_2O构成的液体产生的感官刺激。这些功能作为意义(就像杜威式心灵一样)体现在人类活动中，而意指陈述作为语义陈述不是"描述"相关的人类活动，而是"传达"这些活动的信息。

---

1 塞拉斯：《自然主义与存在论：1974年约翰·杜威讲座》，王玮译，复旦大学出版社，第82页。
2 同上书，第81页。
3 普特南：《三重绳索：心灵、身体与世界》，第131页。
4 W. Sellars, "Reply to Dennett and Putnam", *Synthese* 1974, Vol. 27, No. 3-4.
5 Ibid.

塞拉斯的意义理论紧扣他的心灵哲学。他延续了早在柏拉图乃至智者时就被提出的"思想类似言说"的想法（普特南也有这个想法，因为他称语句的内容和心理状态的内容之间是衍生关系[1]），认为思想的意向性特征（即关于什么）类比于言说的语义特征（即意指什么）。[2] 说一次言说意指什么就是在功能方面将其归类，即说它意指 p，就是说它发挥的功能是·p·类。同样，说一个思想关于 p，就是说它发挥的功能是·p·类，即它发挥的功能类似·p·的殊型在相关语言中发挥的功能。[3] 这就像建构一个理论一样，气体动力学用以台球为模型的分子来解释气体膨胀，而心理学用以言说为模型的思想来解释人的行为。[4]

据此看来，两位奥斯卡说"水"时的心理状态是有意义的，即这个词被用来回应各自星球上被称为"水"的液体。两人所说"水"的意义相同吗？普特南认为不同，因为它们的指称不同。问题不能这样简单地回答。如果此时尚未出现化学理论，那么它们的意义是相同的，即它们在发挥相同的功能（包括回应眼前的无色透明液体产生的感官刺激）；而在化学理论介入之后，如果语言共同体把 H_2O 和 XYZ 规定为两种水，那么它们的意义就是不同的；但如果把水规定为 H_2O 而非 XYZ，那么孪生人奥斯卡再在相同的情境中所说的"水"就不是与地球人奥斯卡所说的"水"具有不同的意义，而是"水"这个词在前者那里没有得到正确的使用。因此，不论处于哪个历史阶段，两人的心理状态都是有意义的，即都在发挥类似相关语词发挥的功能，只不过功能有时会出错。恰如杜威所言："意义被取用……而取用是可错的。"[5]

1　普特南：《三重绳索：心灵、身体与世界》，第 130 页。
2　W. Sellars, *Science Perception and Reality*, Ridgeview, 1991, p. 164.
3　类比也有限定。比如，虽然思想因为可类比于外显言说而被称为"内在言说"，而且（根据假定）外显言说始于内在言说，但它却不是隐藏的舌头摆动产生的"内在声音"模式。此外，概念的思想也由此与非概念的感觉区分开来，因为感觉不是类比于言说来得到设想，而是类比于相关的标准外因来得到设想的。塞拉斯由此区分了心身问题（mind-body problem）与感身问题（sensorium-body problem）。其实，杜威在对两种意识的阐释中已经做出了这个区分（杜威：《经验与自然》，第 271 页）。
4　"理论"（theory）一词的含义十分宽泛，涵盖不同类型的解释框架。塞拉斯这里指的是其中一个类型，这类理论通过假定不可观察的实体（entity）来解释可观察的现象。
5　杜威：《经验与自然》，第 260 页。

四、心理片段的内在特征与多重实现

在丹尼特看来，塞拉斯关于意义的看法开启了当代功能主义心灵哲学，包括普特南和他自己在内的功能主义者都受到了塞拉斯的影响。通过类比建构的思想概念是抽象的，它只揭示功能特征，不揭示内在特征。这导向了一种可能性，即心灵是可以由不同的物质构成的装置来多重实现的。[1]

在塞拉斯的建构中，思想的首要主词是人，即人思想。[2] 随着科学尤其是神经生理学的发展，思想被归于人的某个部分，即大脑或神经系统。塞拉斯想象了去除骨肉之后仍存活的神经系统，尤其是大脑，并称之为"核心人"（core person）。[3] 这样，思想是核心人的状态，由此衍生而来是装束骨肉的人的状态。核心人作为物理对象，兼具心理和物理特性。用亚里士多德的口吻来讲，心理片段是功能的，也有其质料因，即它是相关质料的配置。[4]

多重实现意味着，思想的主词不局限于人或核心人。当图灵问"机器能思想吗？"时，他承诺了其他质料因，也承诺了思想概念的关键不在于是否与人在质料上相似或等同。[5] 塞拉斯也曾提及"机器能思想吗？"，但他没有像图灵一样正面探讨，只是指出类人机器人对环境的记录可以有意义，从而可以称之为一种语言。[6] 但他明确指出，承认思想类比于言说是至关重要的第一步，还有言说类比于先进计算机功能，以及计算机电路类比于神经生理学组织模式。[7] 这表明，塞拉斯的思想概念可以涵盖由机械电子材料构成的人造物。

那在什么意义上可以说，由其他物质构成的装置能思想？塞拉斯曾指出，"思想是什么"的概念就像"（国际象棋中）出车是什么"的概念一样。[8] 不难想象，

---

[1] 丹尼特：《意向立场》，刘占峰、陈丽译，商务印书馆，2015年，第463—464页。

[2] W. Sellars, *Science and Metaphysics: Variations on Kantian Themes*, Ridgeview, 1992, p. 141.

[3] W. Sellars, *Philosophical Perspectives: Metaphysics and Epistemology*, Ridgeview, 1967, p. 200.

[4] W. Sellars, *Science and Metaphysics: Variations on Kantian Themes*, p. 146.

[5] A. M. Turing, "Computing Machinery and Intelligence", *Mind* 1950, Vol. 59, No. 236.

[6] W. Sellars, *Science Perception and Reality*, pp. 50-55.

[7] Ibid., p. 34.

[8] Ibid.

象棋游戏可以由不同的质料体现。这些体现可以是标准的（即标准形状大小的木制棋子棋盘），也可以是古怪的（比如塞拉斯假定的得州象棋）。[1] 得州人通过电报使不同品牌的汽车在郡县之间移动来玩象棋游戏，其中郡县代表棋盘上的方格，各品牌的汽车代表棋子——比如，大众牌汽车代表兵。在塞拉斯看来，这些体现的是"同一"象棋游戏的不同质料样式，但人们在称得州象棋为"象棋游戏"之前要经历一个过程。具体来讲，当人们发现这种游戏与传统象棋游戏相似时，人们会提高象棋游戏语汇的抽象程度，对比各品牌汽车在郡县之间移动与象棋棋子在棋盘方格之间走棋的相似，并由此认为它们是同一游戏的不同玩法，即"传统象棋"和"得州象棋"是"象棋游戏"的两个在质料上相异的样式。两种游戏也可能在形式上相异。[2] 比如，如果在对比中发现，得州象棋中没有"吃过路兵"的规则，那么严格地讲，其中的大众汽车就不是兵，从而得州象棋也不是象棋游戏。尽管如此，仍可以引入一个通名"兵"，标准象棋的"兵"和得州象棋的"兵"是其次级归类，从而"标准象棋"和"得州象棋"是"象棋游戏"的次级归类。[3] 这样，"象棋游戏"的抽象程度可以达到涵盖与标准象棋在质料和形式上均相异的游戏，同样，"思想"的抽象程度也可以涵盖与人在质料和形式上均相异的状态——这意味着，即使心灵的功能超出自然人心灵的一般范围，它也可以被称为"心灵"。

这样的抽象可以达到何种程度？这个问题值得研究。如果心灵功能在复杂程度上有标准，那不达标的功能可以是模仿思想的过程，却不能被称为"心灵"。在塞拉斯看来，如果一种质料无法达成可以被称为"心理行动"的配置序列，那么这种质料就不是心理片段的质料。[4]

塞拉斯的心灵观念也支持克拉克和查莫斯提出的延展心灵。这种看法认为，心灵和余下世界的界限不是身体，尤其不是皮肤和颅骨。[5] 举他们的例子来讲，

1　W. Sellars, *Philosophical Perspectives: Metaphysics and Epistemology*, p. 58.
2　Ibid., pp. 58–59.
3　W. Sellars, *Science and Metaphysics: Variations on Kantian Themes*, p. 112.
4　Ibid., pp. 146–147.
5　A. Clark and D. Chalmers, "The Extended Mind", *Analysis* 1998, Vol. 58, No. 1.

正常人因加和患有阿尔茨海默症的奥托都去博物馆看展览，因加是凭借记忆想起博物馆的地址走到博物馆的，而奥托是凭借随身携带的笔记本找到地址走到博物馆的。奥托的笔记本起到了生物记忆的作用，即笔记本之于奥托扮演记忆之于因加的角色。[1] 因加相信博物馆在53街，这个信念的信息在她的记忆中等待访问。同样可以说，奥托也相信博物馆在53街，这个信念的信息在他的笔记本上等待查询。通常认为，信念是内在决定的，即由大脑决定，但奥托例子中的信息是皮肤之外的环境特征，这一特征促成了相关认知过程。如果信念是心理状态，那么在奥托的例子中，心灵延展到了身体之外。延展心灵不是机器，而是人和物的组合。克拉克和查莫斯没有阐明，在什么意义上异于人体的环境因为参与类似认知的过程而被认为是心灵的构成。而根据塞拉斯的心灵哲学则完全可以说，这个组合在发挥相关功能的意义上具有心理特性。这里的关键在于明确归属，即明确相关心理状态的主词。发挥功能的是系统整体（即由奥托和笔记本构成的整体），这个整体的部分区别于脱离这个整体的部分。

五、未来科学视角下的心身关系

金在权指出，心身问题的核心是意识和大脑的关系问题，即有意识的生命与在大脑中发生的生物学和物理学过程之间的关系问题。[2] 同一论者认为，大脑是神经生理学系统，大脑状态与心理状态是同一的。而功能主义者反对同一论，主张心理状态是一种功能角色，不是大脑状态。就此而言，功能主义的心身观念与杜威的相一致。杜威反对意识在大脑中，他认为人体不只是一个结构，还是一系列相互作用的方式。这个方式依靠这个结构，但不等同于这个结构；意识不等同于大脑，就像行走不等同于腿、呼吸不等同于肺一样。[3] 塞拉斯和普特南也考虑

---

1 A. Clark and D. Chalmers, "The Extended Mind".
2 Jaegwon Kim, *Philosophy of Mind*, Westview Press, 2011, p. 301.
3 杜威：《经验与自然》，第264页。

到了功能维度，但普特南的语义外在论使他将功能与意义分离。相比之下，塞拉斯延续了杜威的心灵和意识关系问题，并由此继续推进意识和大脑的关系问题。确切地讲，普特南反对同一论，即反对用生物学或物理学的语言来定义心灵，但塞拉斯反对的是"定义"（definition）意义上的同一，他不反对"重新定义"（redefinition）意义上的同一。[1]

笛卡尔时代的科学尚未达到神经生理学水平，像身体这样的物质对象被解释为复杂的不可感知粒子的系统。在笛卡尔看来，如果身体是这样的粒子系统，而思想不能被解释为相关粒子的复杂相互作用，那么身体就不会是思想的主词。[2]他走向了心身实有（substance）二元论，将心理特性归于一个独立的实有，即非物质的心灵，从而认为人是心灵和身体两个实有的组合，赖尔形象地称之为"机器中的幽灵"。[3]不过，心理片段并不靠神经生理学来建构，也不靠自身等同于神经生理学状态来解释人的行为现象。而且，心理学和神经生理学的事件、状态、属性有明显区别，二者怎么会同一？

有一条出路，即可以从理论的"解释"（explanation）谈起。塞拉斯认为，理论可以解释为什么某种物理对象在某种情境中以经验规律描述的方式表现。解释的基本图式是：因为这种物理对象是某种理论实体的配置，所以它的表现在适当的范围内服从经验规律。[4]比如，气体动力学的解释是：因为一定体积的气体是一定量的分子，所以它的膨胀服从经验的波义耳-查理定律。这其中牵涉两个方面。[5]第一，将物理对象等同于科学对象系统。第二，没有将物理对象的经验特性等同于科学对象的理论特性。因为代表经验特性的谓词是观察谓词或由观察谓词定义，而代表理论特性的谓词由该理论的原始词项定义，所以相关的两类谓词没有相同的意义，不代表相同的特性。两组特性靠实质对应规则关联。比如，

---

[1] 普特南《三重绳索：心灵、身体与世界》，第39页。
[2] W. Sellars, *Science Perception and Reality*, pp. 30–31.
[3] 赖尔：《心的概念》，徐大建译，商务印书馆，2006年，第10—13页。
[4] W. Sellars, *Science Perception and Reality*, pp. 112–113.
[5] W. Sellars, *Philosophical Perspectives: Metaphysics and Epistemology*, p. 151.

"(区域 R)气体的温度是 T↔(区域 R)气体分子的平均动能是 E"是气体动力学的一条对应规则,其中"E"的数值根据关联温度"T"的定理计算得出。这条规则将经验谓词与相应理论谓词关联起来,并许可观察陈述和理论陈述之间的推论。对应规则不同于定义,定义规定两个表达式的意义相同,而对应规则不这样规定。

塞拉斯指出,对应规则可以处于理论和观察框架之间,还可以处于两个理论之间,比如化学和原子物理学之间。[1] 当原子物理学可以解释化学物质反应时,两门科学的语汇之间就建立了等同关系。但这是将化学对象和原子物理对象系统等同(比如"氢等同于一个由某原子核和某电子组成的系统"),不是将相关的理论特性等同,因为相关的两个理论谓词由各自学科的原始词项定义,它们没有相同的意义。但塞拉斯认为,原则上可以在化学和原子物理学语汇的基础上制定一套统一的语汇,其中用原子物理学语汇来定义化学对象及其特性,由此赋予化学语汇一种新的使用。[2] 两个理论在这个意义上达成统一,原来的对应规则被定义取代。[3] 同样,原则上可以有多种理论来解释有机人体,比如理论物理学、生化学、生理学(尤其是神经生理学)等,各理论在完善阶段可以融为一幅图画。不过,问题不在于神经生理学概念等同于生化学或理论物理学概念,而在于神经生理学概念与思想概念的等同。

塞拉斯曾说,"杜威的经验世界很像我称为的在世之人的显见意象,它(如果恰当理解的话)通向科学实在论"[4]。显见意象(manifest image)是理想的观察框架或常识框架,其中的基本对象是常识物理对象和过程,就像杜威区分的一样,包括人、动物、其他生命体、非生命体等,它们是可感知的(即可观察的),具有经验特性。与之相对的是科学意象(scientific image),即理想的理论框架或科学

---

1 W. Sellars, *Philosophical Perspectives: Metaphysics and Epistemology*, pp. 151–153.
2 Ibid., pp. 153–154.
3 但两个理论统一不是指两门科学本身等同,因为它们各自仍有一个自主维度,即仍留有各自牵涉经验维度的对应规则来将各自的理论实体关联到经验世界的可观察现象。
4 塞拉斯:《自然主义与存在论》,王玮译,复旦大学出版社,引言第 1 页。

框架，其中的基本对象是假定的理论实体，它们不可感知，具有理论特性。[1] 思想在显见意象中，而神经生理学实体在科学意象中，二者牵涉的同一不在两个理论之间，而在两个框架之间。塞拉斯为科学实在论辩护，认为科学意象对世界的描述、解释、预测能力更优于显见意象，因此科学意象原则上会取代显见意象，而不是二者融合为"单个"框架。尽管如此，他认为，二者可以融为一个"立体画面"[2]，从而原则上可以展望理论和经验的对应规则变为一种重新定义，即用理论语汇来重新定义经验语汇，同时保留经验谓词的感知角色。[3] 不过，这种重新定义根本上不是还原，而是句法维度的语义规定，即随着科学探索的完成将原来对应规则中观察陈述和理论陈述之间的"暂时"关联变为"确定"关联。由此，思想作为以杜威式心灵为背景的个人意识在重新定义的意义上被等同于神经系统的某种状态。而且，这个综观视角也表明，心灵概念位于且仅位于显见意象的一个层级，要全面解释人的行为，就要越过这一层级，深入到其中没有心灵概念也与这个概念没有还原关系的科学意象中。

---

1 W. Sellars, *Science Perception and Reality*, p. 10.
2 Ibid., pp. 9–10.
3 W. Sellars, *Philosophical Perspectives: Metaphysics and Epistemology*, pp. 154–155.

意识理论*

阿尼尔·K.赛斯　蒂姆·贝恩

李恒威　阮泽楠 译**

一、引　言

在其复兴的最初几十年里，意识的科学研究聚焦于寻找"意识的神经相关物"（neural correlates of consciousness，NCCs）。形式上，意识状态的NCCs是对该状态来说足够的最小神经事件集合；实践上，对NCCs的探索涉及寻找与意识最密切相关的脑状态和过程。[1-3] 由于NCCs概念是相对"理论中立的"，专注于寻找NCC是有用的，因此NCC框架为具有不同理论甚至形而上学承诺的研究者提供了一种共同的语言和方法论。然而，NCC框架的局限性也变得越来越明显，例如，在区分"真正的"NCC与意识的神经前提条件和后果方面所面临的挑战就充分说明了这一点。[4-7] 为了回应这些限制，人们越来越关注意识理论（theories of consciousness，ToCs）的发展。有了意识理论，我们将能超越基于NCC的方法

---

* 本文译自 Anil K. Seth and Tim Bayne, "Theories of Consciousmess", *Nature Reviews Neuroscience* 2022, Vol. 23, pp. 439–452。

** 作者阿尼尔·K.赛斯（Anil K. Seth）：英国萨克塞斯大学认知与计算神经科学教授；蒂姆·贝恩（Tim Bayne）：澳大利亚蒙纳士大学哲学系教授。译者李恒威：浙江大学哲学学院教授；阮泽楠：中共杭州市委党校公共管理教研部讲师。

论，并转向提供解释性见解的意识模型。事实上，拥有一个得到经验实证检验的意识理论应该是意识科学的首要目标。[8,9]

NCC 进路优先考虑寻找脑活动与意识之间的相关性，而理论进路则侧重于识别神经机制与意识各方面之间的解释联系。[10] 话虽如此，理论家经常采用不同的概念来确定神经活动与意识之间的解释联系。一些学者认为，一个令人满意的意识理论应该而且能够填补"解释鸿沟"（explanatory gap）（框1），并且有可能使神经活动与意识之间的关系像水的化学结构与它的总体行为概况之间的关系一样透明。[11] 另一些学者则怀疑或仍然持不可知论的态度，不知道解释鸿沟是否能完全弥合，但仍然希望有一个框架，可以解释意识的某些方面，从而减少或消除环绕其生物物理基础的神秘感。[12,13] 还有一些学者认为，解释鸿沟的直觉具有误导性，意识科学无须认真对待它。[14,15]

框 1 意识理论与"难问题"

20 世纪 90 年代，大卫·查默斯（David Chalmers）做出了一个关于意识的"难"问题与"易"问题的著名区分。[164] 易问题涉及与意识相关的功能和行为，而难问题则涉及意识的体验的（现象的、主观的）维度。使难问题变得困难的是"解释鸿沟"[165]——直觉上似乎无法完全根据物理或功能的术语对体验进行还原解释。

一些意识理论（例如，整合信息理论[integrated information theory，IIT]和某些版本的高阶理论[higher-order theory，HOT]）直接考虑处理这个难问题。其他理论（例如，全局工作空间理论[global workspace theories，GWTs]）关注与意识相关的功能和行为属性；虽然它们被认为在考虑处理这个难问题，但这不是它们的倡导者的主要目标。第三种策略（被一些预测加工理论者所采用）旨在提供一个可以解决意识现象属性诸问题的框架，而不试图解释这一现象学存在本身[67]——这个进路有时被称为"真实的问题"（real problem）。[13,166]

这个领域的一个关键问题是，难问题是否确实是一个应该由意识科学来解决的真正的挑战，或者它是否应该被消除而不是被解决。持后一种观点的人往往认为，一个显著的难问题的出现源于我们用来表征自身意识状态的概念（"现象概念"）的不寻常特征。[167,168] 一种相关的观点是错觉主义（illusionism），根据这种观点，我们实际上没有现象状态，而只是把自己表征成有这样的状态。[14,15] 无论这些建议的优点是什么，随着我们解释、预测和控制意识的现象学和功能属性的能力的扩展，难问题的解决可能变得容易一些。[166,169]

目前存在各种各样候选的意识理论（表1）。值得注意的是，随着经验实证数据的积累，意识理论不是逐渐被"剔除"，而是似乎在激增。这种激增既导致了对现有理论的整合[16]，也导致了"对抗性合作"（adversarial collaborations）的发展——在这种合作中，竞争性理论的支持者事先就拟议的实验结果就他们对自己所偏向的理论是支持还是削弱达成一致。[17] 然而，正如我们讨论的，理论整合和对抗性合作都面临着重大挑战。

表 1 意识理论系列

理　论	首要主张	文献
高阶理论（Higher-order theory，HOT）	意识依赖于低阶心智状态的元表征	31, 46
自组织元表征理论（Self-organizing metarepresentational theory）	意识是关于自身的脑的（元表征）理论	34, 140
注意中级表征理论（Attended intermediate representation theory）	意识依赖于中级表征的注意放大	141, 142
全局工作空间理论（Global workspace theories，GWTs）	意识依赖于一个神经全局工作空间内的点火和传播，额顶叶皮层区在其中起着核心作用	47, 49
整合信息理论（Integrated information theory, IIT）	意识等同于物理基质的因果结构，它规定了一个不可还原的整合信息的最大值	57, 59, 60
信息闭合理论（Information closure theory）	意识依赖于与一个特定粗粒度环境相关的非平凡（non-trivial）信息闭合	143
动态核心理论（Dynamic core theory）	意识依赖于一组功能性神经活动，这些神经活动结合了高度的动态整合和分化	144
神经达尔文主义（Neural Darwinism）	意识依赖于复馈的（re-entrant）互动，这种互动反映了由选择主义原则塑造的价值依赖学习事件的历史	145, 146
局部复发（Local recurrency）	意识依赖于局部复发或复馈的皮层加工，并促进学习	65, 71
预测加工（Predictive processing）	感知依赖于对感觉信号产生原因的预测推断；为系统地将神经机制映射到意识方面提供了一个框架	63, 73, 79

续表

理 论	首要主张	文献
神经-表征主义（Neuro-representationalism）	意识依赖于多层次的神经编码的预测表征	84
主动推断（Active inference）	尽管观点各不相同，但有一种观点认为，意识依赖于对自我产生行为的时间（temporally）和反事实的深度推断	76, 91
动物机器理论（Beast machine theory）	意识基于以应变调节（allostatic）控制为导向的预测推断	13, 75, 77, 90
神经主观框架（Neural subjective frame）	意识依赖于提供第一人称视角的身体状态的神经地图	24
赋予心智以自我理论（Self comes to mind theory）	意识依赖于内稳态进程与多级内感受映射之间的相互作用，其核心是情感和感受	23, 147
注意图式理论（Attention schema theory）	意识依赖于注意控制的神经编码模型	148
多重草稿模型（Multiple drafts model）	意识依赖于多个（可能不一致的）表征，而不是一个单一的、统一的、可被中央系统使用的表征	149
感觉运动理论（Sensorimotor theory）	意识依赖于对支配感觉运动相依性事件的法则的掌握	88
无限联想学习（Unlimited associative learning）	意识依赖于一种学习形式，这种学习形式使生物体能够将动机价值与新奇的、复合的、非反射性的刺激或行为联系起来	150
树突整合理论（Dendritic integration theory）	意识依赖于细胞水平上自上而下和自下而上的信号的整合	151
电磁场理论（Electromagnetic field theory）	意识等同于物理上整合的、因果上活跃的、编码在脑全局电磁场中的信息	152
协调客观还原（Orchestrated objective reduction）	意识依赖于神经元内微管的量子计算	18

* 我们选择的理论包括那些本质上是神经生物学的或可能用神经生物学术语表达的理论。

在这篇综述中，我们考虑了一系列意识理论如何彼此关联及其与经验实证数据的关系，并确定了一些有希望的途径。通过这些途径，理论发展和经验实证研究可以相互支持，以寻找一个令人满意的对意识体验的科学解释。我们将注意力集中在那些用神经生物学术语表达的理论上，或者那些被合理地认为包含了可以用神经生物学术语表达其主张的理论上。(正如我们将看到的，一些"神经生物学"意识理论是用功能关系或信息论的抽象语言来表达的，它们有资格被称为"神经生物学的"，只是因为它们诉诸的抽象特征与特定的神经机制有关。)同时，我们只考虑与已知物理理论一致的神经科学理论，并且把那些将意识直接与量子力学过程联系起来的理论搁置一边(例如，见参考文献[18,19])。

二、预 备

意识理论普遍存在"各说各话"的现象，主要原因是它们的解释目标各不相同。因此，我们需要开始思考一个全面的意识理论应该致力于解释哪些方面。需要注意的是，即使是这个问题也是有争议的，因为理论学者经常在一个意识理论应该解释什么类型的现象上存在分歧。

意识问题的核心是"体验"或"主观觉知"(subjective awareness)的问题。虽然不能提供这些术语的非循环定义，但可以通过一些直观区分来阐明对应的现象。存在一个有机体有意识"所像的东西"(something it is like)[20]，且处于一个意识状态的感受与处于另一个意识状态的感受是不同的。一个全面的意识理论将解释为什么一些有机体或系统是有意识的，而另一些则不是；它还将解释意识状态之间彼此不同的原因。

意识状态可划分为全局状态和局部状态两种类型。全局状态涉及有机体的整体主观表现，并与唤起以及行为反应的变化密切相关。醒觉状态、梦境状态、镇静状态、最低限度意识状态以及可能出现的迷幻状态均属于全局状态的范畴。尽管这些全局状态有时也被称为意识的"水平"，但是，我们更倾向于使用"全局状态"这一表述，因为它并未在单一维度上形成完整的序列，而是最好被概念化为一个多维空间中的区域。

局部状态，亦被称为"意识内容"或具有特定"感受质"的状态，其特征是"身处其中是什么感受"。与头痛有关的局部状态与闻咖啡相关的局部状态是不同的，因为头痛和闻咖啡这两种体验的感受是不同的。对局部状态的描述可以在不同的粒度水平上进行，这些水平从低级的感知特征（如颜色）到物体再到完整的多模态感知场景。局部状态的一个重要子集与自我体验相关，这些体验包括心境、情绪、意志、身体所有权（body ownership）、外显的自传式记忆等。[13, 22–24] 尽管神经生物学理论更倾向于关注具有感觉和感知内容的局部状态，但意识同样包括具有认知和命题内容的局部状态，比如在解决填字游戏时出现的想法。重要的是，行动者在特定时间内所拥有的局部状态并不仅仅是作为独立元素出现的，而是作为将行动者的每个局部状态结合在一起的单一意识场景的组成部分。[25, 26]

第二个关键区分在于意识的现象属性与功能属性之间的差异。一方面，"现象属性"这一概念指的是意识的体验特性，通常被表述为"它是什么的感受"。另一方面，意识的功能属性涉及心智状态在一个有意识有机体的认知经济（cognitive economy）中所起的作用。这里的"功能"既包括由演化形成的特定功能角色，也包括一个过程在其所属的更大系统的运行中所扮演的角色。例如，有意识地看到一个咖啡杯可能会启动一系列功能，如对杯子的行为反应（可能是饮用或将其扔到房间的另一侧）、形成关于这一事件的情景记忆，以及提供关于该体验的口头报告。需要强调的是，尽管我们在进行这种区分时并未主张现象属性与功能属性是相互独立的（实际状况很可能并非如此），但这确实为意识理论提供了独特的解释目标。我们将会看到，有些意识理论主要关注意识的现象特征，有些则主要探讨意识的功能特征，还有一些理论尝试同时对意识的功能特征和现象特征进行解释。

第三种区别体现为，意识理论可能试图解答关于局部状态（又被称为"内容"）的两种主要疑问。一方面，人们可能会询问为何某一行动者处于特定的局部状态，而不是另一种状态。另一方面，人们还可能会问，为何某个特定的局部状态具有其特定的体验特性，而不是其他类型的体验特性。这种区别可以通过双眼竞争现象来予以解释。在双眼竞争中，每只眼睛接收不同的刺激源，比如右眼看到一座房子，左眼看到一张脸。[28] 被试的视觉体验会在这两种刺激之间相互竞争，不断地交替改变。假设在某个特定的时间点，有意识的内容关联到的是房子，而脸并未被有意识地感知到。在此情境下，我们可以提出两个问题：为何与"房子"相对应的心智状态是有意识的（以及为何与"脸"相对应的心智状态是无意识的），以及为何房子的视觉体验展现出其特有的体验特性，而不是例如看到脸、听到钟声或感到疼痛的体验特性。

值得注意的是，某些内容可能无法被个体意识到，例如，早期感觉或调节系统中的低级加工过程。另外，还有一些内容只能在意识状态下存在，例如全局整合的感知场景。因此，在探讨为什么某些心智内容在某些情况下能够被意识到而在其他情况下却不能的同时，我们还面对另一个挑战，即解释为什么有些内容永远无法被意识到，以及为什么其他内容只能在有意识的状态下存在。

大多数意识理论的目标并非要解答我们刚才提出的所有议题，而是有针对性地阐释意识的某些特定方面，这也许是迈向全面理论的一个中间步骤。虽然存在的局限并不能构成反对某个意识理论的有效理由，但这确实意味着比较不同理论的任务并非简单直接。如果各种理论关注的是意识的不同方面（比如，一个理论聚焦于意识的**现象特性**，另一个理论则专注于其功能概况），那么，它们可能并不像乍看起来那样是竞争性的"对手"。

我们在此探讨的意识理论主要分为四种：高阶理论、全局工作空间理论、整合信息理论以及复馈和预测加工理论。这四个意识理论的差别提供了一种有益的视角来观察当前意识科学的发展现状（框2），当然，意识的某些特性可能涉及多个理论的交叉，也存在未能明确归类的意识理论（表1）。接下来，我们将详述每个理论的关键要素，分析各理论间的差异，并揭示其与意识相关特性的关联。接着，我们要阐明这些意识理论如何在一些突出的经验实证争论方面相互关联，并提出一些建议。我们相信，这些建议将有助于推动理论与经验实证研究间的良性互动。

框 2　其他进路：注意、学习和情感

除了在本综述中已调研的，意识理论的图景还涵盖了许多其他的理论进路（详见表 1）。其中一种进路着重强调了注意的作用。例如，格拉齐亚诺（Graziano）的注意图式理论将有意识感知与一个注意力控制模型相互关联起来。另一种基于注意的意识理论是注意中级表征理论。该理论最初由杰肯道夫（Jackendoff）[141]提出，并被普林茨（Prinz）[142]进一步具体阐述。该理论主张，当中级感知表征获得注意时，意识才得以出现。

其他理论进路将研究重心放在学习上，包括贾布隆卡（Jablonka）和金斯伯格（Ginsburg）的观点。他们主张，最低意识是由一种他们称之为"无限联想学习"（unlimited associative learning）的联想学习形式实现的。根据他们的主张，这种学习形式使有机体能够将动机价值与新奇的、复合的以及非反射诱导的刺激或行动联系起来。[150]其他一些以学习为基础的理论与我们之前所描述的一些理论存在一定程度的契合，例如克莱雷曼（Cleereman）的高阶理论[34, 140]以及拉米（Lamme）的局部复发理论。拉米认为，复发的信号传递凭借其在学习中的作用巩固了意识。[65]此外，以学习为基础的理论与"选择主义"的研究进路紧密相连，后者将意识植根于神经元群内部以及神经元群之间的类似演化动力学。[145, 146]

基于情感的理论强调，脑的生理调节作用是意识的基础。这些理论包括达马西奥（Damasio）的观点，即意识的存在有赖于有机体生理状况的层次嵌套的表征[147, 170]，以及那些强调情感与预测加工相结合、使意识体验得以建立在控制导向的内感受预测上的理论。[13, 77, 90]一些基于情感的理论否认皮层机制对意识的必要性，相反，它们将意识的机制定位于脑干[171, 172]（也可见参考文献[173]）。

三、高阶理论

将所有高阶理论（HOTs）[1]统一起来的核心观点是：一个心智状态有意识，是因为它是某个元表征（meta-representations）状态的目标。元表征不仅是发生在加工层级中更高和更深的表征，而且以其他表征作为其目标（图 1）。例如，内容是"我有一个对移动点的视觉体验"的表征是一个元表征，是因为它的内容涉及行动者自己对世界的表征，而不是世界本身。

---

[1] 文中的四大类理论的每一类下面分别包括多个在特定问题上主旨相似的理论，因此此处区分 HOTs 和 HOT，以区分高阶理论大类和某一高阶理论；下文 GWTs 同。——译注

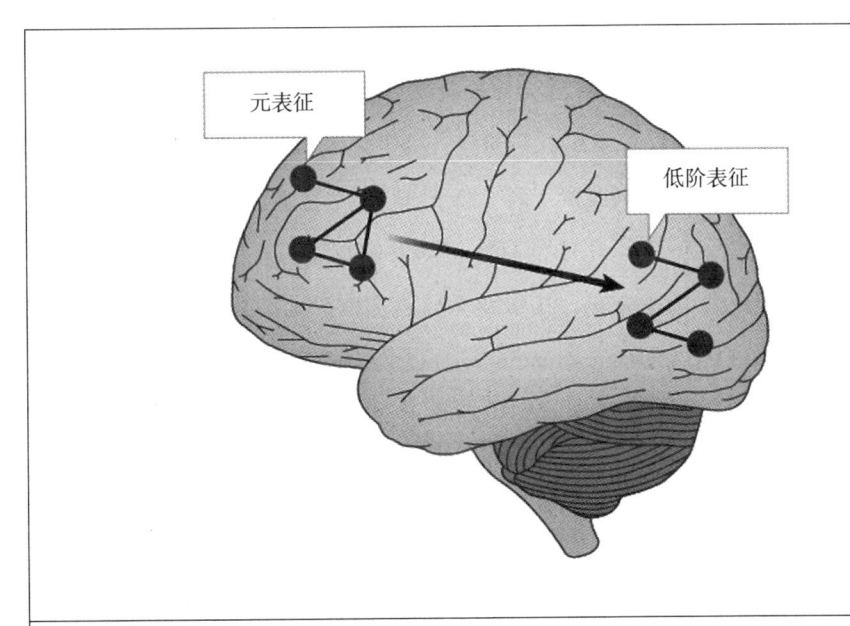

图 1 | 高阶理论

意识高阶理论（HOTs）的核心观点是，心智状态因其作为特定类型元表征的目标而是有意识的。例如，当视觉信号的低阶表征成为正确的高阶元表征的目标时，后皮层的视觉信号的低阶表征将支持有意识的视觉感知。支持 HOTs 的证据来自对涉及意识内容的前皮层区域的研究，其中重点是前额皮层，尤其是当有意识与无意识状况下的表现相匹配时。[30, 100] 将元认知与前额区域联系起来的损伤证据也间接支持了 HOTs。[153] 这些理论受到部分证据的挑战，这些证据表明意识并不涉及前侧区域[108, 154]，而可能只是实现主观报告和执行控制所必需的。[6] 图改编自爱思唯尔（Elsevier）的文献。[46]

HOTs 之间的显著区别在于其对负责意识的元表征的性质和功能的描述。该进路的一些版本用具有概念内容的思想（或类似思想的状态）来确定对意识至关重要的元表征类型。[30-32]HOTs 的其他变体则以计算的术语进行了表达。根据自组织元表征的解释，意识包含高阶脑网络，它进行学习，以便以一种算作元表征的方式重新描述在低阶网络中编码的表征。[33, 34] 或者，高阶状态空间理论（higher-order state space theory）提出，主观报告（例如，"我觉知到 X"这样的陈述）是关于感知内容生成模型的元认知（高阶）决策（decisions）[35]；而感知现实监测（perceptual reality monitoring）提出，当一个高阶网络判断一个一阶表征是外部

世界的可靠反映时，有意识的感知就出现了。[36, 37]

如上所述，HOTs 的重点是解释为什么有些内容是有意识的，而另一些则不是。然而，这一理论并非只限于此，它同样有助于解决与局部状态体验特性有关的各种问题。一个显著的实例涉及一种（饱受争议的）直觉，即感知体验的内容常常胜过在一阶感觉表征中可用的信息，正如发生在边缘视觉背景中的情形那样。[38, 39] 这里基于 HOT 的主张是，边缘视觉体验上明显的"膨胀"现象学是由一阶状态的高阶错误表征（misrepresentation）造成的。[40] HOT 进路还可以扩展解释，为什么有些内容没有被意识到（即它们不能成为相应元表征状态的目标），以及为什么有些内容必然是有意识的（即它们必然伴随着相应的元表征状态）。HOTs 很少关注意识的全局状态，但它们会很自然地诉诸（元）表征过程的完整性来解释全局状态之间的区别。

一个特别有趣的问题是，HOTs 是否以及如何解释各种体验的独特现象特征。为什么与观看日落相关的现象特征和与头痛相关的现象特征之间存在巨大差异？对这个问题的高阶回应的一般形式是，一个状态的现象特征是由相关的元表征状态赋予它的属性决定的。这一进路的大多数示例都集中在视觉体验上[40]，但也有一些高阶进路试图解释情绪状态[41]以及元认知状态的现象特征，诸如，在一个感知决策中感到自信"是什么样的感受"。[42, 43] 最终，高阶理论进路的任何完全还原版本必须解释，为什么不同属性的表征会产生这样的现象学（或与之等同），以及神经活动如何使相关属性首先得到表征。

意识的高阶解释主要关注的是，什么使得一种心智状态具有意识。因此，该进路并不对有关意识功能的特定观点做出承诺。实际上，一些 HOTs 淡化了有关意识具有任何独特功能的观点。[44] 其他版本的高阶理论则通过与信心判断和错误监控相关的元认知过程来确定意识的功能作用。[45] 然而，尽管高阶观点允许有意识的心智状态伴随着有意识的元认知判断，诸如那些涉及外显的性能监控或主观信心的报告，但这一进路的大多数版本并不要求有意识感知总是伴随一个对应的有意识元认知状态。相反，要使元表征具有意识，它们本身必须使一个合适的表征状态成为其对象。

就意识的神经基础而言，对元表征的重视导致持高阶理论者强调前皮层区域，尤其是前额皮层[30]，因为这些区域与复杂的认知功能有关。然而，尽管大多数 HOTs 认为意识与前部介入有关，但它们在究竟需要哪些前部区域（或过程）上存在分歧。[46]

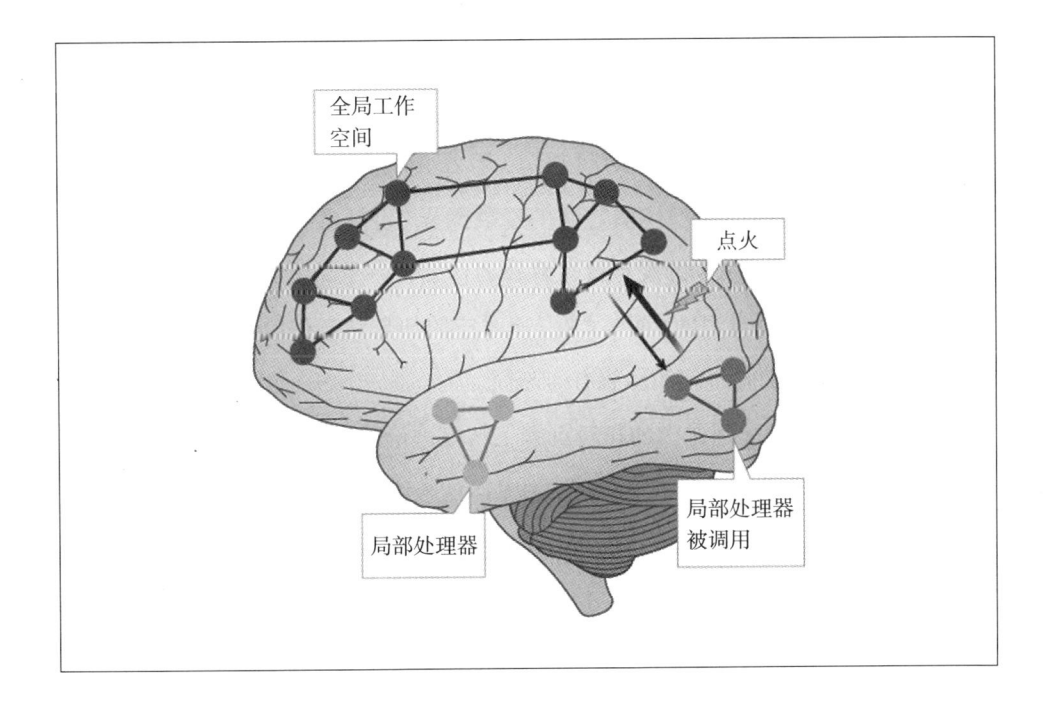

四、全局工作空间理论

全局工作空间理论（GWTs）源自人工智能中的"黑板"架构，在该架构中，黑板是一个资源中心，各种专门化的处理器通过它共享和接收信息。第一个意识的全局工作空间理论（GWT）是建立在认知水平上的。它提出，有意识的心智状态是那些包括注意、评估、记忆和口头报告在内的广泛认知过程"都可用之"（globally available）的状态。GWTs 的核心主张是，正是这种消费认知系统广泛可通达的信息构成了意识体验（图 2）。

> **图 2 | 全局工作空间理论**
>
> 　　意识的全局工作空间理论（GWTs）的核心主张是，当心智状态在一个全局工作空间中传播时，它们是有意识的，在这个工作空间中，额顶网络起着枢纽般的作用。局部处理器（例如，感觉区域）的活动在点火（ignition）[155]时被暂时"调动"到工作空间。一些支持 GWTs 的经验实证研究将意识与点火的神经信号以及远程信息共享联系起来。[48,49,53,101] 在刺激开始后约 200—300 毫秒，脑前部皮层区域活动的差异表明神经信号进行了点火。这些差异与有意识感知和无意识感知的实验相对应，包括"无报告范式"（no-report paradigms）[111]（也见参考文献 [156]）。这类研究最近已经扩展到解码领域；例如，刺激后 300 毫秒左右的活动模式以跨感觉模态的方式预测了主观报告。[119] 有意识内容相比于无意识内容会出现远程信息的标识，已有一系列方法识别了这一点。[49,102] 有证据表明，脑的前部区域涉及的是行为报告而不是意识本身，GWTs 与 HOTs 一样也受到这一证据的挑战。

　　这一基本主张后来发展为一种神经理论，通常被称为"全局神经元工作空间理论"（global neuronal workspace theory，GNWT）。该理论主张，当感觉信息在解剖上广泛分布的神经工作空间里被"广播"时，这些感觉信息就能通达意识，这个工作空间是由高阶皮层联合区实现的，尤其是前额叶皮层（尽管不是唯一的）。[48,49] 通达全局工作空间是通过非线性的网络"点火"机制实现的，在这个过程中，复发加工放大和维持了神经表征[50]，这一点与元表征有所不同。因此，GNWT 与 HOT 进路的区别主要在于它强调了点火和广播机制的重要性。

　　与 HOTs 一样，GWTs 关注的问题是，什么使表征变得有意识，而 GWT 理论家很少试图解释不同类型体验之间的现象差异（可见参考文献 [51]）。回到我们的双眼竞争的例子，GWT 的观点旨在解释为什么在一个特定时间点与"房子"相对应的心智状态是有意识的（而与"脸"相对应的却是无意识的），但它没有直接说明看到房子与看到脸之间的体验有何不同。

　　GWTs 在体验特征问题上的相对沉默，与该理论普遍关注意识的功能方面而非现象方面的倾向保持一致。实际上，GWTs 的核心观点通常被明确地理解为对"有意识通达"（conscious access）的解释[49]；也就是说，它解释了为什么某些表征可以被广泛的消费系统灵活地使用（而其他表征则不行）。GWTs 考虑解决的核心功能属性，是有意识状态以灵活的、语境相关的方式指导行为和认知的能力。此外，GWTs还明确阐述了意识与其他认知过程（如注意与工作记忆）之间的关系。根据GWTs，注意选择并放大了特定的信号，使其进入工作空间，从而产生有意识的体验。同时，意识与工作记忆密切相关，因为被注意到的工作记忆事项是有意识的，且在工作空间中进行广播。[49]

GWTs理论认为，工作空间功能完整性的改变可以解释整体意识状态的变化。在神经上，意识的全局丧失主要与额顶区域的功能或动态连接受损有关，这些区域被认为是全局工作空间的"中枢"节点。[52]此外，意识的全局丧失也反映了功能连接日益受限于直接反应底层结构连接的模式。[53-55]

GWTs提出的一个重要问题是，一个工作空间究竟需要什么才能被称为"全局的"。[25,56]起作用的是工作空间可以广播到的消费系统的数量（和类型），还是在工作空间内发生的广播类型？或者这两种考虑都与"全局工作空间"息息相关？如果我们想知道GWTs对诸如婴儿、脑损伤个体、接受过裂脑手术的人、非人类动物和人工智能系统的意识能做出什么样的预测，我们就必须回答这些问题。

五、整合信息理论

整合信息理论（IIT）与HOTs或GWTs的出发点显著不同，它提出了一种以现象学为特征的数学进路。该理论首先提出关于意识体验的现象学特征的公理（也就是说，那些被认为其真实性是自明的、适用于所有可能形式的意识的属性），然后从这些公理中得出意识的任何物理基质必须满足的属性。IIT接着提出，例示这些属性的物理系统必然也例示了意识（见图3）。[57-60]具体而言，IIT主张将意识理解为与物理系统产生的整合信息的不可还原的最大值相关的"因果力"（cause-effect power）。从而，整合信息与信息理论中的量值 Φ 相关联。广义地说，它衡量的是：相较于被独立考虑的各个部分，一个系统作为一个整体产生了多少信息。在IIT框架中，意识是一个系统内在的（intrinsic）、根本的（fundamental）属性，它是由构成它的因果机制的性质（nature）和它们的状态共同决定的。

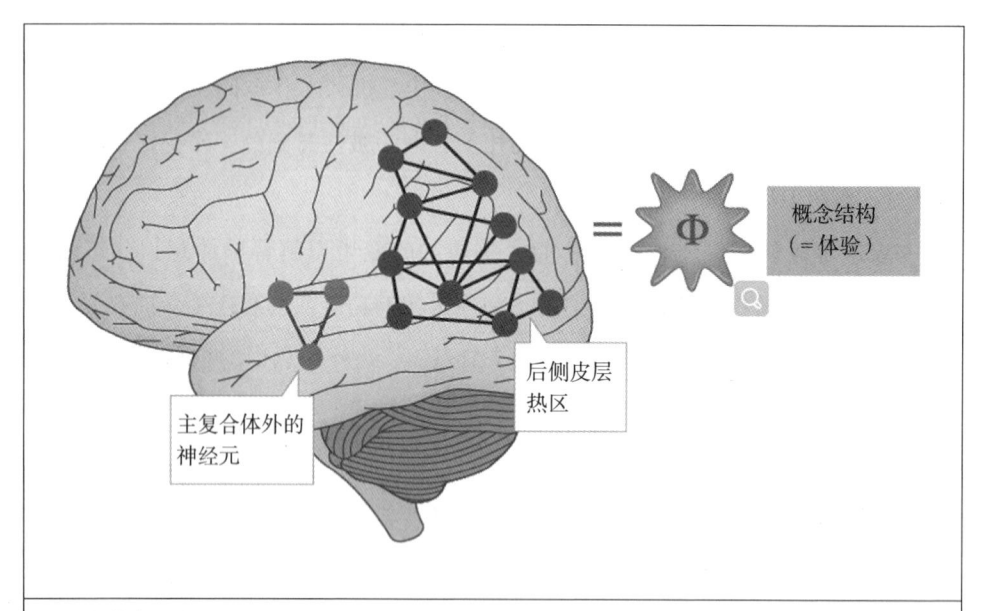

图 3｜整合信息理论

整合信息理论（IIT）的核心主张是，意识等同于物理系统的因果结构，它规定了一个不可还原的整合信息的最大值。意识的内容与因果结构的形式相关，意识的水平与它的不可还原性相关，用数值 Φ[59] 来衡量。解剖学上，IIT 与后侧皮层"热区"（posterior cortical "hot zone"）相关。对这一核心主张的经验实证的评估具有挑战性，这主要是因为除了简单的模型系统之外，对于其他系统的 Φ 的测量存在很大困难。目前已经开发出多种替代测量 Φ 的方法[157]，其中一些颇具前景。其中最突出的是扰动复杂性指数（perturbational complexity index，PCI），它衡量脑对经颅磁刺激反应的伦佩尔-齐夫算法（Lempel-Ziv）的复杂度。[158] 重要的是，PCI 在诊断和预测神经功能受损患者意识的全局状态方面具有重要的应用价值。[158] 然而需要强调的是，PCI 并不等同于 Φ，且 PCI 值与意识全局状态的相关性并不与其他意识理论产生矛盾。其他间接支持 IIT 的证据来自心理物理学研究，这些研究表明视觉皮层内横向连接强度的局部变化可以改变视觉空间的结构。[116] 此外，有证据显示，全局状态的改变与后侧皮层区域中降低的功能性差异和整合能力有关。[159] 有证据表明，大脑皮层前部的活动对感知意识是必要的，这将对 IIT 提出挑战。

相较于 HOTs 和 GWTs，IIT 主要将意识与后皮层区域（所谓"后侧热区"，包括顶叶、颞叶和枕叶区域）联系起来。存在这一关联的部分原因在于，这些区域所表现出的神经解剖属性被认为非常适合产生高水平的整合信息。[59] 此外，与将意识与皮层信息加工（即系统所做的功能描述）联系在一起的 GWTs 和 HOTs 相比，IIT本身并不涉及"信息加工"。相反，IIT将意识与系统的内在因果结构的属性——即一个系统对自身影响的因果力——相联系。根据IIT，任何产生（不可还原的）整合信息的非零最大值的系统，都至少在某种程度上拥有意识。正因为如此，IIT似乎暗示了存在有意识的非生物系统。[61]

IIT提供了一个全面的视角，同时阐述了意识的全局状态和局部状态（见图3）。[59] 全局状态与系统生成的不可还原整合信息的数量相关，并由 Φ 来衡量。因此，IIT主张采用全局状态的单维概念，因为这一概念将有机体的意识水平等同于其 Φ 值。局部状态的体验特征可以用"概念结构"（conceptual structures）来理解，IIT将其视为高维空间中的"形态"（shapes），由系统机制的因果结构指定。这些形状支撑（或等同于）特定类型的现象特征。例如，视觉体验的空间性质与早期视觉皮层中的类网格状机制（grid-like mechanisms）所规定的因果结构有关。[62] 意识的整体统一性可以用整合信息的整合方面来解释——它与"整体"所产生的信息量高于"部分"所产生的信息量密切相关。最后，根据IIT，当且仅当内容被纳入一个因果"**复合体**"（complex）时，它们才是有意识的（而不是无意识的），而一个复合体是物理系统中支撑着最大不可还原整合信息的一个子集。

在双眼竞争的示例中，IIT通过利用报告中隐含的复合体与"房子"（而非"脸"）相关的概念结构关联的假设，阐明了为何被试声称自己感知到了一座房子（而非一张脸），它依据相应概念结构的"形态"解释了看到一座房子与看到一张脸之间的体验差异。

尽管IIT对意识的各个方面提供了比大多数意识理论更全面的处理，但它对于意识如何与其他心智过程（如注意、学习和记忆）相互关联的阐述相对较少，并且尚未关注具身性和环境嵌入性与意识的相关性（后者也是对HOTs和GWTs的挑战）。尽管如此，IIT理论家已初步探索并尝试解决其中一些挑战，例如通过开发"匹配复杂性"（matching complexity）的测量方法（该方法被用于追踪行动者与其环境之间的共享信息）以及建立基于行动者的模型（模型中那些能有效地与周围环境互动的行动者显示了更多的信息整合）。[62-64]

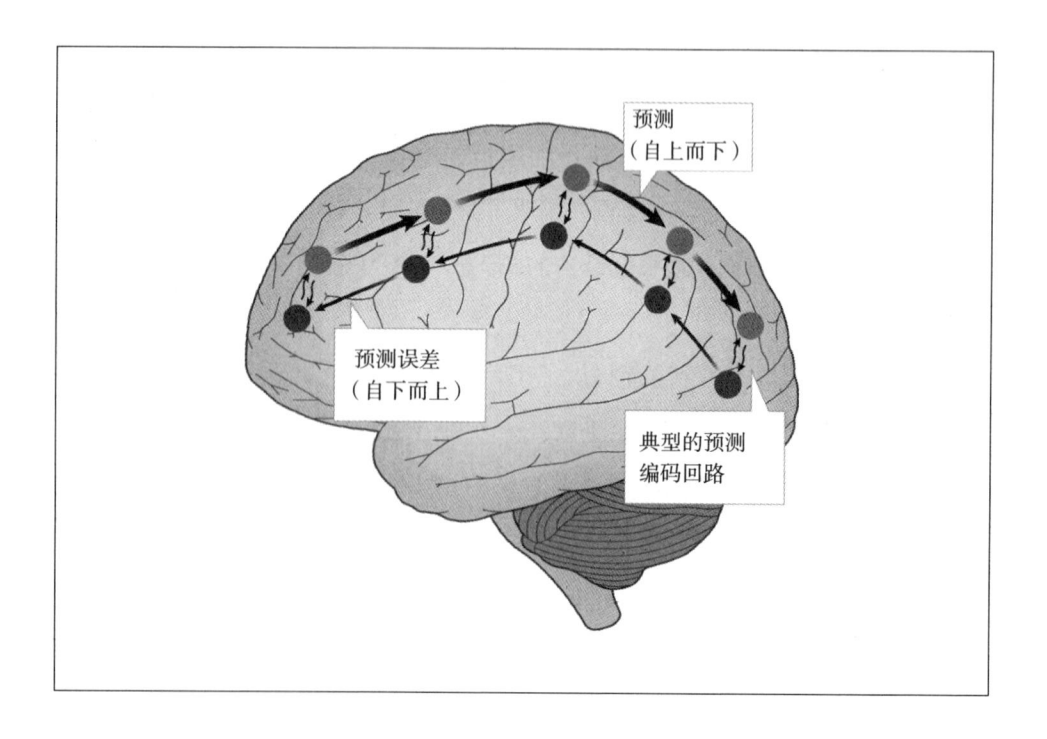

六、复馈和预测加工理论

最后，我们考虑了理解意识的两种一般进路，它们都强调自上而下的信息传递对塑造和促成有意识感知的关键作用。第一种是复馈理论（re-entry theories），这种理论将有意识感知与自上而下的（复发的、复馈的）信息传递联系起来，从而对意识本身进行直接研究。[65,66] 第二种是预测加工理论，这种理论的初衷并不针对意识，而是对脑（和身体）的功能进行一般性说明，但也被用于解释和预测意识的属性。[67]

复馈理论的起源在于，神经生理学证据揭示了自上而下的信息传递对有意识（通常是视觉）感知的重要性（例如，见参考文献[68-70]）。在局部复发理论这个引人注目的复馈理论中，拉米提出，感觉皮层内的局部复发或复馈加工足以产生意识（前提是其他促成因素要到位，如脑干唤醒），但顶叶和额叶区域对于报告感知体验的内容或借助它们进行推理和决策可能是必要的（图4）。[65,71]

> **图 4｜复馈和预测加工理论**
>
> 复馈和预测加工理论的核心观点认为，有意识的心智状态与自上而下的信号传递（复馈；粗箭头）有关。对于预测加工而言，自上而下的信号传递表达了有关感觉信号成因的预测（细箭头表示自下而上的预测误差），因此预测误差的持续最小化实现了近似的贝叶斯推断。在大多数预测加工理论中，意识体验的内容是由自上而下预测的内容所决定的。支持这些理论的研究表明，自上而下的信息传递与感知体验密切相关。[68-70, 160] 有大量证据进一步支持了预测加工。这些证据表明，预期（expectations）既塑造了有意识感知的内容，也塑造了对有意识感知的通达速度[161-163]——一些研究将这些预期与自上而下的信息传递直接联系起来。[160] 这些理论将受到以下证据的挑战：自上而下的信号传递或预测加工发生在没有意识的情况下，或者这些过程中的变化并不影响有意识的状态。

广义地看，预测加工理论有两个主要动机。一个动机可以上溯到将感知问题看作对感觉信号成因的推断之一。[72, 73] 另一个动机的典型是自由能原理（free energy principle）[74]，它诉诸关于控制和调节的根本约束，这些约束适用于所有在时间上维持其组织的系统[76, 77]（另见参考文献[78]）。这两个动机导致了这样一个想法，即脑实现了一个"预测误差最小化"的过程。[79] 预测误差最小化近似于贝叶斯推断，其方式是（通常是自上而下的）感知预测与（通常是自下而上的）预测误差的相互交换[80]（也见参考文献[81]）。预测加工的一些表现，诸如主动推断，增加了这样一个想法，即感觉预测误差不仅可以通过更新预测也可以通过做出行动产生预期的感觉数据，从而实现一种预测控制。[82, 83]

尽管预测加工理论并非专为意识理论而创立，但研究者认为该理论可以解释神经机制与现象学属性之间系统的相关性。[67] 这里"系统的相关性"意味着，它是在理论指导下做出的，因此要优于平凡的 NCC 进路中仅仅是经验实证的相关性。从这个角度来看，预测加工理论似乎满足了我们之前所提出的对意识理论的多种要求。然而，我们最好将预测加工理论视为一种意识科学的理论而不是意识理论本身，因为关于预测加工如何与意识精确关联还存在许多看法。[84, 85]

预测加工理论常常基于自上而下的感知预测的内容来处理局部意识状态[73, 79, 86, 87]：通俗地说，感知内容是由脑对其感觉中枢原因的"最佳猜测"所产生的。局部状态的体验特性是由发挥作用的感知预测的性质规定的。例如，视觉中的"客体性"（objecthood）现象学可以用对行为的感觉结果的条件预测来说明[87, 88]，而情绪状态现象学则可以用**内感受预测**在调节有机体生理状况时的作用来说明[89, 90]。情绪的例子突出了预测加工理论比这里讨论的其他理论更多地涉及与有意识的自我相关的议题。[13, 77, 91]

根据在感知推断过程中一种心智状态是否属于当前"最佳猜测"（或最佳后验）的一部分，预测加工理论可以解释有意识状态与无意识状态之间的差别。在双眼竞争情境中，预测加工理论设想了两个相互竞争的感知假设（最佳猜测），其中一个"获胜"，从而产生感知优势。来自替代假设（alternative hypothesis）的感觉信号积累为预测误差，最终触发感知转换，此时由先前占主导地位的最佳猜测解释的感觉信号现在成为未被解释的预测误差的来源，如此循环往复。[92, 93]（正如之前提到的，房子与脸之间的体验对比可以通过相应感知预测的属性来解释。）在那些强调主动推断的预测加工中，意识内容的变化只有在感知信念的更新通过行动产生时才会发生。这些行动既可以是公开的（如扫视的眼动），也可以是隐蔽的（如转移注意点）。[76, 94]

预测加工理论通常不涉及意识的全局状态，但在解释全局状态之间的差别时，它们很自然地会诉诸相关预测过程的完整性[95]，就像 HOT 说明要诉诸相关元表征机制的完整性一样。

关于意识的功能维度，复馈和预测加工进路都为意识与注意之间的关系提供了明确的处理方法。在局部复发理论中，就像在 GWTs 中一样，注意有选择地促进了感觉信号，以至于它们能够到达前额和顶叶区域，引起有意识的通达。[71] 在预测加工中，注意与"精度加权"过程有关。在这个过程中，感觉信号精度评估的调节方式在直觉上等价于改变这些信号的信噪比或"增益"[74, 96]；如前所述，在主动推断中，注意抽样（attentional sampling）也许对有意识内容的变化是必要的[76, 94]。

七、评估意识理论

关于竞争性的意识理论之间的相关争论涉及范围广泛的数据，全面列举所有数据是不现实的。因此，我们仅选择性地概述了当前的部分争论，并强调了用于评估意识理论的数据多样性。图1—4的图例中还描述了其他一些通常被用来支持每个意识理论的经验实证数据。

作为一个背景，应当认识到理论评估之整体性的重要价值。理论并不会因为一个单独的发现而得到证实，同样也不会由于一次独立的实验而被否定。实际上，理论证实通常是一个渐进的过程，在这个过程中，一个理论通过提供对目标现象的合理解释，进而取得对大量数据的合理说明，并与相关领域的成功理论进行整合，以此战胜其竞争性理论。[97-99]

约束意识理论的一个明显来源是意识的结构。尽管已经讨论了许多与意识理论相关的结构特征，但被用于比较意识理论的一个特殊实用的结构特征是"意识的统一性"（unity of consciousness），即单个行动者在某一时间点具有的体验似乎总是作为单个复合体验的一个组成部分出现，它确实充分抓住了成为该行动者是什么样的感受。[25] 不同的意识理论对意识的统一性持有不同的态度。IIT非常强调意识的统一性，不仅假定意识总是统一的，而且认为，为了促进意识与最大不可还原整合信息的联系，意识必然是统一的。虽然GWTs不如IIT那样强调意识的统一性，但它们关于意识与一个功能整合工作空间中的广播的联系的说明表明，它们也有资源提供有关意识统一性的合理解释。其他意识理论，如HOTs与复馈和预测加工理论，与意识的统一性关系较为模糊，倾向于只对其进行浅显的解释或完全忽略它。各种意识理论对意识统一性的不同态度反映出一个更根本的分歧，即意识是否必然统一。尽管意识的统一性有望为意识理论提供一个重要的约束，但为了实现这一前景，我们需要一个关于意识必然统一的更好说明。

约束的第二个来源是神经数据。例如，人们普遍认为，小脑既不是意识的必要条件，也不是意识的充分条件。一个意识理论应该说明这一事实，并解释为什么小脑与意识无关。一些意识理论能很容易地做出说明。例如，IIT认为小脑的结构不适合产生高水平的整合信息，因此与意识无关。[59] 然而，我们需要注意，只有当一个理论提供的解释相对于其他竞争性理论更可信时，才能为该理论提供实质性支持，而当前各种理论是否满足这个条件仍然是一个开放性问题。例如，HOTs 的支持者可能会辩称，小脑缺乏支持相关类型的元表征的能力；GWTs 的支持者会提出小脑没有实现全局工作空间的理由；而复馈和预测加工理论家会指出，小脑中缺乏丰富的复发信号。[65]

尽管人们普遍认为意识理论可以解释小脑与意识无关的原因，但从意识理论的角度来看，还有其他种类的神经数据更具争议性。一个重要的例子涉及有关前额（脑前部）过程在意识中发挥什么作用的争论。

利用各种实验范式，许多神经成像研究发现，前额叶参与有意识（相对于无意识）感知过程。[48] 这一结论既基于区域活动[100, 101]，也基于前额叶与其他区域之间的功能连接[102]。此外，对少数灵长类动物的研究也发现，在双眼竞争、连续闪光抑制和视觉刺激的快速连续呈现过程中，前额叶的活动模式可以解码意识内容[103-105]；另请参阅参考文献[106]中一个更复杂的图片，该图片展示了在一个物体识别任务中，与内容相关的信息是从广泛的激活和失活的皮层区域解码的。损伤证据和来自脑刺激的证据也被用来论证，前额叶活动在意识中起着至关重要的作用（相关综述见参考文献[30]）。

HOTs 和 GWTs 的支持者诉诸这些发现来支持他们的主张，以对抗竞争性理论。作为回应，IIT 和复馈理论的支持者认为，观察到的前额叶活动是意识的一个（非必要的）结果，这或许与意识内容的认知通达和提供行为报告的能力有关，而不与有意识的感知本身有关[107, 108]（另见参考文献[109]）。那些为"脑后部"（back-of-the-brain）观点辩护的人认为，后侧皮层过程，包含部分感知和顶叶皮层以及楔前叶，足以产生感知体验，因此"脑前部"（front-of-the-brain）过程不是必要的。这一主张得到了所谓"无报告"研究的支持，这些研究发现，当被试没有提供关于他们感知的明确报告时，前额叶的参与会减少[6, 110]（另见参考文献[111]）。"脑后部"的提倡者还利用了直接证据来支持脑后部活动与意识之间的紧密联结。例如，一项利用一系列觉醒范式来探测睡眠中有意识内容的创新研究发现，在快速眼动和非快速眼动睡眠阶段，后皮层区域的活动预测了一个人是否会报告做梦经历[112]（另见参考文献[113]）。最后，由于可以从特定区域"读出"意识的内容并不证实脑本身是以一种构成相关元表征或全局广播的方式从那个区域被"读出"，所以解码研究的"脑前部"解释是有争议的。

关于"脑前部"与"脑后部"的争论在一定程度上涉及神经生物学数据（例如，人们对前额皮层的解剖边界究竟在哪里存在不同看法[107, 109]），但争议的核心主要集中在意识与认知通达之间的关系上：一个人能够进行口头报告和直接行为控制，这是否可以合理地代表他具有意识，或者意识的脑基础研究是否需要考虑其与认知通达之间的关系（参见框3）。[114]对这个问题的争论反映了不同的意识理论对认知通达的态度。GWTs将认知通达置于意识研究的核心位置，这表明认知通达不仅总可以获得意识的内容，而且其底层的过程（即点火和全局广播）充当着意识体验的基础（最近对于这一观点的细微差别的讨论，见参考文献[111]）。其他理论，如IIT和局部复发学说，否认意识与认知通达之间存在密切关系，认为：心智状态是有意识的，即使它未能直接控制思想和行动；心智状态原则上能够直接控制思想和行动，即使它没有意识。虽然高阶进路并不关心意识与认知通达之间的任何特定关系，但实际上，它们的倡导者通常认为意识的内容是可认知的（例如，见参考文献[46]）——尽管反之可能并不成立。

评估竞争性意识理论最有力的数据来源可能就是新的预测。科学史上众多重磅事件均涉及对新预测的证实。[115]例如，广义相对论得到强有力支持，因为它既预测了水星近日点的进动，也预测了星光掠过太阳表面会发生偏转。若某个意识理论能够提出被证实的新预测，则该理论将获得强有力的支持，尤其相对于那些无法提出相关预测或提出不同且不相容预测的理论而言。

当代意识理论做出的许多新颖预测都难以验证。例如，复馈学说和IIT都预测，在无前侧皮层贡献的情况下，后侧皮层活动仍能支持有意识的体验。但我们目前缺乏可靠的方法来证实这一观点，因为证实该观点反过来需要前侧皮层活动提供的主观报告（或至少是某种形式的执行性控制）。更有甚者，IIT预测，意识广泛分布在整个自然界，包括许多非生物系统中，甚至可能出现在像光电二极管和单个原子这样简单的系统中（有趣的是，尽管意识不会出现在严格的前馈神经网络中[61]）。这一预测与人们关于意识分布广泛持有的假定背道而驰。但是，如果缺乏检验这种系统存在意识的可靠方法，那么就无法进行合理的评估（框3）。

框3 测量问题

> 为了检验意识理论，我们必须不但能可靠地检测意识的存在，也能可靠地检测意识的缺失。目前，实验人员通常直接或间接地依靠被试的内省能力来确定他们的意识状态。然而，这种方法存在一定的问题，因为不仅内省的可靠性值得怀疑，而且存在许多可能是有意识的但不能产生内省报告的有机体或系统（例如，婴儿、脑损伤个体和非人类动物）。因此，迫切需要确定意识的非内省的"标记"（markers）或"标识"（signatures）。
>
> 近年来，一系列的意识指标被提出。其中某些指标，如扰动复杂性指数（PCI）[158]，被视为意识的标记；而另一些指标，诸如视动性眼球震颤（optokinetic nystagmus）反应或神经动力学中的独特分支[111]，被视为特定意识内容的标记。这些意识指标中的前者已被卓有成效地应用于评估脑损伤患者[175]意识的全局状态，而后者已被应用于意识内容的"无报告"研究——"无报告"研究不要求被试做出公开的行为报告。[6]然而，无论其重点是什么，任何被提出的意识指标都必须得到验证：我们需要确知其既灵敏又具体。[1]尽管基于内省验证的进路存在上述问题，基于理论验证的进路也存在问题。这是因为意识理论本身是有争议的，诉诸基于理论的考察似乎不太可能提供一个意识的客观标识所要求的那种主体间（intersubjective）验证。因此，解决测量问题需要一种既不仅仅基于内省也不仅仅基于理论考察的验证方法。参考文献中有许多解决这个问题的建议[114,176]，但没有一个是毫无争议的[177,178]。

在某些情况下，方法论的进步可能会使得对新的预测进行检验成为可能。来自IIT的一项引人注目的预测是，神经结构的改变可能会导致意识体验的变化，即使这些改变没有引起神经活动的变化。[116]例如，视觉皮层中不活跃的神经元可能对视觉体验是有贡献的，而未激活的神经元则不会。[59]这个预测之所以出现，是因为IIT认为对意识起作用的是神经机制指定的因果结构。这意味着，如果有人干预神经机制，从而改变因果结构，那么即使相应的神经动力学没有改变，意识也能够发生改变——在缺乏动力学（即不活跃的神经元）的情况下，这

---

[1] 灵敏与具体分别对应于问题中提及的意识的全局状态与局部状态，即一个指标既能对不同的意识程度进行辨别，也能对不同的具体意识内容进行辨别。——译注

一预测尤其违反直觉。像这样的假设不容易从这里讨论的其他理论中得出，可以使用精确的介入方法，如光遗传学，在感知决策的动物模型[117]中进行检验。

评估竞争性意识理论的一个极具成效的途径是聚焦于（与无意识相对的）意识加工的时间进程，例如反映在电生理记录中的事件相关电位。一些理论家（例如，见参考文献[118]）认为，有意识感知紧随刺激的呈现有一个早发（early-onset）阶段（120—200毫秒）。他们诉诸的证据表明，感知意识与早发模式特定的负向事件相关电位（称为"感知负向反应"）之间存在稳定的相关性，同时他们质疑之前讨论过的后发特征的可靠性，如P3b（刺激开始后约300毫秒观察到的正向事件相关电位）。登布斯基（Dembski）和其同事强调的早期负性在视觉和听觉方面都有发现，这导致他们认为存在一种稳定地标志感知意识出现的一般化早发反应。这类数据点支持IIT和局部复馈学说（但关于意识感知的一个之后的跨模态标记，见参考文献[119]）。其他理论家[120,121]则认为，感知意识的启动要晚得多（大约250—400毫秒）。除了有争议的P3b外，后发解释还受到与这个时间尺度相匹配的各种感知现象的促动，包括心理不应期（psychological refractory period）、注意瞬脱（attentional blink）和事后解释效应（postdictive effects）——尤其有趣的是，其中最后一项研究表明，延迟的线索可以回溯性地触发有意识感知。[122] 有意识感知候选的后发神经标识包括远程信息共享和分岔动力学（bifurcation dynamics）。[49,111] 赞成有意识感知的后发说明的证据通常支持高阶和全局工作空间理论。在可预见的未来，关于感知体验的"早发"与"后发"（late-onset）之间的争论可能仍然是讨论的中心话题。注意，意识加工的时间进程问题不同于持续期的感知（perception of duration）[123]和有意识"时刻"（moment）的时间特征[124,125]。这二者都反映了应该由意识理论解释的有意识内容的方面。

八、前　瞻

目前，意识理论在意识科学领域被广泛用作"叙事结构"，为对神经和行为数据的解释提供基础。然而，在进行研究设计时，考虑到理论验证问题的研究仍然较少。[126]虽然以这种方式发展理论是合理的，但未来的进展需要通过实验来检验意识理论并消除可能的歧义。因此，我们着重探讨了三个需要解决的问题，旨在建立一个完善的理论检验方案，以推动意识科学的长足发展。

首先，我们在发展意识理论时要务求精确。这是因为，只有依据明确且精确的理论，才能产生明晰且可靠的理论预测。例如，HOTs以及预测加工和复馈理论需要规定元表征、复馈或预测过程的类型，这些过程与意识（的特定方面）不同；同样地，对于IIT，我们需要精确地解释其关于意识功能概况的含义、环境及其具身性对意识的影响；最后，GWTs需要提供一个原则说明，以明确哪些工作空间在相关意义上符合"全局"要求。

一种具有发展前景的进路是开发特定机制的计算模型，其表述可能会相对抽象或概念性。这些模型不仅有助于生成关于意识更为细致入微的预测，还可能为比较各种竞争性理论提供一种共享语言，这对于比较来自不同起点的意识理论尤其有用。例如，计算模型可以揭示HOTs与复馈和预测加工理论之间自上而下的信号传递的共享原则，也可以澄清元表征（例如，见参考文献[35]）与全局广播（例如，见参考文献[127,128]）之间的差异，从而将GWTs与HOTs区分开来。[129]计算模型的发展本身也允许意识理论之间的比较依据（可能分布的）过程，而不是像当前流行的那样依据广泛的神经解剖区域（例如，像在"脑前部"与"脑后部"理论者之间的争论[111]）来得到重新定义。计算进路的一个关键挑战在于，其发展的模型不仅要解释意识的功能特征，还要解释其现象学属性——这一挑战可以被标示为"**计算（神经）现象学**"（computational [neuro] phenomenology）（例如，见参考文献[37,130]）。由此也带来了一个额外的挑战——如何利用现象学数据验证计算模型或消除它们之间的差异（例如，见参考文献[131]）。这个挑战至少可以部分地通过收集适当现象学粒度的主观报告加以解决（见框3）。

除了要更具体之外，意识理论还需要更全面。意识理论大多倾向于关注特定类型的局部状态（感知体验，特别是视觉）、特定类型的全局状态（日常的清醒觉知）和特定类型的有意识生物（成年人）。尽管意识理论家的这种有限的关注有其合理的原因（如实验可及性等因素），但一种全面的意识理论应当能够充分地涵盖意识的广泛多样性。对于局部状态，意识理论应当超越感知的范围，还要进一步考虑情感、时间性、意志和思想等方面。对于全局状态，意识理论应当超越日常的清醒状态，并解释与之相关的独特的意识模式，例如做梦、冥想、意识紊乱和迷幻状态。对于有意识的生物，意识理论应当超越成人体验，还要考虑人类婴儿、非人类动物甚至人工系统的意识问题。虽然当前的意识理论有其特定的关注点并没有错，但是一种更全面的意识理论明显具有更高的优越性，特别是如果它们能够识别意识的不同方面之间的解释联系的话。

第三个待解决的问题是意识**测量问题**：寻找可信赖的意识测量方法。[132] 解决这个问题至关重要，因为如果没有能力证实理论的预测，那么具体和全面的意识理论不可能有多大用处。有必要对意识测量问题的两个版本做出区分，这两个版本相互关联。第一个版本涉及意识内容的检测。在这种情况下，主要的挑战在于找到区分有意识心智状态与无意识心智状态的方法，而不会对意识的功能概况做出有争议的假设。(例如，意识内容必须是可报告的，或者可以被用于高级认知控制。)[114, 133, 134] 第二个版本关注的是生物个体而非内容。在这种情况下，问题包括：如何确定意识在动物界的分布[135]？某些类别的**皮层类器官**(cerebral organoids)[136] 或人工智能系统是否有意识？意识在个体发育过程中首次出现于什么时间？以及意识在发生脑部创伤时能否得以保留？[139] 在这些情况下，同样需要开发出评估意识的方法，以避免对意识的功能概况做出有争议的假设(框3)。

无疑，致力于研究意识问题的专家已在不同程度上应对了上述挑战。如今，这些努力得到了诸如对抗性合作模式(adversarial collaboration model)[1] 等创新模式的推动——这种模式鼓励意识理论的支持者设计具有区分备选意识理论的具体目标的实验。[17] 意识问题在科学领域依然存在争议，但我们完全有理由相信，意识理论的迭代发展、检验和比较将使我们进一步揭示这个世界上最深奥玄妙的未解之谜。

---

1 对抗性合作是竞争性理论的支持者在第三方的调解和仲裁下进行的一种旨在解决科学争议、检验理论和推动理论进步的方式。邓普顿世界慈善基金会基于对抗性合作的理念发起一项名为"加速意识研究"的计划，该计划主要针对当前意识科学中 IIT 和 GNWT 这两个具有广泛影响的意识理论开展对抗性合作的实验检验，后续将有更多的意识理论参与进来。——译注

名词解释

意识的神经相关物（NCCs）：一起足以构成意识状态的神经事件的最小集合。

解释鸿沟直觉（Explanatory gap intuitions）：用物理和机械术语，我们似乎无法给出完全令人信服的意识解释。

对抗性合作（Adversarial collaborations）：在某些研究项目中，不同的理论支持者会共同制定一个实验，旨在区分他们所偏好的理论。在实验进行之前，他们可能会就实验结果如何有利于他们所支持的理论之一达成一致。

全局状态（Global states）：与有机体的总体意识状态有关，通常与唤起和行为反应相关联，并且与意识的"水平"相关联。

局部状态（Local states）：与特定的有意识心智状态有关，诸如有意识的感知、情绪或思维。局部状态通常也被称为意识内容。

双眼竞争（Binocular rivalry）：向个体的每只眼睛呈现不同的图像，这时有意识感知会在这两个图像之间交替进行。

现象特征（Phenomenal character）：局部状态的体验性质，诸如红色体验的"红性"或牙痛体验的"疼痛性"，也被称为"感受质"（qualia）。

元表征（Meta-representation）：以其他心智表征作为其目标的心智表征。

无报告范例（No-report paradigms）：其中的参与者不提供主观（口头、行为）报告的行为实验。

Φ：一个系统所规定的信息量，这个信息量不能被还原为其各部分所规定的信息量。Φ 有很多变体，每个都有不同的计算方式和不同的假设。

后皮层热区（Posterior hot zone）：皮层后侧的一系列脑区，包括顶叶、颞叶、枕叶，以及像楔前叶这样的脑区。

复合体（Complex）：在整合信息理论中，一个支持最大不可还原整合信息的物理系统的子集。

内感受预测（Interoceptive predictions）：对来自身体内部的感觉信号的原

因的预测（内感受指的是"来自内部的"对身体的感知）。

意识的统一性（Unity of consciousness）：事实是，个体在某一时刻的体验似乎总是作为一个复杂体验的组成部分出现。

认知通达（Cognitive access）：使心智状态能够被广泛认知过程通达的一个功能属性，通常包括口头报告或行为报告。

计算（神经）现象学（Computational [neuro] phenomenology）：利用计算模型来解释意识状态的现象特征的（神经）机制。

测量问题（The measurement problem）：确定一个特定的心智状态是否具有意识，或者判断一个有机体或其他系统是否具备意识能力的问题。

皮层类器官（Cerebral organoids）：在实验室中培养的神经结构，以自组织的方式发育成具有细胞和网络特征的系统，类似于发育中的人脑。

参考文献

1. Crick, F. & Koch, C. Towards a neurobiological theory of consciousness. Semin. Neurosci. 2, 263–275 (1990).

2. Metzinger, T. (ed.) Neural Correlates of Consciousness: Empirical and Conceptual Questions (MIT Press, 2000).

3. Koch, C., Massimini, M., Boly, M. & Tononi, G. Neural correlates of consciousness: progress and problems. Nat. Rev. Neurosci. 17, 307–321 (2016).

4. de Graaf, T. A., Hsieh, P. J. & Sack, A. T. The 'correlates' in neural correlates of consciousness. Neurosci. Biobehav. Rev. 36, 191–197 (2012).

5. Aru, J., Bachmann, T., Singer, W. & Melloni, L. Distilling the neural correlates of consciousness. Neurosci. Biobehav. Rev. 36, 737–746 (2012).

6. Tsuchiya, N., Wilke, M., Frassle, S. & Lamme, V. A. No-report paradigms: extracting the true neural correlates of consciousness. Trends Cogn. Sci. 19, 757–770 (2015).

7. Klein, C., Hohwy, J. & Bayne, T. Explanation in the science of consciousness:

from the neural correlates of consciousness (NCCs) to the difference-makers of consciousness (DMCs). Philos. Mind Sci. https://doi.org/ 10.33735/phimisci.2020. II.60 (2020).

8. Michel, M. et al. Opportunities and challenges for a maturing science of consciousness. Nat. Hum. Behav. 3, 104–107 (2019).
9. Seth, A. K. Consciousness: the last 50 years (and the next). Brain Neurosci. Adv. 2, 2398212818816019 (2018).
10. Seth, A. K. Explanatory correlates of consciousness: theoretical and computational challenges. Cogn. Comput. 1, 50–63 (2009).
11. Searle, J. The Rediscovery of the Mind (MIT Press, 1992).
12. Varela, F. J. Neurophenomenology: a methodological remedy for the hard problem. J. Conscious. Stud. 3, 330–350 (1996).
13. Seth, A. K. Being You: A New Science of Consciousness (Faber & Faber, 2021).
14. Dennett, D. C. Welcome to strong illusionism. J. Conscious. Stud. 26, 48–58 (2019).
15. Frankish, K. Illusionism as a Theory of Consciousness (Imprint Academic, 2017).
16. Wiese, W. The science of consciousness does not need another theory, it needs a minimal unifying model. Neurosci. Conscious. 2020, niaa013 (2020).
17. Melloni, L., Mudrik, L., Pitts, M. & Koch, C. Making the hard problem of consciousness easier. Science 372, 911–912 (2021). This work sets out how an adversarial collaboration is planning to arbitrate between integrated information and global workspace ToCs.
18. Hameroff, S. & Penrose, R. Consciousness in the universe: a review of the 'Orch OR' theory. Phys. Life Rev. 11, 39–78 (2014).
19. Chalmers, D. J. & McQueen, K. in Quantum Mechanics and Consciousness (ed Gao, S.) (Oxford Univ. Press, 2022).
20. Nagel, T. What is it like to be a bat? Philos. Rev. 83, 435–450 (1974).
21. Bayne, T., Hohwy, J. & Owen, A. M. Are there levels of consciousness? Trends Cogn. Sci. 20, 405–413 (2016). This work challenges the common unidimensional notion of 'level of consciousness', outlining an alternative, richer, multidimensional account.
22. Metzinger, T. Being No-One (MIT Press, 2003).
23. Damasio, A. Self Comes To Mind: Constructing the Conscious Brain (William

Heinemann, 2010).

24. Park, H. D. & Tallon-Baudry, C. The neural subjective frame: from bodily signals to perceptual consciousness. Philos. Trans. R. Soc. Lond. B Biol. Sci. 369, 20130208 (2014).
25. Bayne, T. The Unity of Consciousness (Oxford Univ. Press, 2010).
26. Bayne, T. & Chalmers, D. J. in The Unity of Consciousness: Binding, Integration, and Dissociation (ed Cleeremans, A.) 23–58 (Oxford Univ. Press, 2003).
27. Cummins, R. Functional analysis. J. Philos. 72, 741–765 (1975).
28. Blake, R., Brascamp, J. & Heeger, D. J. Can binocular rivalry reveal neural correlates of consciousness? Philos. Trans. R. Soc. Lond. B Biol. Sci. 369, 20130211 (2014).
29. Signorelli, C. M., Szczotka, J. & Prentner, R. Explanatory profiles of models of consciousness — towards a systematic classification. Neurosci. Conscious. 2021, niab021 (2021).
30. Lau, H. & Rosenthal, D. Empirical support for higherorder theories of conscious awareness. Trends Cogn. Sci. 15, 365–373 (2011). This work presents a summary of empirical evidence favouring higher-order ToCs.
31. Rosenthal, D. Consciousness and Mind (Clarendon, 2005).
32. Brown, R. The HOROR theory of phenomenal consciousness. Philos. Stud. 172, 1783–1794 (2015).
33. Cleeremans, A. Consciousness: the radical plasticity thesis. Prog. Brain Res. 168, 19–33 (2008).
34. Cleeremans, A. et al. Learning to be conscious. Trends Cogn. Sci. 24, 112–123 (2020).
35. Fleming, S. M. Awareness as inference in a higherorder state space. Neurosci. Conscious. 2020, niz020 (2020).
36. Lau, H. Consciousness, metacognition, and perceptual reality monitoring. Preprint at ArXiv https://doi.org/10.31234/osf.io/ckbyf (2020).
37. Gershman, S. J. The generative adversarial brain. Front. Artif. Intell. https://doi.org/10.3389/frai.2019.00018 (2019).
38. Cohen, M. A., Dennett, D. C. & Kanwisher, N. What is the bandwidth of perceptual experience? Trends Cogn. Sci. 20, 324–335 (2016).

39. Haun, A. M., Tononi, G., Koch, C. & Tsuchiya, N. Are we underestimating the richness of visual experiences? Neurosci. Conscious. 3, 1–4 (2017).
40. Odegaard, B., Chang, M. Y., Lau, H. & Cheung, S. H. Inflation versus filling-in: why we feel we see more than we actually do in peripheral vision. Philos. Trans. R. Soc. Lond. B Biol. Sci. https://doi.org/10.1098/ rstb.2017.0345 (2018).
41. LeDoux, J. E. & Brown, R. A higher-order theory of emotional consciousness. Proc. Natl Acad. Sci. USA 114, E2016–E2025 (2017).
42. Morrison, J. Perceptual confidence. Anal. Philos. 78, 99–147 (2016).
43. Peters, M. A. K. Towards characterizing the canonical computations generating phenomenal experience. Preprint at PsyArXiv https://doi.org/10.31234/osf.io/bqfr6 (2021).
44. Rosenthal, D. Consciousness and its function. Neuropsychologia 46, 829–840 (2008).
45. Charles, L., Van Opstal, F., Marti, S. & Dehaene, S. Distinct brain mechanisms for conscious versus subliminal error detection. Neuroimage 73, 80–94 (2013).
46. Brown, R., Lau, H. & LeDoux, J. E. Understanding the higher-order approach to consciousness. Trends Cogn. Sci. 23, 754–768 (2019).
47. Baars, B. J. A Cognitive Theory of Consciousness (Cambridge Univ. Press, 1988).
48. Dehaene, S. & Changeux, J. P. Experimental and theoretical approaches to conscious processing. Neuron 70, 200–227 (2011).
49. Mashour, G. A., Roelfsema, P., Changeux, J. P. & Dehaene, S. Conscious processing and the global neuronal workspace hypothesis. Neuron 105, 776–798 (2020). This work presents a summary of the neuronal GWT and its supporting evidence.
50. Dehaene, S., Sergent, C. & Changeux, J. P. A neuronal network model linking subjective reports and objective physiological data during conscious perception. Proc. Natl Acad. Sci. USA 100, 8520–8525 (2003).
51. Naccache, L. Why and how access consciousness can account for phenomenal consciousness. Philos. Trans. R. Soc. Lond. B Biol. Sci. https://doi.org/10.1098/ rstb.2017.0357 (2018).
52. Mashour, G. A. Cognitive unbinding: a neuroscientific paradigm of general anesthesia and related states of unconsciousness. Neurosci. Biobehav. Rev. 37, 2751–2759 (2013).

53. Demertzi, A. et al. Human consciousness is supported by dynamic complex patterns of brain signal coordination. Sci. Adv. 5, eaat7603 (2019). This large empirical study of functional connectivity patterns across different global states of consciousness focuses on how these patterns relate to underlying structural connectivity.
54. Barttfeld, P. et al. Signature of consciousness in the dynamics of resting-state brain activity. Proc. Natl Acad. Sci. USA 112, 887–892 (2015).
55. Uhrig, L. et al. Resting-state dynamics as a cortical signature of anesthesia in monkeys. Anesthesiology 129, 942–958 (2018).
56. Carruthers, P. Human and Animal Minds: The Consciousness Questions Laid to Rest (Oxford Univ. Press, 2019).
57. Tononi, G. Consciousness as integrated information: a provisional manifesto. Biol. Bull. 215, 216–242 (2008).
58. Tononi, G. Integrated information theory of consciousness: an updated account. Arch. Ital. Biol. 150, 293–329 (2012).
59. Tononi, G., Boly, M., Massimini, M. & Koch, C. Integrated information theory: from consciousness to its physical substrate. Nat. Rev. Neurosci. 17, 450–461 (2016). This work presents an account of the core claims and concepts of the integrated information ToC.
60. Oizumi, M., Albantakis, L. & Tononi, G. From the phenomenology to the mechanisms of consciousness: integrated information theory 3.0. PLoS Comput. Biol. 10, e1003588 (2014).
61. Tononi, G. & Koch, C. Consciousness: here, there and everywhere? Philos. Trans. R. Soc. Lond. B Biol. Sci. https://doi.org/10.1098/rstb.2014.0167 (2015).
62. Haun, A. M. & Tononi, G. Why does space feel the way it does? Towards a principled account of spatial experience. Entropy 21, 1160 (2019).
63. Albantakis, L., Hintze, A., Koch, C., Adami, C. & Tononi, G. Evolution of integrated causal structures in animats exposed to environments of increasing complexity. PLoS Comput. Biol. 10, e1003966 (2014).
64. Marshall, W., Gomez-Ramirez, J. & Tononi, G. Integrated information and state differentiation. Front. Psychol. 7, 926 (2016).

65. Lamme, V. A. Towards a true neural stance on consciousness. Trends Cogn. Sci. 10, 494–501 (2006).
66. Lamme, V. A. & Roelfsema, P. R. The distinct modes of vision offered by feedforward and recurrent processing. Trends Neurosci. 23, 571–579 (2000).
67. Hohwy, J. & Seth, A. K. Predictive processing as a systematic basis for identifying the neural correlates of consciousness. Philos. Mind Sci. 1, 3 (2020).
68. Lamme, V. A., Super, H., Landman, R., Roelfsema, P. R. & Spekreijse, H. The role of primary visual cortex (V1) in visual awareness. Vis. Res. 40, 1507–1521 (2000).
69. Pascual-Leone, A. & Walsh, V. Fast backprojections from the motion to the primary visual area necessary for visual awareness. Science 292, 510–512 (2001). This early study uses transcranial magnetic stimulation to reveal a role for re-entrant activity in conscious visual perception in humans.
70. Boehler, C. N., Schoenfeld, M. A., Heinze, H. J. & Hopf, J. M. Rapid recurrent processing gates awareness in primary visual cortex. Proc. Natl Acad. Sci. USA 105, 8742–8747 (2008).
71. Lamme, V. A. How neuroscience will change our view on consciousness. Cogn. Neurosci. 1, 204–220 (2010).
72. von Helmholtz, H. Handbuch der Phsyiologischen Optik [German] (Voss, 1867).
73. Clark, A. Whatever next? Predictive brains, situated agents, and the future of cognitive science. Behav. Brain Sci. 36, 181–204 (2013). This work presents a classic exposition of predictive processing and its relevance for perception, cognition and action.
74. Friston, K. J. The free-energy principle: a unified brain theory? Nat. Rev. Neurosci. 11, 127–138 (2010).
75. Seth, A. K. in Open MIND (eds Windt, J. M. & Metzinger, T.) (MIND Group, 2015).
76. Friston, K. J. Am I self-conscious? (Or does self-organization entail self-consciousness?). Front. Psychol. 9, 579 (2018).
77. Seth, A. K. & Tsakiris, M. Being a beast machine: the somatic basis of selfhood. Trends Cogn. Sci. 22, 969–981 (2018).
78. Bruineberg, J., Dolega, K., Dewhurst, J. & Baltieri, M. The Emperor's new Markov blankets. Behav. Brain Sci. https://doi.org/10.1017/S0140525X21002351 (2021).

79. Hohwy, J. The Predictive Mind (Oxford Univ. Press, 2013).
80. Rao, R. P. & Ballard, D. H. Predictive coding in the visual cortex: a functional interpretation of some extra-classical receptive-field effects. Nat. Neurosci. 2, 79–87 (1999).
81. Teufel, C. & Fletcher, P. C. Forms of prediction in the nervous system. Nat. Rev. Neurosci. 21, 231–242 (2020).
82. Friston, K. J., Daunizeau, J., Kilner, J. & Kiebel, S. J. Action and behavior: a free-energy formulation. Biol. Cybern. 102, 227–260 (2010).
83. Parr, T. & Friston, K. J. Generalised free energy and active inference. Biol. Cybern. 113, 495 513 (2019).
84. Pennartz, C. M. A. Consciousness, representation, action: the importance of being goal-directed. Trends Cogn. Sci. 22, 137–153 (2018).
85. Williford, K., Bennequin, D., Friston, K. & Rudrauf, D. The projective consciousness model and phenomenal selfhood. Front. Psychol. 9, 2571 (2018).
86. Hohwy, J. New directions in predictive processing. Mind Lang. 35, 209–223 (2020).
87. Seth, A. K. A predictive processing theory of sensorimotor contingencies: explaining the puzzle of perceptual presence and its absence in synesthesia. Cogn. Neurosci. 5, 97–118 (2014).
88. O'Regan, J. K. & Noë, A. A sensorimotor account of vision and visual consciousness. Behav. Brain Sci. 24, 939–973; discussion 973–1031 (2001). This primary description of the sensorimotor ToC argues that conscious perception is intimately related to action.
89. Seth, A. K. Interoceptive inference, emotion, and the embodied self. Trends Cogn. Sci. 17, 565–573 (2013). This work presents a theoretical application of predictive processing to interoception and physiological regulation, relating this to experiences of emotion and selfhood.
90. Barrett, L. F. The theory of constructed emotion: an active inference account of interoception and categorization. Soc. Cogn. Affect. Neurosci. 12, 1833 (2017).
91. Solms, M. The hard problem of consciousness and the free energy principle. Front. Psychol. 9, 2714 (2018).

92. Hohwy, J., Roepstorff, A. & Friston, K. Predictive coding explains binocular rivalry: an epistemological review. Cognition 108, 687–701 (2008).
93. Parr, T., Corcoran, A. W., Friston, K. J. & Hohwy, J. Perceptual awareness and active inference. Neurosci. Conscious. 2019, niz012 (2019).
94. Friston, K. J., Fitz Gerald, T., Rigoli, F., Schwartenbeck, P. & Pezzulo, G. Active inference: a process theory. Neural Comput. 29, 1–49 (2017).
95. Boly, M. et al. Preserved feedforward but impaired top-down processes in the vegetative state. Science 332, 858–862 (2011). This neuroimaging study uses dynamic causal modelling to show that loss of consciousness in the vegetative state is associated with impaired top-down connectivity from frontal to temporal cortices.
96. Parr, T. & Friston, K. J. Working memory, attention, and salience in active inference. Sci. Rep. 7, 14678 (2017).
97. Chalmers, A. What is This Thing Called Science? (Queensland Univ. Press, 2013).
98. Godfrey-Smith, P. G. Theory and Reality: An Introduction to the Philosophy of Science 2nd edn (Univ. Chicago Press, 2021).
99. Lipton, P. Inference to the Best Explanation (Routledge, 2004).
100. Lau, H. & Passingham, R. E. Relative blind sight in normal observers and the neural correlate of visual consciousness. Proc. Natl Acad. Sci. USA 103, 18763–18768 (2006). This empirical study compares conscious and unconscious visual perception in humans, controlling for performance, and reveals differences in prefrontal activation.
101. van Vugt, B. et al. The threshold for conscious report: signal loss and response bias in visual and frontal cortex. Science 360, 537–542 (2018). This empirical study tracks the time course of neural signals in primate frontal cortex, showing that perceived stimuli elicit sustained activity, when compared with non-perceived stimuli.
102. Gaillard, R. et al. Converging intracranial markers of conscious access. PLoS Biol. 7, e61 (2009).
103. Panagiotaropoulos, T. I., Deco, G., Kapoor, V. & Logothetis, N. K. Neuronal discharges and gamma oscillations explicitly reflect visual consciousness in the

lateral prefrontal cortex. Neuron 74, 924–935 (2012).

104. Kapoor, V. et al. Decoding internally generated transitions of conscious contents in the prefrontal cortex without subjective reports. Nat. Comm. 13, 1535 (2022).

105. Bellet, J. et al. Decoding rapidly presented visual stimuli from prefrontal ensembles without report nor post-perceptual processing. Neurosci. Conscious. 2022, niac005 (2022).

106. Levinson, M., Podvalny, E., Baete, S. H. & He, B. J. Cortical and subcortical signatures of conscious object recognition. Nat. Commun. 12, 2930 (2021).

107. Boly, M. et al. Are the neural correlates of consciousness in the front or in the back of the cerebral cortex? Clinical and neuroimaging evidence. J. Neurosci. 37, 9603–9613 (2017).

108. Raccah, O., Block, N. & Fox, K. C. R. Does the prefrontal cortex play an essential role in consciousness? Insights from intracranial electrical stimulation of the human brain. J. Neurosci. 41, 2076–2087 (2021).

109. Odegaard, B., Knight, R. T. & Lau, H. Should a few null findings falsify prefrontal theories of conscious perception? J. Neurosci. 37, 9593–9602 (2017).

110. Brascamp, J., Blake, R. & Knapen, T. Negligible fronto-parietal BOLD activity accompanying unreportable switches in bistable perception. Nat. Neurosci. 18, 1672–1678 (2015). This empirical 'no-report' study shows that fronto-parietal activity does not track switches in perceptual dominance when subjective reports are not required.

111. Sergent, C. et al. Bifurcation in brain dynamics reveals a signature of conscious processing independent of report. Nat. Commun. 12, 1149 (2021).

112. Siclari, F. et al. The neural correlates of dreaming. Nat. Neurosci. 20, 872–878 (2017).

113. Wong, W. et al. The Dream Catcher experiment: blinded analyses failed to detect markers of dreaming consciousness in EEG spectral power. Neurosci. Conscious. 2020, niaa006 (2020).

114. Block, N. Consciousness, accessibility, and the mesh between psychology and neuroscience. Behav. Brain Sci. 30, 481–548 (2007). This work argues that research in psychology and neuroscience shows that there is a real and not merely conceptual

distinction between phenomenal consciousness (that is, experience) and cognitive access to phenomenal consciousness.

115. Musgrave, A. in Relativism and Realism in Science (ed Nola, R.) 229–252 (Kluwer, 1988).

116. Song, C., Haun, A. M. & Tononi, G. Plasticity in the structure of visual space. eNeuro https://doi.org/10.1523/ENEURO.0080-17.2017 (2017).

117. Marshel, J. H. et al. Cortical layer-specific critical dynamics triggering perception. Science https://doi.org/10.1126/science.aaw5202 (2019).

118. Dembski, C., Koch, C. & Pitts, M. Perceptual awareness negativity: a physiological correlate of sensory consciousness. Trends Cogn. Sci. 25, 660–670 (2021).

119. Sanchez, G., Hartmann, T., Fusca, M., Demarchi, G. & Weisz, N. Decoding across sensory modalities reveals common supramodal signatures of conscious perception. Proc. Natl Acad. Sci. USA 117, 7437–7446 (2020).

120. Sergent, C. The offline stream of conscious representations. Philos. Trans. R. Soc. Lond. B Biol. Sci. https://doi.org/10.1098/rstb.2017.0349 (2018).

121. Michel, M. & Doerig, A. A new empirical challenge for local theories of consciousness. Mind Lang. https://doi.org/10.1111/mila.12319 (2021).

122. Sergent, C. et al. Cueing attention after the stimulus is gone can retrospectively trigger conscious perception. Curr. Biol. 23, 150–155 (2013). This empirical study reveals that conscious perception of a stimulus can be influenced by events happening (hundreds of milliseconds) after the stimulus appeared ('retro-perception').

123. Roseboom, W. et al. Activity in perceptual classification networks as a basis for human subjective time perception. Nat. Commun. 10, 267 (2019).

124. Kent, L. & Wittmann, M. Special Issue: Consciousness science and its theories. Time consciousness: the missing link in theories of consciousness. Neurosci. Conscious. 2021, niab011 (2021).

125. Husserl, E. Ideas: A General Introduction to Pure Phenomenology (Collier Books, 1963).

126. Yaron, I., Melloni, L., Pitts, M. & Mudrik, L. The ConTraSt database for analyzing and comparing empirical studies of consciousness theories. Nat. Hum. Behav. https://

doi.org/10.1038/s41562-021-01284-5 (2022). This work presents an online resource of empirical studies of consciousness, organized with respect to different ToCs.

127. Joglekar, M. R., Mejias, J. F., Yang, G. R. & Wang, X. J. Inter-areal balanced amplification enhances signal propagation in a large-scale circuit model of the primate cortex. Neuron 98, 222–234.e8 (2018).

128. VanRullen, R. & Kanai, R. Deep learning and the global workspace theory. Trends Neurosci. 44, 692–704 (2021).

129. Shea, N. & Frith, C. D. The global workspace needs metacognition. Trends Cogn. Sci. 23, 560–571 (2019).

130. Suzuki, K., Roseboom, W., Schwartzman, D. J. & Seth, A. K. A deep-dream virtual reality platform for studying altered perceptual phenomenology. Sci. Rep. 7, 15982 (2017).

131. Vilas, M. G., Auksztulewicz, R. & Melloni, L. Active inference as a computational framework for consciousness. Rev. Philos. Psychol. https://doi.org/ 10.1007/s13164-021-00579-w (2021).

132. Browning, H. & Veit, W. The measurement problem in consciousness. Philos. Top. 48, 85–108 (2020).

133. Seth, A. K., Dienes, Z., Cleeremans, A., Overgaard, M. & Pessoa, L. Measuring consciousness: relating behavioural and neurophysiological approaches. Trends Cogn. Sci. 12, 314–321 (2008).

134. Michel, M. Calibration in consciousness science. Erkenntnis https://doi.org/10.1007/ s10670-021-00383-z (2021).

135. Birch, J., Schnell, A. K. & Clayton, N. S. Dimensions of animal consciousness. Trends Cogn. Sci. 24, 789–801 (2020).

136. Bayne, T., Seth, A. K. & Massimini, M. Are there islands of awareness? Trends Neurosci. 43, 6–16 (2020). This work presents an examination of the possibility of consciousness in isolated neural systems such as brain organoids, disconnected cortical hemispheres and ex cranio brains.

137. Dehaene, S., Lau, H. & Kouider, S. What is consciousness, and could machines have it? Science 358, 486–492 (2017).

138. Hu, H., Cusack, R. & Naci, L. Typical and disrupted brain circuitry for conscious awareness in full-term and pre-term infants (2021).

139. Owen, A. M. & Coleman, M. R. Detecting awareness in the vegetative state. Ann. N Y Acad. Sci. 9, 130–138 (2008).

140. Cleeremans, A. The radical plasticity thesis: how the brain learns to be conscious. Front. Psychol. 2, 86 (2011).

141. Jackendoff, R. Consciousness and the Computational Mind (MIT Press, 1987).

142. Prinz, J. The Conscious Brain: How Attention Engenders Experience (Oxford Univ. Press, 2012).

143. Chang, A. Y. C., Biehl, M., Yu, Y. & Kanai, R. Information closure theory of consciousness. Front. Psychol. 11, 1504 (2020).

144. Tononi, G. & Edelman, G. M. Consciousness and complexity. Science 282, 1846–1851 (1998). This work presents an early proposal of how measures of neural complexity might relate to phenomenological properties of (all) conscious experiences.

145. Edelman, G. M. Neural Darwinism: The Theory of Neuronal Group Selection (Basic Books 1987).

146. Edelman, G. M. The Remembered Present (Basic Books, 1989).

147. Damasio, A. The Feeling of What Happens: Body and Emotion in the Making of Consciousness (Harvest Books, 2000).

148. Graziano, M. S. A. The attention schema theory: a foundation for engineering artificial consciousness. Front. Robot. AI 4, 60 (2017).

149. Dennett, D. C. Consciousness Explained (Little, Brown, 1991).

150. Ginsburg, S. & Jablonka, E. The Evolution of the Sensitive Soul: Learning and the Origins of Consciousness (MIT Press, 2019).

151. Aru, J., Suzuki, M. & Larkum, M. E. Cellular mechanisms of conscious processing. Trends Cogn. Sci. 24, 814–825 (2020).

152. McFadden, J. Integrating information in the brain's EM field: the cemi field theory of consciousness. Neurosci. Conscious. 2020, niaa016 (2020).

153. Fleming, S. M., Ryu, J., Golfinos, J. G. & Blackmon, K. E. Domain-specific impairment in metacognitive accuracy following anterior prefrontal lesions. Brain 137,

2811–2822 (2014).

154. Fox, K. C. R. et al. Intrinsic network architecture predicts the effects elicited by intracranial electrical stimulation of the human brain. Nat. Hum. Behav. 4, 1039–1052 (2020).

155. Dehaene, S. & Naccache, L. Towards a cognitive neuroscience of consciousness: basic evidence and a workspace framework. Cognition 79, 1–37 (2001).

156. Sergent, C., Baillet, S. & Dehaene, S. Timing of the brain events underlying access to consciousness during the attentional blink. Nat. Neurosci. 8, 1391–1400 (2005).

157. Mediano, P. A. M., Seth, A. K. & Barrett, A. B. Measuring integrated information: comparison of candidate measures in theory and simulation. Entropy 21, 17 (2019).

158. Casali, A. G. et al. A theoretically based index of consciousness independent of sensory processing and behavior. Sci. Transl. Med. 5, 198ra105 (2013). This empirical study shows that a measure of the complexity of the cortical response to transcranial magnetic stimulation distinguishes between a range of global conscious states, including disorders of consciousness.

159. Luppi, A. I. et al. Consciousness-specific dynamic interactions of brain integration and functional diversity. Nat. Commun. 10, 4616 (2019).

160. Hardstone, R. et al. Long-term priors influence visual perception through recruitment of long-range feedback. Nat. Commun. 12, 6288 (2021).

161. de Lange, F. P., Heilbron, M. & Kok, P. How do expectations shape perception? Trends Cogn. Sci. 22, 764–779 (2018).

162. Melloni, L., Schwiedrzik, C. M., Muller, N., Rodriguez, E. & Singer, W. Expectations change the signatures and timing of electrophysiological correlates of perceptual awareness. J. Neurosci. 31, 1386–1396 (2011). This empirical study uses a perceptual hysteresis paradigm to show that expectations enhance and accelerate conscious perception.

163. Pinto, Y., van Gaal, S., de Lange, F. P., Lamme, V. A. & Seth, A. K. Expectations accelerate entry of visual stimuli into awareness. J. Vis. 15, 13 (2015).

164. Chalmers, D. J. Facing up to the problem of consciousness. J. Conscious. Stud. 23, 200–219 (1995). This work presents the classic statement of the philosophical

distinction between the 'hard' and 'easy' problems of consciousness.
165. Levine, J. Materialism and qualia: the explanatory gap. Pac. Philos. Q. 64, 354–361 (1983). 166. Seth, A. K. The Real Problem (Aeon, 2016).
167. Balog, K. in The Oxford Handbook of Philosophy of Mind (eds Beckermann, A., McLaughlin, B. P., & Walter S.) 292–312 (Oxford Univ. Press, 2009).
168. Perry, J. Knowledge, Possibility, and Consciousness (MIT Press, 2001).
169. Varela, F. J., Thompson, E. & Rosch, E. The Embodied Mind: Cognitive Science and Human Experience (MIT Press, 1993).
170. Carvalho, G. B. & Damasio, A. Interoception and the origin of feelings: a new synthesis. Bioessays 43, e2000261 (2021).
171. Solms, M. The Hidden Spring: A Journey to the Source of Consciousness (Profile Books, 2021).
172. Merker, B. Consciousness without a cerebral cortex: a challenge for neuroscience and medicine. Behav. Brain Sci. 30, 63–81; discussion 81–134 (2007).
173. Parvizi, J. & Damasio, A. Consciousness and the brainstem. Cognition 79, 135–160 (2001).
174. Naber, M., Frassle, S. & Einhauser, W. Perceptual rivalry: reflexes reveal the gradual nature of visual awareness. PLoS ONE 6, e20910 (2011).
175. Casarotto, S. et al. Stratification of unresponsive patients by an independently validated index of brain complexity. Ann. Neurol. 80, 718–729 (2016).
176. Shea, N. & Bayne, T. The vegetative state and the science of consciousness. Br. J. Philos. Sci. 61, 459–484 (2010).
177. Birch, J. The search for invertebrate consciousness. Noûs 56, 133–153 (2020).
178. Phillips, I. The methodological puzzle of phenomenal consciousness. Philos. Trans. R. Soc. Lond. B Biol. Sci. https://doi.org/10.1098/rstb.2017.0347 (2018).

书评

人类世的哲思定向

——《人类世的哲学》书评

郭 成[*]

近年来,"人类世"(anthropocene)一词在环境科学、地球科学、社会科学和人文学科中被经常使用和讨论,颇为流行。它本是一个地质学概念,指人类生活的地球进入了一个新纪元。基于人类此在的这种大变局,孙周兴教授将"人类世"哲学化,倡导一种未来哲学,为人类世中的哲学思考重新定向。

孙教授认为,人类世始于1945年,原子弹的爆炸表明,人类的技术工业已经显著影响到了地球的常态化运动,人类已经可以对地球产生巨大的影响。"技术统治时代"来临了。在哲学上,人类世意味着人类从自然生活世界到技术生活世界的改变。这里的技术是现代技术,它有四个基本要素和现象,即核武核能、环境激素、人工智能和生物技术。孙教授跟随海德格尔的技术之思,对现代技术和古代技术加以区分,强调古代技术呈现的是自然人类的生活世界,而现代技术的"集置"(Gestell)本质则造就出技术人类,是一种使自然人类"去自然化"或"非自然化"的力量。

可见,人类世哲学的核心是对技术统治的反思,即身处技术统治时代的人类该如何继承传统的自然人类文明,又该如何应对技术支配下的未来文明。正是以

---

[*] 郭成:南京师范大学公共管理学院哲学系讲师。

未来作为哲思的方向，人类世的哲学又可以叫作"未来哲学"。这里体现出作者纠正当今学界的复古潮流和保守倾向的意图，他认为哲学思考不仅要在故纸堆里向后看，更要在时代变革中向前看。生命终究要面向未来，而非囿于过去，因为面对技术工业强大的统治地位，传统的自然人类文明及其表达体系已然无法适应人类世的新局面和新现实，不能有效建构技术时代的新世界经验。

预见到自然人类文明及其表达系统即传统的哲学—宗教—艺术走向崩溃和终结的是马克思和尼采，指出现代技术的统治地位的则是海德格尔：马克思的"一切坚固的东西都烟消云散了"和尼采的"上帝死了"揭示出传统价值的失效，海德格尔的"集置"表明存在历史之"天命"乃是现代技术。这三位哲学家的名字始终贯穿在《人类世的哲学》一书中，是其主要的思想来源。所以，人类世的哲学一定是基于技术、以未来为导向的，即"未来才是哲思的准星"。

作者首先论述了"未来哲学"这一概念的来源和内涵。最先提出"未来哲学"的是德国哲学家路德维希·费尔巴哈，虽然他著有《未来哲学原理》，但并未脱离传统哲学的桎梏。真正开启未来哲思的当属尼采，他的《善恶的彼岸》以"一种未来哲学的序曲"为副标题，要求哲学重新定向。在作者看来，尼采的"未来哲学"具有三重意义：后哲学意义、实存论前提和技术—艺术—政治主题。由此出发，作者的未来哲学作为一种实存哲学则具有世界性、个体性、技术性和艺术性四个特征和规定性：世界性指的是，未来哲学的"人间—大地—生活世界性"，以境域—语境的关联性为基础进行哲学思考；个体性则是指，未来哲学以个体的思想和言说为己任，目的在于主张和维护个体的自由；技术性意味着，未来哲学将直接面对技术的统治模式，既受技术规定，又力图超越技术，是一种命运性的哲思；艺术性表现为未来哲学和未来艺术重构一种交织共生的关系，促进人类的想象力和创造力的提升。此外，启迪作者的不仅有尼采的哲思，还有马克思对技术和资本社会的批判及其对未来社会的畅想，以及海德格尔前后期的"未来哲学"推进方案和技术之思。然而，其核心思想依旧是上述四个特征。

那么，以技术为主题的未来哲学面临着什么样的技术问题呢？

作者认为，在现代技术的加速发展下，"上帝死了"不仅体现为传统宗教、艺术和哲学的衰落，更多地体现为技术已经成了一种统治性力量，"技术统治"压倒了"政治统治"。原始的自然人类文明转变为"类人文明"，即人类的身体和心灵在生物技术和人工智能两个方面被非自然化或技术化了。技术工业制造的化工产品和药物导致环境激素增多，在整体上改变了地球上人类和其他动物的体液环境和体液构成，使其自然繁殖能力大幅下降。而基因工程虽然在不断地延缓衰老和死亡、延长人类的生命，但是随着人工智能的发展，人机关系问题越来越显著：人和机器终将作为人机合体和谐共生，还是人类将被机器统治甚或丧命于机器之手？对此，未来哲学借用尼采的思想，倡导一种"积极的虚无主义"，认为未来会有一种"类人"产生。这虽然是一种被技术化的新人类，即"技术人"或"智能人"，但它达到了人机之间的某种平衡。因此，未来哲学具有一种开放的心态，希冀在自然文明终结的无意义状态下开启一种新的文明类型，即"类人文明"。未来哲学是一种生命哲学，是关于未来新生命的规划，把生命的本质重新定义为"受制于技术统治的生命冲突和生命流变"，把类人文明看作一种动词/动态文明。在技术的统治下，世界会变得更加同质化、同一化、形式化和计算化，而个体则会被极端普遍化和虚空化，个体性将消亡在普遍化进程中，甚至会出现尼采所谓的"末人"世界。未来哲学倡导在技术极权主义时代捍卫个体性和个体自由，主张一种基于全球政治共商机制的"大政治"，以节制技术的加速发展和全面统治。

  对于自然人类和技术人类之间是否有可能达成平衡的问题，《人类世的哲学》认为应该走一条"中间道路"，既不必以"技术悲观主义"心态设想最坏的状态，也不必像"技术乐观主义"那样坚信技术只有美好的前景而毫无风险。作者在对自然与技术之平衡即人的自然性和技术性之平衡的预期中透露出乐观心态，甚至愿意从中看到"神人"或尼采所谓"超人"的诞生。但是，在看到现代技术带来的福祉时，作者也强调要正视其风险。面对现代技术的二重性（Zwiefalt）本质，作者援引海德格尔的"泰然任之"，表示对待技术世界要开放和抵抗并重。这并非消极无为的态度，而是一种"技术命运论"，是一种顺应命运的二重性态度和策略。

既然自然人类文明的表达体系已然崩溃，那么旧世界的生命经验也就不再适应技术世界的发展趋势。因此，《人类世的哲学》在第三篇中要求重建新世界的生命经验。这里涉及的是人类生命最基础的经验，即人对物的经验、人的时空经验以及人的生活和心理经验。通过对物之经验的探讨，作者意在构建一种未来艺术，这也是未来哲学的一个核心组成部分。不同于以古典"自在之物"为基础的模仿艺术、以近代"为我之物"为基础的再现型艺术和以当代"关联之物"为基础的"扩展的艺术"，未来艺术首先要成为"事件艺术"，即艺术的重心要从物转变到事件上，艺术要成为行动并介入生活。只有这样，未来艺术才能实现它的新使命，作为一种"抵抗的艺术"重新定向人类的生命经验、开拓生命实存的可能性和高扬个体的自由。作者在此仍以尼采和海德格尔作为思想支撑，批评把时间理解为线性和把空间理解为虚空的传统时空观。相反，未来哲学不把时间看作线性可计算的，而将其看作"圆性时间"。它强调，每个当下的"瞬间"都是过去和未来的"碰撞"之所，是创造性的时机。而未来艺术则打破几何式抽象的空间观，倡导具身空间或"实性空间"，即每个物体所居有的实际位置乃是它的具体空间。这种时空观不再把时间和空间当作客体，而是当作新的世界经验，于是未来艺术和未来哲学也在人类世的新时空经验中实现交合。最后，除了涉及外在事物的经验，新世界经验还涉及人的内在心理经验。这里仍体现出自然人类生活与技术人类生活之间的差异：前者追求精神性，具有宗教信仰，强调道德感，感性感觉能力强大，追求和谐的美感，以集体主义为导向；相反，后者转向物质性，没有宗教信仰，道德感和感性感觉能力都是弱的，认为冲突和紧张才有美感，崇尚个体主义。可见，新生命经验的构建也要求保留个体性和独特性，追求生命视域的开放性和个体实存的本己性。

最后，《人类世的哲学》还表达了对未来人类的畅想。首先，它从认知或知识角度探讨了人类学习的三种形态：古典"自然人"的模仿之学，近代"理论人"的数之学，未来"技术人"的人机联合之学（也就是"未来之学"）。模仿之学重直观或直觉，强调感性、诗性、想象、体验和理解，以创造为主，可以视之为艺术人文的"创造之学"；而数之学的特征则是抽象、理性和知性，核心方法是论证、逻辑、说明和计算，可以称之为数理科学的"计算之学"。《人类世的哲学》虽然认为数之学早已压制模仿之学成为主导，但是它并不追求在技术世界中通过人工智能的深度学习对数之学的极端完成，反而强调未来文明要重新振兴作为自然人类文明学习方式的模仿之学，以便保护人类生活世界的奇异性和神秘性，保障个体在技术统治下的独特性和自由，达成未来人的自然性和技术性的相互协调。基于对尼采"末人"和"超人"概念的拓展，作者把"末人"理解为技术工业下的自然人类的本质，意味着人类的同质化和停滞不前；而"超人"作为未来人的代表则既是技术化进程的实施者和"末人"的统治者，又在尼采的意义上"忠实于大地"，高扬自然生命的力量，并且是智力和生命力超群的人。"超人"是自然和技术之二重性的完美化身。

《人类世的哲学》最为关切的问题是：在自然人性的根基和底线受到现代技术的触及和改变时，该如何维护人类的尊严？这本书一方面展现出作者对当下和未来的深刻关怀，尤其是对技术统治下的人类生活和命运的担忧与愿景；另一方面也展现出作者哲思的深刻与广博，以及对尼采、海德格尔和马克思等哲学家思想的独特阐释与运用，例如重新解释了尼采的"超人""末人"和"永恒轮回"学说，拓展了"未来哲学"和"未来艺术"，区分了"自然人类"与"技术人类"，创造性地提出了"自然人类文明""技术命运论""类人文明"等概念以及"圆性时间"和"实性空间"的时空观，主张一种"艺术人文学"，倡导一种作为自然与技术之二重性典范化身的未来人。这本书处处体现出作者思想的独特洞见、魅力以及语言风格的个人幽默特色，是作者近年来重建生活经验的一部代表作。

不过，在阅读作者对未来哲学的整体建构时，读者也不免会产生不解和疑问。首先，作者强调自然人类文明和技术人类文明、自然人和技术人的对立。虽然说现代人处在技术的强力统治下，但现代人还不是人工智能意义上的机器人或技术人，而且现代人与古代自然人相比并没有本质上的差别，我们的各种官能也没有发生根本性的变化或得到飞跃性的提升。其次，自然人类文明的崩溃也不是全盘发生的，当今的政治形式和伦理生活形式在古代也能找到萌芽和端倪，现代人的行为方式和价值导向仍旧处在个体与集体、自由与平等的二元模式中，这些依旧属于自然人类文明。再次，作者自己也在书中怀疑，圆性时间和实性空间是否一定是技术生活世界的时空经验。如果圆性时间以尼采轮回式的时间为基础，那么在古代哲学中也可以看到轮回时间观（比如在斯多亚派中）；而线性时间观恰恰是受基督教影响并被现代科学和技术运用的时间观，圆性时间反而不应属于技术生活世界。同样，亚里士多德把空间定义为事物的"处所"(topos)，这似乎与实性空间并无不同。我们应当如何理解圆性时间，"圆"是否能表达"非均质"的意义？把时间理解为一个圆是如何实现世界的非抽象化和物的非同一化的？我们知道，尼采的"相同者的永恒轮回"虽然是从宇宙论出发，但最终要达到的是实存论和伦理学上的震撼作用，即如果一切都永恒复返，那么人们应当自问，当下我们自己正在创造的这个"瞬间"是否值得再次发生？它要求行为者做出自己认同和肯定的决断和行动，具有积极的伦理意义。而圆性时间达到新生命体验的方式还需进一步说明。

最后是未来哲学的价值论维度。作者在书中一再强调未来哲学的抵抗作用。一方面，未来哲学重视古典的模仿之学以抵抗现代技术统治下的均质化和普遍化对生活中的奇异性和神秘性的消除；另一方面，未来哲学强调个体自由以抵抗技术统治下的制式化，强调艺术作为事件和行动的抵抗与介入功能。但是，对于这两个方面，作者都没有给出抵抗的目的和意义。作者似乎只是想寻求自然人类文明与技术人类文明、自然人与技术人、个体自由与普遍平等之间的"中间道路"，实现二者之间的平衡和协调，不仅没有给出关于平衡的判断标准，也没有说明协调的意义，而且在书中的其他地方还强调冲突和紧张的积极作用。这里的"技术命运论"更多的是一种被动的态度，并未主动规定人类在技术世界中应当寻求哪些"善"以及这些"善"之间的价值序列是什么样的。比如，个体自由的目的是什么？有没有一个最高的"善"或"理想"作为自由的价值导向？如果每个人都仅仅追求自己的自由，不朝向一个共同的目的，那么这种状态或许会导致社会的无序和混乱，人类仍会迷失在虚无主义的缥缈中，甚至会失去生活的动力。当然，《人类世的哲学》提到了尼采的"超人"。但以权力意志和斗争为基础、以极少数个体的权力增长为核心的"超人"似乎与现代技术社会的发展背道而驰，并不能成为一种最高的价值规定。所以，未来哲学还要探究生命的真正意义和人类生活实践的最终目的，并将其作为未来价值理论的一个核心主题。显然，孙周兴教授已经意识到了这个问题，他在新书《积极生活的理由》中发展了"积极的虚无主义"，以便在不确定的时代找回积极生活的动力。

对话不只是一种方法

——读梅剑华《直觉与理由：实验语言哲学的批判性研究》有感

马 兰[*]

梅剑华老师于2023年7月出版了新书《直觉与理由：实验语言哲学的批判性研究》。我作为梅老师的学生，与有荣焉。由于我的哲学趣向是语言哲学，梅老师建议我读一读这本书，写一篇书评。事实上，我作为一个哲学专业的在读学生，对其中学理上的问题还需要更深入地理解和学习。因此，这与其说是一篇书评，不如说是我对由这本书的阅读而产生的思考和感受。

梅老师在此书的开篇提到，写作本书是"想解决关于哲学和科学之复杂关系的困惑"[1]，是想探究在众多彼此对立的哲学理论中判断何者为真的标准，进而提出借由实验哲学的方法来研究和解答这一困惑。此前，我对实验哲学几无所知，原来"实验哲学是21世纪初期兴起的一种哲学科学化思潮"[2]，主张以心理学调查方法而非传统的概念分析方法来研究哲学。这一方法论的变革，可被应用于哲学的各分支领域，继而产生了实验语言哲学、实验心灵哲学、实验形而上学、实验认识论、实验伦理学、实验美学等研究领域。而国内对实验语言哲学的研究才刚

---

[*] 马兰：山西大学哲学学院硕士生。
[1] 梅剑华：《直觉与理由：实验语言哲学的批判性研究》，商务印书馆，2023年，第1页。
[2] 同上。

刚起步，梅老师对这一领域的思考和研究可谓发了先声。

此书源于梅老师对哲学与科学之间的关系所感到的困惑。事实上，不只是梅老师，每一个学哲学、做哲学的人多多少少都对这一问题感到困惑。如今，科学和技术的结合已经渗入生活的方方面面，它改变了我们的生活方式，也改变了我们对周遭的认识。我们置身于其中，那我们的哲学思考又能完全独立于科学吗？我们能安于对哲学问题的研究而无视科学的发展吗？果真如此，那我们所谓的哲学思考是否也远离了我们的生活呢？若不是，我们又该如何对待哲学和科学的关系呢？若我们以某一科学实验的结论作为哲学论证的理据，若它被证伪了或者被证明实验结论不够充分，我们又当如何呢？太多的问题在这里交织，我们或许要向前人求助，从前人那里寻求一点经验和智慧。正如梅老师在书中指出的，"在古希腊，哲学就是一切学问的总和"[1]，哲学和科学是统一的，哲学就是科学，科学就是哲学。当然，这里的科学并不是指依赖于"生成假说，实验检验，然后修正假说"[2]这一过程的近代科学，而是指"不仅在论证的方法上保持和哲学其他部门的一致，且它本不限于对自然的研究，而是探讨自然界与人世的统一"[3]的自然哲学。古希腊人之所以对自然感兴趣，是因为在他们看来，"宇宙的如其所是和人生不是一种偶然的、外在的、物质的关系"[4]，宇宙和人生的道理是相通的。正如梅老师在书中所提到的，"哲学在最根本的层面上考虑万物如何关联，这一问题不属于某一个特定的学科，却又和某个特定的领域有着密不可分的联系"[5]，而"实验哲学被认为是对现代分析哲学的一个'反叛'，对古希腊哲学传统的一种回归"[6]。也许在他人看来，这是梅老师在实验哲学领域的一个单独的想法，但在我看来，这与梅老师一直以来的哲学思考是一脉相承的。

根据我的理解，我将梅老师相关的言论梳理为两个问题。其一是"哲学应

---

1 梅剑华：《直觉与理由：实验语言哲学的批判性研究》，第13页。
2 约翰·E.梅菲尔德：《复杂的引擎》，唐璐译，湖南科学技术出版社，2018年，第678页。
3 陈嘉映：《哲学·科学·常识》，中信出版集团，2018年，第52页。
4 同上书，第53页。
5 梅剑华：《直觉与理由：实验语言哲学的批判性研究》，第15页。
6 同上书，第25页。

该怎么做？"——面对哲学的传统议题与前沿话题的二分应该如何选择，只取其一似乎是有失偏颇的，因而应该结合着来研究、思考。其二是"哲学应该做什么？"，结合梅老师的哲学趣向，准确地来说是"心灵哲学应该做什么？"；梅老师认为，心灵哲学应当是广义上的，心身问题、他心问题、意识问题、自由意志问题、行动问题、感觉问题、知觉问题、思想和语言问题、人工智能问题等都被囊括其中。因而，他带我们讨论各种各样的哲学话题——有传统的也有前沿的，有外哲的也有中哲的，有语言的、认知的也有人工智能的，不一而足。梅老师在书中提到，"随着自然科学的高度发展和专业化，心灵如何运作的问题也被当成了一个专业的科学问题，最早在生物学、后来在认知科学中获得其中心地位。但心灵如何运作这一问题，绝非某一学科能够独立解决的，它依赖于长期的多学科的合作。哲学在其中扮演着一个相当重要的角色"[1]。

哲学思考就某一领域的某一问题为切入点，但思考本身并不会因这一问题而被限制在这个领域。思考像一尾鱼，它是鲜活的、富有生命的，它不受我们对学科划分的影响，它在其中自由地穿梭。而梅老师所关注的实验哲学就是这样一种跨界的思考。跨界包含两层含义，"其基本意义是，哲学家需要了解其他领域的工作；第二层是：哲学家所关心的问题本身是跨学科的"[2]。基于此，以实验哲学的方法来研究语言哲学的问题是梅老师颇具创新的尝试和探索。

谈到本书的创新，其实书名《直觉与理由》就有所提示。之所以谈及直觉，是因为"实验哲学的主要研究方式是利用问卷调查及统计方法测试大众关于某个现象或理论的直觉"，但如果"实验哲学只注重以考查直觉为目标的量化研究"，而"量化研究主要是数据分析"，如此还不成其为哲学，"实验哲学应该从对理论背后的直觉考察转向到对理论背后的理由考察"。[3] 梅老师继而指出："实验哲学走向考察理由的质性研究，类似苏格拉底在广场上和他人讨论哲学，哲学家更应该关注大众对某一个案例、某一理论坚持特定立场背后的理由而非直觉。因为真

---

[1] 梅剑华：《直觉与理由：实验语言哲学的批判性研究》，第 26 页。

[2] 同上书，第 30 页。

[3] 同上书，第 292—293 页。

正稳定的并非是人们的直觉，而是人们在认知事物时产生的种种理由。然而，理由是不能完全被量化的，要想把理由纳入到实验哲学研究中来，我们需要在实验哲学中引入某些和目前量化研究不同的质性研究。"[1]

在我看来，在实验哲学的语境下提出考察理由的质性研究，与之类比的是苏格拉底的对话方法。这既是对哲学对话方法的强调，也是对哲学与大众关系的强调。这里用"对话方法"似乎还有待商榷。对话只是一种方法吗？还是说，对话就是哲学本身呢？正如陈嘉映老师提到的，"真理若不是无关我们凡人的绝对自在者而是对成见的克服，那么，真理就只能在交流和争论中显现。真理是一场对话"[2]。哲学是对智慧的爱，是对真理的爱，哲学自然就不应自说自话，不应是独断论——若如此，那就称不上爱智慧，只是爱自己的成见。因而，哲学只能在对话中发生，在与他者的交流中发生，在对观点的反驳和澄清中发生。那么，这里与我进行对话的他者是谁呢？难道后者只包含形成了系统理论的大哲学家吗？与我们探讨哲学问题的老师、同学算吗？不以哲学为业，但对某一哲学问题有深入思考的人算吗？不以哲学为业，也不直接思考某一哲学问题，但对生活有所领悟、有所认识的人算吗？如此说来，人人都可以与我进行哲学对话，人人都可以对我有所启发，人人都可以算作哲学家。就如陈嘉映老师指出的，"就哲学之为好道言，我们每个人身上都有一个哲学家。没有人完全不关心切身利益专业领域之外的一般的道，只不过有人兴趣更浓烈些，有人寡淡些。我一向认为，唯因我们每个人身上都有个哲学家，哲学才是一项有意思的活动，如果只有职业哲学家谈哲学，哲学就会变得很无聊"[3]。因而，梅老师对与大众进行哲学对话这一点的强调是十分必要的。

事实上，梅老师不只是用言语强调，他也是如此践行的。梅老师于2023年2月推出的系列课程"给青少年的哲学课"，就是围绕他和孩子们对一些哲学问题的讨论展开的。梅老师鼓励青少年提问、思考，在评论区与他们互动、交流。由

---

[1] 梅剑华：《直觉与理由：实验语言哲学的批判性研究》，第293—294页。
[2] 陈嘉映：《无法还原的象》，上海文艺出版社，2022年，第588页。
[3] 陈嘉映：《说理》，上海文艺出版社，2020年，第199页。

梅老师主编、于 2023 年 7 月出版的新书《世界的意义就在于事与愿违》是哲学与艺术之间的对话。而这只是第一辑，哲学与当代艺术的系列讲座还在继续，哲学和艺术的对话也不曾停息。梅老师在微信朋友圈里说，"哲学是一场生生不息的对话，对话是一种生生不息的哲学"。

在我看来，梅老师对与大众进行哲学对话的重视其来有自。梅老师笑称，自己是"草根传统，边缘心态"，他说自己是"实实在在的乡下人"。他谈起秭归乡下的生活，谈起故乡的山与河，谈起记忆中的老屋、老人时，有怀念，也有感恩。我想，过去的乡下生活是梅老师不竭的学术源泉，因而他的哲学思考总是连接着那片土地，他的学术研究也紧紧连接着现实的人与事。

感谢梅老师的《直觉与理由》这本书。经由这本书，我们也在进行一场对话、一次笔谈。我由梅老师的思考而展开了自己的思考，进而有所感悟和理解。此外，我从《直觉与理由》这本书中，不只读到了梅老师围绕实验语言哲学形成的系统思考，也读到了梅老师做人、做学问的态度，它们自然而然地连成了一个整体。这或许也是人文学科的优点，为人和为学是一体的，知行合一。

图书在版编目（CIP）数据

思想与时代. 第 2 辑, 全球语境下的哲学 / 孙周兴, 王俊主编；马迎辉, 楼巍执行主编. — 北京：商务印书馆, 2025. — ISBN 978-7-100-24599-9

Ⅰ. B-53

中国国家版本馆CIP数据核字第2024YU6166号

权利保留，侵权必究。

思想与时代（第二辑）
全球语境下的哲学
孙周兴　王　俊　主编
马迎辉　楼　巍　执行主编

商　务　印　书　馆　出　版
（北京王府井大街36号　邮政编码100710）
商　务　印　书　馆　发　行
山东韵杰文化科技有限公司印刷
ISBN 978-7-100-24599-9

2025年4月第1版　　　　开本 710×1000　1/16
2025年4月第1次印刷　　　印张 16
　　　　　　定价：108.00元